Sabine Hark
deviante Subjekte

Kieler Beiträge zur Politik
und Sozialwissenschaft

Herausgegeben von Wilfried Röhrich
und Carsten Schlüter-Knauer

Band 14

Sabine Hark

deviante Subjekte.
Die paradoxe Politik der Identität

Leske + Budrich, Opladen 1996

ISBN 3-8100-1698-5

© 1996 Leske + Budrich, Opladen

Das Werk einschließlich aller seiner Teile ist urheberrechtlich geschützt. Jede Verwertung außerhalb der engen Grenzen des Urheberrechtsgesetzes ist ohne Zustimmung des Verlages unzulässig und strafbar. Das gilt insbesondere für Vervielfältigungen, Übersetzungen, Mikroverfilmungen und die Einspeicherung und Verarbeitung in elektronischen Systemen.

Druck: Druck Partner Rübelmann, Hemsbach
Printed in Germany

Inhalt

Vorwort 9

Exposition: Identität(s)Brocken 14

I. Der Identitätspolitik auf den Leib gerückt
   Theoriereflexionen 27
   1. Einleitung 27
   2. Genealogie. Geschichte der Gegenwart 32
   3. Spuren. Subjekt und Macht 36
      Foucaults Analytik der Macht und die historische Ontologie
      des modernen Subjekts 39
      Die Paradoxie lesbischer Identitätspolitik 46
   4. Repräsentation und Macht 48
   5. Feminismus, Identität und Differenz 53
   6. Identität, Identifikation und die konstitutive
      Dimension des Politischen 56
      Identität: Effekt einer verkennenden Identifikation 57
      Die instituierende Dimension des Politischen 59
   Resümee 62

II. Genealogien. Sexualität – Geschlecht – Identität
    Zur historischen Genese „lesbischer Subjekte" 63
    1. Einleitung 63
    2. Genealogien. Sexualität – Geschlecht – Identität .. 65
       Macht – Wissen – Lust: Die Diskursivierung der
       Sexualität 70
       Die sexualwissenschaftliche Systematisierung „weiblicher
       Homosexualität" 74
       Die moderne Codierung der Geschlechterdifferenz 79
       Identität. Eine moderne Technologie des Selbst 81
    Resümee 84

III.	Einsätze im Feld der Macht Zur Kritik lesbischer Identitätspolitik	87
	1. Einleitung	87
	2. Essentielle Ambivalenzen?	90
	3. Kämpfe um das Zeichen	96
	4. Magisches Zeichen	104
	Gründungsgeschichten. Feminismus ist die Theorie, war Lesbianismus die Praxis?	107
	Emblematisierung. Die „konzentrierte Wut aller Frauen am Explosionspunkt"	118
	Mythologisierung. Das „goldene Zeitalter" lesbischen Feminismus	128
	5. Tautologische Radikalität	131
	6. Strategischer Essentialismus?	135
	Resümee	141
IV.	Politik ohne Geländer. Identitätspolitik neu denken	142
	1. Einleitung	142
	Exkurs: Nach der „Politik" fragen?	144
	2. Hannah Arendt und die Identitätspolitik	147
	Kritik der Identitätspolitik	149
	Archäologie des Politischen	150
	Das Risiko des Essentialismus	155
	3. Politik ohne Geländer	162
	Identitätspolitik neu denken	163
	Politische Identitäten: Performative Zeichen	164
	Die unvermeidliche Paradoxie der Identitätspolitik: Fixierung und Dezentrierung	166
	Resümee	167
V.	deviante Subjekte. Disloyal und deplaziert	169
	1. Einleitung	169
	2. Die Politik des Selbst	171
	Die Grammatik von Identität	173
	Ethos und Politik	174
	3. deviante Subjektivität	174
Literatur		176
Index		190

Für Ilona

„… und machen wir uns einen Namen, sonst werden wir zerstreut über das Antlitz der Erde."

Genesis 11

„Das Problem besteht genaugenommen darin zu entscheiden, ob es tatsächlich angemessen ist, sich innerhalb eines *wir* zu situieren, um für die Prinzipien und Werte, die man anerkennt, einzustehen oder ob es nicht viel eher nötig wäre, die zukünftige Formierung eines *wir* zu ermöglichen, indem man die Frage ausführlich behandelt. Denn es scheint mir, daß das *wir* der Frage nicht voraus gehen kann; es kann nur das Ergebnis – und notwendigerweise ein temporäres Ergebnis – der Frage sein, wie sie in den neuen Begriffen, in denen man sie formuliert hat, gestellt wurde."

Michel Foucault

„Wir müssen eine kulturelle Sprache erfinden, eine Vorstellung von Identität, die Differenzen anerkennt, aber die Sackgassen der Polarisierung von 'outsider'/'insider' und die daraus resultierende Vorstellung einer exklusiven Subjektivität, eines unkritischen Essentialismus vermeidet. Das wird keine leichte Aufgabe sein. Bis heute haben wir uns allenfalls für einen einfachen Multikulturalismus entschieden, eine höfliche, achtungsvolle Anerkennung und Respektierung kulturellen Pluralismus – Verschiedenheit – ohne einen strikten und scharfen Diskurs entwickelt zu haben, der analysiert, wie multiple Erfahrungen und Subjektivitäten sich überschneiden, miteinander konkurrieren und kollidieren."

Marlon Riggs

„… meine ich, daß es da viele Ich gibt und über Ich keine Einigung – als sollte es keine Einigung geben über den Menschen, sondern immer nur neue Entwürfe."

Ingeborg Bachmann

„Weil sie beide bereits Jahre zuvor erkannt hatten, daß sie weder weiß noch männlich waren, und daß alle Freiheit und alle Triumphe ihnen verwehrt sein würden, hatten sie sich daran gemacht, sich als etwas anderes neu zu entwerfen."

Toni Morrison

Vorwort

„Das Wichtigste im Leben und in der Arbeit ist, etwas zu werden, das man am Anfang nicht war. Wenn Sie ein Buch beginnen und wissen schon am Anfang, was Sie am Ende sagen werden, hätten Sie dann noch den Mut, es zu schreiben?"

Michel Foucault

Der verbindende Stachel der heterogenen Theoriereflexionen und Diskursanalysen, die in diesem Buch versammelt sind, ist der „Komplex Identität". Kaum ein Begriff hat in jüngster Zeit in politischen Kontexten und Konflikten ebenso wie in theoretischen Debatten eine ähnlich erfolgreiche Karriere durchlaufen wie eben jener Begriff der „Identität". Wie kaum ein anderer Begriff scheint er geeignet, umstandslos in den unterschiedlichsten alltagsweltlichen, politischen oder wissenschaftlichen Diskursen funktionieren zu können, was daher als sein Erfolgsrezept angesehen werden muß. Obwohl schon immer eher Symptom einer Krise als ein solches der Krisenüberwindung, kann geradezu eine Konjunktur (post-)moderner Identitätskollektive diagnostiziert werden.

Politisch gesehen ist das Kapital von „Identität" vornehmlich symbolischer „Natur". Wer 'im Namen' von Identität spricht, spricht in jedem Fall mit dem Gewicht der Authentizität, wahlweise mit dem Gewicht der Geschichte, der aufklärerischen Emanzipation, des gesellschaftlichen Fortschritts oder der kulturellen Bewahrung. Im Namen von Identität werden auch soziale und kulturelle Grenzen gezogen, werden Rechte gefordert und verweigert, werden soziale Normen und Praktiken formuliert, kurzum: wird politisch gehandelt. Dabei ist oft genug mit einer Selbstverständlichkeit von nationalen, kulturellen, ethnischen, geschlechtlichen oder sexuellen Identitäten die Rede, als sei immer schon klar, um was oder wen es sich dabei jeweils handelt, gerade so als seien Identitäten „soziale Tatsachen" (Durkheim), Reflektionen präsozialer Phänomene. Im gleichen Maße jedoch, wie Politik zunehmend als Identitätspolitik formuliert wird, wird Identität als Movens politischen Handelns auch in Frage gestellt. Mehr noch: Die Formierung von Identitäten und ihr Einsatz in den Kämpfen um kulturelle und politische Hegemonie wird selbst als politischer Prozeß analysiert und befragt.

Das vorliegende Buch situiert sich in genau diesem Widerspruch: Wann immer wir 'im Namen' einer Identität politisch handeln – eine, wie es scheint, in bestimmten Momenten unverzichtbare politische Strategie, um Ungleichheiten zu thematisieren – affirmieren wir zugleich die *sozial oktroyierte* Differenz, die wir herauszufordern suchen. Statt diese Differenzen als Momente des Prozesses zu verstehen, in dem und durch den sich Macht konstituiert, werden Unterschiede dagegen allzu oft zu konsolidierten Kollektiven hypostasiert. Die historische Aufgabe besteht aber nicht darin, Identitäten zu verdinglichen. Es gilt vielmehr, ihre soziale Produktion als den fortwährenden, unbarmherzigen Prozeß der hierarchisierenden Differenzierung zu verstehen, der aber zugleich immer auch der Neudefinition und der Veränderung unterworfen ist.

Der Grund, warum mich Fragen sowohl der Produktion von „Identität" wie ihres politischen Einsatzes ebensosehr faszinieren wie sie mich irritieren, ist derselbe: die Ambivalenz, einer Gruppe anzugehören bzw. zugeordnet zu werden, die kontinuierlich und gleichsam rituell verhöhnt und verleugnet wird, und die sich zugleich durch die Produktion eines „eigenen" Entwurfs von Identität gegen diese ritualisierte Verwerfung immer wieder zur Wehr setzt. Doch nach wie vor finde ich jeden Versuch, eine „lesbische Sensibilität", eine „lesbische Gemeinschaft" oder dergleichen zu definieren, letztlich unhaltbar. Denn wovon, wenn überhaupt von irgendetwas, kann gesagt werden, daß es Lesben gemeinsam ist? Und wer möchte diese Frage entscheiden und in wessen Namen?

Identitätskategorien sind mithin, in den Worten Judith Butlers, permanente Unruhestifter, aber auch Orte notwendiger Störungen und Beunruhigungen. Und vielleicht, so Butler weiter, ist es gerade die Tatsache, daß Identitäten immer Ärger machen, die den Genuß der Beschäftigung mit ihnen ausmacht.

Entstanden ist dieses Buch gewissermaßen in einer Art intellektueller „Diaspora". In der deutschsprachigen Soziologie ist sowohl das, was im angloamerikanischen Raum als *Gay and Lesbian Studies* verhandelt wird, als auch Thematiken, die im Schnittfeld kultursoziologischer Fragestellungen und politischer Theorie angesiedelt sind, eher randständig. Was in den USA, Großbritannien, Kanada und anderen europäischen Ländern, etwa in den Niederlande, mittlerweile Curricula und Bibliotheken füllt, ist hier noch immer anrüchig, Ausdruck der Auseinandersetzung mit der eigenen Befindlichkeit: „Betroffenenwissenschaft". Die *missing sexual revolution*, die Arlene Stein und Ken Plummer für die Soziologie überhaupt konstatieren, gilt für die deutschsprachige Soziologie in besonderem Maße (vgl. Stein/Plummer 1994). Die wesentlichen Impulse und Orientierungsmarken entstammen mithin theoretischen und politischen Kontexten „vom anderen Ufer". Oft unabgesichert – „ohne Geländer" – waren deshalb meine Grenzgänge zwischen den theoretischen Debatten der *Gay and Lesbian* bzw. *Queer Studies* und den *Cultural Studies* angloamerikanischer Provenienz, der poststrukturalistisch orientierten, radikaldemokratischen politischen Theorie Ernesto Laclaus und Chantal Mouffes sowie den Werken von Michel Foucault und Pierre Bourdieu. Deplaziert mag in diesem Kontext zunächst auch die politische Philosophie

Hannah Arendts wirken. Auch das in seiner Redundanz oft ermüdende Primärmaterial der lesbisch-feministischen Bewegung in der BRD der letzen drei Jahrzehnte wollte sich so manches Mal überhaupt nicht in mein theoretisches Gerüst zwingen lassen, um an anderer Stelle meine Kritik umso deutlicher zu überbieten.

Der folgende Text behandelt in fünf Kapiteln – eingeleitet durch eine problemorientierte Exposition – die Frage, wie im Namen der Legitimierung einer sozial oktroyierten Differenz gesprochen werden kann, ohne die historisch spezifischen Mechanismen disziplinierender Differenzierung erneut zu stabilisieren. Was sind die Einsätze, die bei dem Versuch auf dem Spiel stehen, eine Identitätskategorie – zugleich Instrument regulativer Regime der Normalisierung *und* persönlich, sozial und politisch (potentieller) Ort des Einspruchs gegen die vielfältigen Formen von Normalisierung – zu reartikulieren? Das Buch sucht eine Antwort auf diese Frage zwischen der Dekonstruktion von Identität und ihren totalisierenden Effekten im politischen Feld und einer Reformulierung von Identität, die ihrer arbiträren „Natur" Rechnung trägt, ohne sie dem Orkus der Beliebigkeit preiszugeben.

In der Exposition werde ich meine Frage- und Problemstellung entwickeln und die Theorieaxiomatik skizzieren, mit der der „Brocken" Identität zerbröselt werden soll. Das erste Kapitel rückt den Begriff der Identität und dessen Verbindungen mit Politik ins Zentrum und versucht zugleich, beidem dekonstruktiv „auf den Leib" zu rücken. Dabei geht es nicht um eine Verwerfung von Identität, sondern um eine Genealogie ihrer vielfältigen Ursprünge und um die Dekonstruktion derjenigen Mechanismen und Prozeduren, die Identität erzeugen. Im Gang durch für diese Auseinandersetzung relevante Theorien sollen in diesem Kapitel die Fragen, die mit dem modernen westlichen Identitätskonzept verbunden sind, diskutiert werden, um darüber Wege zu eröffnen, das Verhältnis von Identität und Politik neu zu denken.

Thema des zweiten Kapitels ist die *historische Genese* devianter „lesbischer" Subjektivität. Denn Ausgangspunkt einer Genealogie „lesbischer" Identität *in der Gegenwart* ist die Untersuchung des historischen Prozesses, in dem und durch den „lesbische" Subjektivität konstruiert wurde. Gefragt werden soll in diesem Kapitel folglich nach den Kontexten der Entstehung bzw. Herkunft derjenigen Diskurse, durch die eine Subjekt-Position „Lesbe" kulturell intelligibel und ein „selbstbewußtes" Sprechen von „lesbischer" Identität möglich wurde.

Gegenstand des dritten Kapitels schließlich sind die Techniken der diskursiven Produktion einer „lesbisch-feministischen" Identität im Kontext der westdeutschen feministischen Bewegung seit Beginn der siebziger Jahre. Ich werde zeigen, daß der Rekurs auf essentialisierende Strategien, die vor allem im radikalfeministischen Lesbianismus von Bedeutung sind, d.h. Strategien, in

11

denen die Verbindung zwischen dem Signifikanten „Lesbe" und dessen möglichen Signifikaten nicht als arbiträre, sondern als essentielle Verbindung behandelt wird, den Versuch der Stillstellung des Politischen impliziert.

Die Problematik der Stillstellung des politischen Prozesses der permanenten Neuverhandlung von Identitäten ist auch Thema des vierten Kapitels. In der Auseinandersetzung mit der politischen Theorie Hannah Arendts einerseits und der Theorie radikaler Demokratie Chantal Mouffes und Ernesto Laclaus andererseits soll in diesem Kapitel die Frage diskutiert werden, wie die Artikulationen einer historisch je spezifischen Version kollektiver Identität – diejenigen arbiträren Fixierungen also, die zwar Bedeutung überhaupt erst ermöglichen, die jedoch immer die Tendenz haben, zu versteinern – dynamisiert werden können. Wie kann die „List der Macht", die damit operiert, sich vor jeder Anfechtung abzuriegeln, überlistet werden?

Das fünfte Kapitel versteht sich als Variation meiner Leitfrage auf individueller Ebene. Es sucht im Anschluß an Foucaults Ausführungen zu einem *Ethos*, „in dem die Kritik dessen, was wir sind, zugleich die historische Analyse der uns gegebenen Grenzen ist und ein Experiment der Möglichkeit ihrer Überschreitung" (WA, 53), zu reformulieren, *was* „lesbische" Subjektivität noch sein könnte: eine Haltung, die, im Wissen um ihre Herkunft im Nexus von Macht und Wissen, sich disloyal gegenüber dem Versprechen gesicherter Identitäts-Orte zeigt und sich, in einer Bewegung der Devianz, der Anforderung der Macht, zur Stelle zu sein, entzieht.

Jeder Text ist immer mehr Einflüssen ausgesetzt, als er in seiner eigenen Sprache rekonstruieren kann. Diese Einflüsse prägen die Gedanken und die Formulierungen eines Textes und zwar in einer Art und Weise, die eine eigene Genealogie erfordern würde, um seine vielen und oft zufälligen Ursprünge sichtbar zu machen, und ohne daß die Garantie bestünde, dies jemals zu einem Ende bringen zu können. Mein Dank gilt deshalb all denen, die dieses Projekt und mich über die letzten Jahre interessiert und inspirierend begleitet und emotional unterstützt haben. Sie alle namentlich zu nennen, wäre schier unmöglich.

Besonders danken möchte ich Gerburg Treusch-Dieter für ihre immer wieder großzügig gewährte Betreuung und Unterstützung. Mit ihrem archäologisch geschulten und architektonisch inspirierten Blick wies sie mir mehr als einmal den Weg und spornte mich an, das Projekt zu Ende zu bringen.

Bedanken möchte ich mich auch bei Hanna Hacker und Arlene Stein. Ihrer geographisch zwar weit gedehnten Präsenz sowie ihren Arbeiten habe ich mehr zu verdanken, als es in der Form von Referenzen und Literaturangaben sichtbar zu machen ist. Mein Dank gilt auch Michaela Volkmann, die über stilistische und andere Schwächen meines Schreibens wachte und Karen Körber, die in vielen Gesprächen für die nötige Distanz zum eigenen Text und zu den 'hausgemachten' Krisen sorgte, sowie Isabell Lorey, deren produktive Unruhe im eigenen Denken mir zum Antrieb wurde, die „Anstrengung der Begriffe" immer wieder auf mich zu nehmen. Wolfgang Hegener, Stefan Etgeton und Bert Thinius waren inspirierende und scharfsinnige Leser früherer Fassungen. Ihnen sei für die intellektuelle Begleitung in den letzten Jahren gedankt. Auch den Studentinnen und Studenten meiner Seminare in Berlin, Innsbruck, Tübingen und Bremen danke ich für anregende und herausfordernde Diskussionen. Und schließlich danke ich Carsten Schlüter-Knauer und Wilfried Röhrich für ihr Engagement bei der Herausgabe dieses Buches sowie Jim Baker für die freundlich gewährte Unterstützung beim Layout.

Ilona Pache, deren kritisches Vertrauen in die Relevanz meiner Fragen und Überlegungen die kontinuierlichste Ermutigung darstellte, danke ich ganz besonders für die nun schon viele Jahre währende Gefährtinnenschaft. Ihr verdankt die Arbeit mehr, als meine zu wenig poetische Sprache in der Lage wäre auszudrücken. Die *close readings,* denen sie die verschiedenen Fassungen des gesamten Manuskripts aussetzte, trugen entscheidend zur Klärung meiner Argumentation bei. Und schließlich wurde ihre eigene Arbeit zu Prozessen sprachlicher Kategorisierung zum wichtigen Prüfstein, an dem ich meine Gedanken schärfen konnte.

Exposition: Identität(s)Brocken

Ein *Brocken* ist ein großer oder dicker Steinblock, an dem vorbeizukommen schwierig, der nur schwer zu überwinden ist. Etwas kann auch ein *harter Brocken* sein, d.h. ein schwieriges oder schwer zu nehmendes Problem darstellen. Ebenso kann ein *Brocken* auch *zerbröckeln*, d.h. in kleine Stücke zerfallen, mürbe werden, was Hinweise darauf liefert, *wie* ein Brocken zu überwinden ist. Nämlich weniger in der Form einer heldenhaften Besteigung oder spurenlosen Auslöschung, als in der Form permanenten Durcharbeitens und Zerbröselns des Brockens. Diese Arbeit des Zerbröselns würde dem Brocken zwar seine Stein gewordene Kohärenz nehmen, ihm darin aber seine fragmentarische Geschichte – eine weitere Bedeutungsschicht von Brocken ist die Assoziation mit *Bruchstück* – zurückgeben. In diesem Sinne soll hier der Brocken *Identität* zwar zerbröselt, aber nicht getilgt werden.

Identität hat Konjunktur. Ein Blick in eine beliebige Tageszeitung, in ein beliebiges *Lifestyle*-Magazin oder auf den stetig wachsenden Therapie- und Selbstverwirklichungsmarkt ebenso wie in die Rezensionssektionen sozialwissenschaftlicher Fachzeitschriften genügt, um festzustellen, daß der Distinktions- und Identitätsbedarf wohl noch nie so groß gewesen ist wie heute. Alles und jedes scheint identitätstauglich[1], umgekehrt kommt niemand ohne Identität aus. Dem Identitätsbedarf selbst sind keine Grenzen gesetzt; er reicht – um nur zwei der vielleicht gegensätzlichsten Beispiele zu nennen – von der „Islamisierung bestimmter Staaten bis zur Sicherung lesbischer Identität" (Assmann 1993, 253). Unsere Welt, so hat es Michel Maffesoli (1988) beschrieben, ist eine Welt des *Neotribalismus*, besessen von der Suche nach Identitäts-Gemeinschaften als den Garanten gegen die Unsicherheiten und Risiken einer kontingenten Existenz.

Soziologisch wird der Begriff der Identität benutzt, um eine Vielzahl disparater und heterogener Veränderungen im öffentlichen und privaten Leben zu beschreiben, die insbesondere mit dem historischen Auftauchen neuer sozialer

---

1 SerienheldInnen im Fernsehen taugen hierzu ebenso wie die Tatsache, in einem bestimmten Stadtviertel zu leben oder etwa NichtraucherIn zu sein. Vgl. hierzu u.a. Lash/Friedman (Hg.) 1992; Kellner 1992; Hall/du Gay (Hg.) 1996.

Akteure – den sogenannten *Neuen sozialen Bewegungen* oder besser: *Identitätsbewegungen* – verbunden sind. Auch politische Konflikte werden zunehmend sowohl von den Akteuren und Akteurinnen als Identitätskonflikte wahrgenommen als auch von den analysierenden SozialwissenschaftlerInnen als solche verarbeitet. Wenngleich es keine universelle Form gibt, die diese Bewegungen verbindet, teilen sie doch das Merkmal einer Politik *mit* und *der* Identität. Ihre Mitgliedschaft rekrutiert sich aus denjenigen, die innerhalb der bislang dominanten politischen Kanäle bzw. den klassisch modernen sozialen Bewegungen (etwa Gewerkschaften) oder den politischen Parteien marginalisiert waren. Identitäts-Diskurse fungieren dabei als eine Strategie im Feld der Macht, durch die Identitätsbewegungen versuchen, sowohl die *Grammatik* der Konstitution politischer Subjekte zu verändern als auch sozialstrukturelle und politische Veränderungen zu erzielen.[2]

Das Problem der Identität ist jedoch nicht so sehr die Frage, ob es ein geeigneter Begriff zur Beschreibung sozialer, politischer und kultureller Prozesse ist, sondern seine „metaphysische Gestalt" (Aleida Assmann). Diese metaphysische Gestalt der Identität orientiert unsere Aufmerksamkeit stärker auf Fragen des 'was oder wer bin ich' bzw. 'was oder wer sind wir' als auf die Prozesse der Herstellung und Verstetigung von Identität. Identität ist jedoch keineswegs *simpliciter* gegeben; sie ist nicht die Reflexion von etwas, das bereits existiert. So wenig das für individuelle Identität gilt, so wenig gilt es für kollektive Identitäten bzw. Identitätsgemeinschaften. „Postmoderne Stämme", schreibt Zygmunt Bauman, „sind beständig in *statu nascendi* statt *essendi*, sie werden fortwährend durch wiederholte symbolische Rituale ihrer Mitglieder ins Leben gerufen" (Bauman 1995, 234). Damit die Identität dieser postmodernen Stämme nicht vergessen wird, muß das identitätsrelevante Wissen in einer Vielzahl diskursiver und nicht-diskursiver Praktiken kontinuierlich sozial und politisch reproduziert werden. Denn diese Identität, resümiert Bauman an anderer Stelle, ist

„permanently under conditions of a besieged fortress: since its inception, it is to be forever threatened by trespassing of enemies, dilution, slackening of vigilance. Always made-up, almost always contested, it tends to be fragile and unsure of itself; this is why the we-talk can seldom stop" (Bauman 1992b, 678).

Die enormen Anstrengungen, Identität zu formieren und intakt zu halten, verweisen dabei ebensosehr auf die 'Unnatürlichkeit' und Instabilität der Kategorie wie auf die Techniken, die notwendig sind, Identitätsgemeinschaften am

---

2   Für meine Fragestellung erscheint es sinnvoller im folgenden von *Identitätsbewegungen* zu sprechen, da der Begriff *Neue soziale Bewegungen* (NSB) in diesem Fall zu allgemein ist. Zur Identitätsproblematik in den NSB vgl. u.a. Calhoun 1991; Cohen 1985; Epstein 1987; Goldstein/Rayner 1994; Melucci 1989; Münch 1994; Taylor/Whittier 1992.

Leben zu halten. Für das Individuum deutet dies auf die Frage, die der *Earl of Shaftesbury* bereits zu Beginn des 18. Jahrhunderts stellte: „Wie kann es zugehen, daß ich heute wie gestern und morgen wie heute für dieselbe Person gehalten werde"[3]. Friedrich Nietzsche, der diese Frage Ende des 19. Jahrhunderts erneut aufgriff, erkannte darin das fundamentale Problem der Kultur schlechthin. Seine Frage lautete deshalb: *Wie kann die Kultur die Individuen berechenbar machen?* Die Lösung dieser Aufgabe sah er in den oft rabiaten Techniken einer kulturellen „Mnemotechnik":

„Man brennt etwas ein, damit es im Gedächtnis bleibt: nur was nicht aufhört wehzutun, bleibt im Gedächtnis" (Nietzsche 1963, 802f).

Gegenstand dieser Studie sind die Techniken der diskursiven Produktion lesbisch-feministischer Identität im Kontext der westdeutschen feministischen Bewegung seit Beginn der siebziger Jahre. Die Untersuchung gilt der komplexen Problematik, wie eine Identität, die gerade Effekt normalisierender und disziplinierender Machttechniken ist, politisch reklamiert und affirmiert werden kann. Wie kann 'im Namen' der Legitimierung einer sozial aufgezwungenen Differenz gesprochen werden, ohne die historisch spezifischen Mechanismen disziplinierender Differenzierung erneut zu stabilisieren? Was sind die politischen Einsätze, die bei dem Versuch auf dem Spiel stehen, eine Identitätskategorie – zugleich Instrument regulativer Regime der Normalisierung *und* persönlich, sozial und politisch (potentieller) Ort des Einspruchs gegen die vielfältigen Formen von Normalisierung – zu reartikulieren? Wenn, wie Michel Foucault gezeigt hat, die modernen Machtregime die Subjekte, die sie repräsentieren, zuerst auch produzieren[4] und die Subjekte durch fortdauernde Prozesse der Ausschließung und Differenzierung konstituiert werden[5], schließt dann der Übergang vom determinierten Objekt zum autonomen Subjekt nicht immer schon die *Subjektion* (Unterwerfung) unter diese Ausschlußverfahren ein? Inwiefern reproduzieren folglich politische Bewegungen, die auf der Notwendigkeit autonomer politischer Subjekte sowie der Kohärenz und Finalität der politischen Identität der Subjekte beharren, gerade diese zugleich intime Verbindung und wechselseitige Spannung zwischen Subjektivität und Subjektion?

Ausgangspunkt dieses Buches ist die These, daß jedes Unternehmen, die Identitätskategorie „lesbisch" abschließend zu definieren, zwangsläufig eine Zersplitterung derjenigen Gruppe oder Bewegung hervorrufen wird, die durch

---

3 Anthony Earl of Shaftesbury, *Soliloquy of Advice to an Author* (1710), J.M. Robertson (Hg.), London 1900, III, 123, zitiert nach Assmann 1993, 239.
4 Siehe insbs. Foucault WW; SM. Ausführlich zu Foucaults Genealogie des modernen Subjekts vgl. Kapitel I.3.
5 Siehe hierzu insbs. Butler 1993b.

den Namen „Lesbe" nicht nur aufgerufen, sondern zuallererst konstituiert wurde. Judith Butler hat für feministische Politik überhaupt gezeigt, daß das verfrühte Bestehen auf einem festen Subjekt des Feminismus unweigerlich zahlreiche Ablehnungen 'des' Feminismus hervorgerufen hat. Der Bruch zwischen dem Feminismus und der paradoxen Opposition von Frauen gegen ihn – die der Feminismus doch zu repräsentieren beansprucht – verweist damit gerade auf die Grenzen von Identitätspolitik (vgl. Butler 1991, 15ff). Denn, so Butler an anderer Stelle: „Identitätskategorien haben niemals nur einen deskriptiven, sondern immer auch einen normativen und damit ausschließenden Charakter" (Butler 1993c, 49). Was nichts anderes heißt, als daß Kategorisierungen politische Realitäten schaffen, gerade dadurch daß sie das, was sie benennen, nicht *simpliciter* zur Darstellung bringen, sondern erst produzieren. Denn es sind die „Klassifikationssysteme, das heißt, im wesentlichen, die Wörter und Namen, die die soziale Wirklichkeit sowohl konstruieren als auch zum Ausdruck bringen, um die der politische Kampf wesentlich geht..." (Bourdieu 1992a, 148).

Tatsächlich tendiert auch lesbisch-feministische Identitätspolitik dazu, die produktiven und totalisierenden Effekte der eigenen Diskurse – und die damit verbundenen Ausschließungen und Verwerfungen – zu ignorieren. Dieser Prozeß kann als ein ideologischer Prozeß verstanden werden, in dem Effekte der Schließung produziert werden.[6] D.h. gewisse Formen dessen, was „lesbisch" bedeuten könnte, werden stillschweigend ausgeschlossen und gewisse Signifikanten in einer beherrschenden Stellung fixiert. Die ideologische Praxis, argumentieren Rosalind Coward und John Ellis, arbeite daran, „das Subjekt in bestimmten Stellungen, die sich an bestimmten Festlegungen des Diskurses orientieren, zu fixieren" (Coward/Ellis 1977, 73). Die Identitätskategorie „lesbisch" wird verdinglicht; sie wird – um im Bild zu bleiben – zu einem steinharten *Identitätsbrocken*.

Die Möglichkeit zukünftiger, nicht antizipierter und nicht antizipierbarer lesbischer Subjekt-Positionen und Identitäten ist somit sowohl aus dem Selbstverständnis der Bewegung wie aus dem Handlungsreservoir lesbisch-feministischer Politik ausgeschlossen. Anders gesagt, zielt politisches Handeln vor allem auf die Konservierung *einer* Bedeutung von Identität, und wird diese darüber hinaus (notwendigerweise?) zur Klassifizierung, d.h. zur Ein- und Ausgrenzung benutzt, führt dies als Effekt zu einem Konservatismus in

---

6 Für einen Überblick über semiotische bzw. an Diskurstheorien orientierte Ideologietheorien siehe Eagleton 1993, Kapitel VII. Eagleton schlägt vor, Ideologie als einen *Wirkungskomplex innerhalb der Diskurse* zu begreifen, bei dem es um Effekte der *Schließung* geht (vgl. 224). Ideologie kann dann als „Kampf antagonistischer Gesellschaftsinteressen auf der *Ebene der Zeichen*" verstanden werden (225, Hervorhebung S.H.). Auf den Aspekt der *Konservierung* von Bedeutung bei der Ausübung ideologischer Macht hat John Thompson hingewiesen. Vgl. Thompson 1984.

der Struktur politischer Entwürfe. Als Aufgabe und Ziel lesbischer Politik bliebe dann in der Konsequenz nur noch die Auspolsterung von Identität, die Überwachung der Identitätsgrenzen. Schließt Politik dagegen gerade die Dimension der fortgesetzten Instituierung politischer Identitäten ein, impliziert die intendierte Versiegelung von Identität die Stillstellung genau dieser Dimension. Ein Ziel dieses Buches wird es daher sein, zu zeigen, daß das Politische nicht erfolgreich stillgelegt werden kann. Durch das Auftreten immer neuer Antagonismen sind deshalb auch politische Identitäten nie starr und endgültig festgestellt. Denn so sehr die Fixierung eines politischen Subjekts durch den Rekurs auf Identitätskategorien notwendig erscheint, um politische Forderungen abzusichern und um die Macht zu beanspruchen, sich selbst zu benennen, so unmöglich ist es, vollständig über die zukünftige Verwendung der Kategorien zu wachen. Die zwar vielfältigen, aber – wie im dritten Kapitel deutlich werden wird – meist redundanten (und oft rabiaten) Anstrengungen zur Stabilisierung der Kategorie „lesbisch" enthalten immer schon die Momente der Destabilisierung genau dieser Kategorie.

Nun ist Destabilisierung nicht notwendig gleichzusetzen mit Subversion. Ein „Gegendiskurs" kann ebensogut – in einer in gewisser Weise traurig zu nennenden dialektischen Drehung – genau die Version, die in Frage gestellt wurde, wiederum bestätigen und in ihre hegemoniale Position einsetzen. Welche Form bzw. welche Richtung ein Gegendiskurs an/nehmen wird, ist mithin nicht vorab zu erkennen oder gar festzulegen. Ein weiteres Ziel dieses Buches ist es deshalb, den *Identitätsbrocken* „lesbische Identität" in einer Weise durchzuarbeiten, der diesem nicht nur seine fragmentarische Geschichte zurückgibt, sondern ihn ebenso öffnet für eine demokratisch motivierte, fortgesetzte Infragestellung und Überschreitung seiner jeweiligen diskursiven Grenzen.

Um die Machteffekte in den Prozessen der Reifizierung politischer Identitäten analysieren zu können, argumentiert Judith Butler in diesem Kontext für einen Diskurs-Begriff, in dem Diskurse als „aus vielschichtig aufgebauten und und sich einander nähernden Ketten bestehend verstanden werden, in denen 'Wirkungen' Vektoren der Macht sind" (Butler 1995, 249). In diesem Sinne ist das, was innerhalb des Diskurses konstituiert ist, nicht im oder vom Diskurs fixiert, sondern wird zur Bedingung und Möglichkeit weiterer Handlungen.[7] Insoweit folglich in lesbisch-feministischen Diskursen Identitätsbehauptungen nur als gewissermaßen „unschuldige" Sammelpunkte politischer Mobilisierung verstanden werden, wird nicht berücksichtigt, daß die Effekte, die in diesen Diskursen und von ihnen produziert werden, als „Vektoren der Macht" funktionieren. D.h. sie werden konstitutiv für die Handlungsfähigkeit derjenigen, die unter diesem Identitätszeichen versammelt

---

7 Zu dem handlungsstrukturierenden Aspekt von Macht in der Machtanalytik Foucaults siehe ausführlich Kapitel I.3.

sind. Lesbisch-feministische Politik scheitert insofern daran, eine Vision politischen Handelns zu entwickeln, die im Einklang wäre mit der Idee radikaler und pluraler Demokratie[8]. Denn deren Ziel ist es gerade, die Kämpfe gegen verschiedene Formen von Unterdrückung miteinander – statt gegen- oder einfach nacheinander – zu artikulieren. Es geht also um eine Politik, die danach fragt, „wie multiple Erfahrungen und Subjektivitäten", die an den Kreuzungspunkten hegemonialer und marginalisierter Diskurse geformt werden, „sich überschneiden, miteinander konkurrieren und kollidieren" (Riggs 1991, 19). Denn die Herausforderung besteht darin, über die atomistische und essentialistische Logik von Identitätspolitik hinauszugelangen, in der Differenzen immer nur 'der Reihe nach' behandelt werden (können), und darüber die Konflikte und Widersprüche ignoriert werden, die sowohl *innerhalb* als auch *zwischen* den verschiedenen Bewegungen und AkteurInnen auftauchen.

Das Anliegen dieses Buches ist die Dekonstruktion lesbisch-feministischer Identitätspolitik. Dabei geht es vor allem um eine Kritik an den Investitionen in die Formen kollektiver Selbst-Überwachung und Selbst-Regulierung. Eine solche Kritik versteht sich jedoch nicht als außerhalb der in Frage gestellten Praxen stehend. Es ist ihr nicht daran gelegen, die identitätspolitischen Praxen und Diskurse lesbischen Feminismus' des „falschen Bewußtseins" zu überführen. Weit davon entfernt, einen epistemisch oder politisch überlegenen Standpunkt zu reklamieren, ist meine Kritik immer schon Teil desjenigen Projekts, das sie zugleich zu dekonstruieren sucht. Denn Dekonstruktion, schreibt Gayatri Chakravorty Spivak, ist nicht die „Entlarvung eines Fehlers, sicherlich nicht der Fehler anderer". Die Kritik in Dekonstruktion ist vielmehr „die Kritik von etwas, das extrem hilfreich ist, etwas, ohne das wir ohnehin nicht auskommen könnten" (Spivak 1989, 131).

Das schließt sowohl die Genealogie derjenigen Diskurse und „Ereignisse" ein, die historisch eine Subjekt-Position „Lesbe" kulturell ermöglicht haben, wie eine kritische Genealogie der feministischen Diskurse, die ein „selbstbewußtes" Sprechen „lesbischer Identität" ermöglichten. Die Genealogie sucht dabei nicht nach den Ursprüngen oder der inneren, authentischen Wahrheit. Vielmehr fragt sie nach den politischen Einsätzen, die auf dem Spiel stehen, wenn Identitätskategorien als Bedingung der Möglichkeit politischen Handelns formuliert werden. Darüber hinaus fragt die Genealogie nach den Spuren von *Differenz* (Spivak) sowohl in den hegemonialen als auch in den marginalisierten Diskursen, d.h. nach den für jeden Diskurs konstitutiven Ausschlüssen und Verwerfungen. Und dies nicht, um aus diesen Verwerfungen eine neue kohärente Identität zu formieren, die ihren Platz im Feld der

---

8 Ich beziehe mich in den Überlegungen zu einer Theorie radikaler und pluraler Demokratie vor allem auf den demokratietheoretischen Ansatz Chantal Mouffes und Ernesto Laclaus. Vgl. dies. 1991 sowie Mouffe 1992, 1993.

Macht einnimmt, sondern um die hegemoniale symbolische Ökonomie selbst ins Wanken zu bringen.[9]

Zusammengefaßt: Ich möchte die komplexe Problematik des Verhältnisses von Identität und Politik wieder eröffnen. Auf welche Art und Weise können die Beziehungen zwischen Identität, Politik und Repräsentation durchgearbeitet und reformuliert werden, um die als selbstverständlich verstandenen Vorstellungen von Identität als unkritischer Fundierung der Politik zu destabilisieren? Theoretisch mag es noch Übereinstimmung geben, daß Identität nicht als kohärent und abgeschlossen betrachtet werden kann; für die politische Praxis scheint es hingegen imperativ zu sein, daß essentielle Identitäten (und deren Interessen) existieren und im politischen Feld lediglich repräsentiert werden. In diesen Beschreibungen von Identität und Politik werden die ausschließenden Effekte von Repräsentation ignoriert und entfalten sich deshalb womöglich umso machtvoller. Inwieweit stellt „Identität" folglich „eher ein normatives Ideal als ein deskriptives Merkmal der Erfahrung dar" (Butler 1991, 38)? Im folgenden soll die scheinbar nicht verhandelbare Notwendigkeit essentieller, kohärenter Identitäten im Feld des Politischen bestritten werden.

Dieses Buch beschäftigt sich mit Fragen der kulturellen Konstruktion „lesbischer Identität". Damit ist es eingelassen in den Rahmen einer Perspektive auf Sexualität, Geschlecht und Identität, die diese als soziale Konstruktionen versteht. *Social constructionism*[10] entstand als Reaktion auf die Ansicht, daß Sexualität eine „natürliche", d.h. im wesentlichen triebhafte Angelegenheit ist. In dieser naturalistischen bzw. essentialistischen Perspektive ist eine homosexuelle Präferenz nur der sichtbare Ausdruck einer tiefer liegenden homosexuellen und festgelegten Orientierung. Diese Sicht prägt sowohl das Alltagsverständnis von Homosexualität als auch das wissenschaftliche Nachdenken darüber: Wir reden davon, daß jemand ihre/seine Sexualität entdeckt bzw. ihr ihre/ihm seine wahre Sexualität verweigert wird, wir sagen, jemand *ist* homosexuell. Wir gehen davon aus, daß es homosexuelle Personen *gibt*, die sich wesentlich von heterosexuellen Personen unterscheiden.

In der Perspektive der sozialen Konstruiertheit ist Homosexualität dagegen zunächst und vor allem eine soziale Kategorie, ein sozial hergestelltes „Werkzeug", um Wahrnehmung und Erfahrung zu organisieren. Das heißt die Existenz von Homosexualität kann nicht von dem Wissen über sie getrennt werden, da neues Wissen auch neue Erfahrungen konstituiert. Sie ist ein Produkt der Formierung durch moderne Wissensdiskurse, entstanden im

---

9 Siehe hierzu ausführlich Kapitel I.2.
10 Siehe hierzu u.a. Altman et. al. (Hg.) 1989; Duberman et. al. (Hg.) 1989; Greenberg 1988; Lautmann (Hg.) 1993; McIntosh 1968; Plummer (Hg.) 1981, 1992; Weeks 1977; 1981a; 1981b.

komplexen Zusammenspiel zwischen konfligierenden Institutionen, Subkulturen, Wissensformen und Individuen.

Das besondere Verdienst der Konstruktionsansätze ist die Subversion traditioneller sexualwissenschaftlicher, medizinischer, juristischer und soziologischer Studien durch die These, Homosexualität sei eine sozial kontingente und variable Konstruktion, die in der westlichen Zivilisation bis ins 17. Jahrhundert nicht existierte.[11] Homosexualität, so die Argumentation, ist keine Essenz; erst wenn sie als Essenz *konstruiert* wird, kann sie auch als solche *erfahren* werden. Auch wenn in verschiedenen Kulturen und zu verschiedenen historischen Momenten ähnliche physische bzw. „sexuelle" Akte existierten, so sind doch die sozialen Konstruktionen der Bedeutung dieser Akte sehr verschieden und nicht kompatibel. Denn *Erfahrung* ist nicht evident bzw. transparent, ebensowenig wie soziale Realität transparent, d.h. der unmittelbaren Beobachtung und Analyse zugänglich ist.[12] Von daher ermöglicht erst eine konstruktivistische Perspektive, Fragen über die konstruierte Natur von Erfahrung zu stellen, d.h. wie Subjekte als verschiedene zunächst einmal konstituiert werden. Von einer positivistischen Evidenz von Erfahrung auszugehen, reifiziert dagegen die Tatsache der Differenz selbst, anstatt zu fragen, wie Differenz hergestellt wird, wie sie operiert, wie und auf welche Art und Weise Subjekte durch Prozesse der Differenzierung konstituiert werden.

---

11 Dies impliziert auch eine Kritik an Studien, die die Historizität sexueller Identität ignorierten. Soziologische Studien zur Entwicklung individueller lesbischer Identität etwa (Schäfer 1976, Tanner 1978, Krieger 1983, Kokula 1983, Paczensky 1984) haben zwar die sozialen Prozesse und Faktoren in der Identitätsentwicklung hervorgehoben, jedoch die Frage, 'was' lesbische Identität ist, weitgehend ausgespart. Ebenso haben sich ethnographische Studien lesbischer *communities* (Wolf 1979, Ponse 1978) auf die Untersuchung des interaktiven Prozesses der Konstitution lesbischer Identität zwischen Einzelnen und Kollektiven – wie lokalen Subkulturen, politischen Gruppierungen und informellen Freundinnennetzwerken – konzentriert. Eine historische Betrachtungsweise fehlt jedoch durchgängig in diesen Studien, was zu einer hermetischen und reifizierenden Betrachtungsweise sowohl individueller lesbischer Identität als auch der Gemeinschaften, Gruppen und subkulturellen Zusammenhänge lesbischer Frauen führte. Diese werden zumeist als einzigartig in Raum und Zeit, separiert vom sozialen, politischen und kulturellen Kontext, in dem sie situiert sind, sowie isoliert von Geschichte betrachtet, gleichsam eingefroren in der Gegenwart.

12 Die Ansätze des *social constructionism* situieren sich damit einerseits im Kontext der Forderung des Bruchs mit der von Ernst Cassirer als „substantialistisch" bezeichneten Denkweise, die dazu verleite, keine andere Realität anzuerkennen als die der unmittelbaren Anschauung der Alltagserfahrung sich darbietende, und andererseits im Horizont der strukturalistischen Denkbewegung, die der sozialen Welt gegenüber ein relationales Denken anwendete, das Reales nicht mit Substanzen identifiziert, sondern mit Relationen. Zur Frage der Historisierung von Erfahrung in einem poststrukturalistischen Theorierahmen siehe insbesondere Scott 1988; 1992 sowie Canning 1994.

Es stellt sich also die Frage nach den sozialen, kulturellen und politischen Voraussetzungen des selbstbewußten Sprechens von „lesbischer Identität". Dieser Bezugsrahmen ist entscheidend für eine Untersuchung der diskursiven Strategien lesbischer Feministinnen, denn er markiert den diskursiven Horizont, innerhalb dessen sich dieses Sprechen artikulieren kann, und stellt zugleich die Begrenzung seiner Bedeutungsmöglichkeit dar.

Mein Ausgangspunkt ist folglich die These, daß „lesbische Identität" nur innerhalb des über sie geführten Diskurses, der Wissensformen über sie, zugänglich und erfahrbar ist. Eine Identität zu 'haben', bedeutet demnach, unter einer Reihe von Beschreibungen zu leben und innerhalb der Bedingungen zu agieren, die von diesen Beschreibungen gesetzt sind. Diese Selbst-Beschreibungen nähren sich aus dem Fundus diskursiv hergestellter interpretativer Möglichkeiten. Soziale Identität, so etwa Stuart Hall, formiert sich am „unstabilen Punkt", an dem die „'unaussprechbaren' Geschichten von Subjektivität auf die Narrationen von Geschichte und Kultur treffen" (Hall 1988a, 44).[13] Soziale Identitäten sind insofern das Ergebnis dessen, was Ernesto Laclau und Chantal Mouffe (1991) die *Praxis der Artikulation* nennen. Artikulation ist, so Laclau/Mouffe, jede Praxis, „die eine Beziehung zwischen Elementen so etabliert, daß ihre Identität als Resultat einer artikulatorischen Praxis modifizert wird" (Laclau/Mouffe 1991, 155). Laclau und Mouffe unterscheiden hier zwischen *Element*, d.h. einer Differenz, die nicht diskursiv artikuliert ist, und *Moment*, d.h. eine differentielle Position, die innerhalb einer „diskursiven Formation" (Michel Pêcheux) artikuliert wurde (vgl. ebda.).[14] Artikulation stellt dann die Form einer Verbindung dar, die eine Einheit verschiedener Elemente, die zu Momenten geworden sind, bilden *können*. Es ist eine Verkettung, die nicht notwendig, nicht determiniert und absolut ist. Mouffe und Laclau gelingt es damit, den vermeintlichen Gegensatz von Diskurs und Realität, zu unterlaufen:

„Unsere Analyse verwirft die Unterscheidung zwischen diskursiven und nicht-diskursiven Praxen und behauptet, daß zum einen sich jedes Objekt insofern als

---

13 Hall demonstriert den Prozeß der diskursiven Herstellung von Identität am Beispiel von *black identity:* „The fact is 'black' has never been just there either. It has always been an unstable identity, psychically, culturally and politically. It, too, is a narrative, a story, a history. Something constructed, told, spoken, not simply found. People now speak from the society I come from in totally unrecognizable ways. Of course Jamaica is a black society, they say. In reality it is a society of black and brown people who lived there for three or four hundred years without ever being able to speak of themselves as 'black'. Black is an identity which had to be learned and could only be learned in a certain moment. In Jamaica that moment is the 1970s" (Hall 1988a, 45).

14 Eine „diskursive Formation" kann als ein Satz von Regeln betrachtet werden, durch den festgelegt wird, was von einem bestimmten gesellschaftlichen Standpunkt aus gesagt werden kann und was gesagt werden soll (vgl. Pêcheux 1975).

Objekt eines Diskurses konstituiert, als kein Objekt außerhalb jeglicher diskursiver Bedingungen des Auftauchens gegeben ist [...]. Die Tatsache, daß jedes Objekt als Objekt des Diskurses konstituiert ist, hat *überhaupt nichts zu tun* mit dem Gegensatz von Realismus und Idealismus oder damit, ob es eine Welt außerhalb unseres Denkens gibt. Ein Erdbeben oder der Fall eines Ziegelsteines sind Ereignisse, die zweifellos in dem Sinne existieren, daß sie hier und jetzt unabhängig von meinem Willen stattfinden. Ob aber ihre gegenständliche Spezifik in der Form von 'natürlichen Phänomenen' oder als 'Zornesäußerung Gottes' konstruiert wird, hängt von der Strukturierung des diskursiven Feldes ab. Nicht die Existenz von Gegenständen außerhalb unseres Denkens wird bestritten, sondern die ganz andere Behauptung, daß sie sich außerhalb jeder diskursiven Bedingung des Auftauchens als Gegenstände konstituieren könnten" (Laclau/Mouffe 1991, 157f, Hervorhebung im Original).

Das heißt für die Verfaßtheit von Identitäten, daß sie nicht gefunden werden, sondern *gemacht* sind. Sie sind nicht einfach 'da', darauf wartend, in der Sprache der Natur ausgedrückt zu werden; vielmehr müssen sie kontinuierlich politisch und kulturell rekonstruiert werden. Die instituierenden Akte müssen darin allerdings vergessen gemacht werden. Mit anderen Worten, die „Natürlichkeit" oder „Notwendigkeit" kollektiver Identitäten, d.h. der Charakter einer sedimentierten, unhinterfragten und damit hegemonialen sozialen Praxis, ist ein Effekt, der konsistent im Prozeß der Reartikulation von Identität produziert wird. Das aber impliziert, daß jede Konstruktion radikal arbiträr und kontingent ist, insofern die zur Verfügung stehenden symbolischen Ressourcen zwar begrenzt sind, diese begrenzten Ressourcen jedoch in einer Vielzahl antagonistischer Repräsentationen artikuliert werden können. Denn das *selbe* Zeichen kann radikal *verschiedene* Bedeutungen produzieren, insofern es verschiedenen Modi der Artikulation und Aneignung unterworfen ist.

Auch die Formierung sozialer Gruppen oder Bewegungen vollzieht sich durch Kämpfe über und um den Diskurs. Zentral in diesen Kämpfen bzw. *artikulatorischen Praxen* ist die Definition von Gruppen sowie die aktive Konstruktion von Allianzen und Formen von Solidarität. Denn auch die Konstruktionen von Klassen oder Gruppen sind nicht automatisch evident; diese müssen erst aktiv hervorstechend gemacht und „in die Wahrheit" gebracht werden. Pierre Bourdieu hat das als die Ausübung des *Theorie-Effekts* bezeichnet: Es geht um die symbolische Macht, Dinge mit Wörtern zu schaffen. Die symbolische Macht ist insofern eine „Konsekrations- oder Revelationsmacht", eine Macht, bereits Bestehendes zu konsekrieren oder zu offenbaren. Denn tatsächlich beginnt „eine Gruppe, Klasse, ein Geschlecht, eine Region, eine Nation erst eigentlich zu existieren, ... wenn sie oder es entsprechend einem bestimmten Prinzip von den anderen Gruppen, Klassen usw. unterschieden wurde, das heißt vermittels Erkennen und Anerkennen" (vgl. Bourdieu 1992a, 153).

Antonio Gramsci hat dies als *Hegemonie* bezeichnet: die Macht, den *common sense* oder die Doxa einer Gesellschaft zu bestimmen. Hegemonie bezeichnet den Prozeß, in dem kulturelle Autorität verhandelt und in Frage gestellt wird. D.h. Hegemonie wird ständig wiederhergestellt, erneuert, verteidigt und modifiziert. Denn keine Form der Hegemonie kann die Bedeutungen und Werte einer Gesellschaft auf Dauer erschöpfend festlegen. Hegemonie, schreiben Laclau und Mouffe, ist deshalb grundlegend metonymisch: ihre Effekte gehen immer aus einem Bedeutungsüberschuß hervor, der sich aus einer Verschiebung ergibt (vgl. Laclau/Mouffe 1991, 201). Diese Bestimmung von Hegemonie ist relevant für die Kritik identitätspolitisch orientierter Bewegungen: Wenn Hegemonie sich aus einem Bedeutungsüberschuß speist, können soziale Identitäten niemals vollständig ausgearbeitet und abgeschlossen sein.

Noch einmal zusammengefaßt: Diskurse reflektieren keineswegs eine schon gegebene soziale/natürliche, d.h. vordiskursive Realität, vielmehr konstruieren Diskurse Realität in einer historisch je spezifischen Weise. Die Bedeutung von Diskurs hat Stuart Hall folgendermaßen beschrieben: Ereignisse, Relationen und Strukturen haben zwar Existenzbedingungen und reale Effekte, die außerhalb der Sphäre des Diskurses liegen; es ist jedoch nur innerhalb der diskursiven Sphäre und gemäß ihrer spezifischen Bedingungen, Begrenzungen und Modalitäten möglich, diese Ereignisse innerhalb von Bedeutung zu konstruieren (vgl. Hall 1988b, 27).

Die Maschinerien und Regime der Repräsentation in einer Kultur spielen daher, so Hall weiter, eine konstitutive und nicht bloß reflektierende, *after-the-event* Rolle, ohne allerdings den territorialen Anspruch des Diskursiven unendlich auszudehnen. Fragen von Kultur und Ideologie sowie nach den Szenarios von Repräsentation – Subjektivität, Identität, Politik – wird damit ein formierender statt expressiver Platz in der Konstitution des sozialen und politischen Lebens eingeräumt (vgl. ebda.). Ebenso stehen Fragen danach, wie z.B. politische Ideologien aktiv Gruppen oder Allianzen zwischen Gruppen sowie neue Identitäten und Subjektpositionen konstruieren, im Mittelpunkt der Untersuchung diskursiver Praxen.

Identität und Subjektivität in dieser Art zu reformulieren, eröffnet die Möglichkeit, die Verbindung von Subjektitität und Macht neu zu denken. Michel Foucault spricht hier von *Subjektivierung*. D.h. Individuen werden unterworfen und reguliert durch die Typen von Identitäten, die diskursiv zur Verfügung gestellt werden. In diesem Sinne argumentiert Judith Butler im Anschluß an Foucault:

„Der Diskurs über Subjekte (ob es sich dabei um einen Diskurs über geistige Gesundheit, Rechte, Kriminalität oder Sexualität handelt) ist für die gelebte und aktuelle Erfahrung eines solchen Subjekts konstitutiv, weil ein solcher Diskurs nicht nur über Subjekte berichtet, sondern *die Möglichkeiten artikuliert, in denen*

Subjekte Intelligibilität erreichen, und das heißt, in denen sie überhaupt zum Vorschein kommen" (Butler 1993b, 132; Hervorhebung S.H.).

Eine der zentralen diskursanalytischen Fragestellungen ist mithin die nach der Konstitution der Einheit 'Subjekt'. In der Analyse von Diskursen wird nicht nur nach den getroffenen Aussagen gefragt, sondern auch nach den Beziehungen, in die Aussagen zueinander gebracht werden. Danach, was sie ordnen und welche Objekte und Subjekte als Effekt eines spezifischen Diskurses hervortreten.

In *Die Ordnung des Diskurses* (1991) spricht Foucault darüber hinaus von den Prozeduren, die die Kontrolle der verschiedenen Diskurse ermöglichen. Eine dieser Prozeduren ist die *Verknappung* der sprechenden Subjekte, indem „den sprechenden Individuen gewisse Regeln [auferlegt werden, um] zu verhindern, daß jedermann Zugang zu den Diskursen hat" (ebda., 26). Niemand, so Foucault weiter, kann in die Ordnung des Diskurses eintreten, „wenn er nicht gewissen Erfordernissen genügt, wenn er nicht von vornherein dazu qualifiziert ist" (ebda.). Einer der Mechanismen der Einschränkung der Zugänglichkeit der Diskurse ist das *Ritual:* „Das Ritual definiert die Qualifikation, welche die sprechenden Individuen besitzen müssen; es definiert die Gesten, die Verhaltensweisen, die Umstände und alle Zeichen, welche den Diskurs begleiten müssen" (ebda., 27).

Die politischen Diskurse sind von dem Einsatz eines Rituals, welches für die sprechenden Subjekte sowohl die besonderen Eigenschaften wie die allgemein anerkannten Rollen bestimmt, kaum zu trennen. Welches sind also die Bedingungen, die „lesbische Frauen" erfüllen müssen, um in den Diskurs eintreten zu können? Was qualifiziert sie bzw. ihr Sprechen als ein hörbares? Welche besonderen Eigenschaften, welche allgemein anerkannten Rollen bestimmt das Ritual des Diskurses für die Subjekte „lesbische Frauen"?[15]

Die Auseinandersetzung mit den Diskursen des lesbischen Feminismus und den der Identitätspolitik inhärenten Paradoxien ist Ausgangs- und Knotenpunkt für eine Reihe von Überlegungen, die sich im Begriff der *Devianz* verdichten lassen. Die vorliegende Studie handelt von der Formierung von Devianz in unterschiedlichen Wissenskomplexen *und* sucht nach Möglichkeiten ihrer devianten Verschiebung: Mit dem Begriff der Devianz untrennbar verbunden ist der Begriff der Norm, mit Norm Techniken der Normalisierung, Disziplinierung und der sozialen Kontrolle. Die Geschichte lesbischer Subjekte ist eine solche Geschichte der Normalisierung, der Disziplinierung und der sozialen Kontrolle. Die Einteilung sexueller Devianz in verschiedene

---

15 Das Geständnis der eigenen Sexualität, etwa in der Form des Geständnisses im Rahmen der Praktiken der Sexualwissenschaftler oder in der Form des *coming outs* in lesbischen bzw. schwulen subkulturellen Zusammenhängen, wäre ein solches Ritual, das der Diskurs abverlangt, um als „sprechendes Subjekt" anerkannt zu werden.

Kategorien des Abnormalen ist eine Methode, das Normale selbst zu konstruieren (und damit zu stabilisieren). Paradoxerweise generiert jedoch die Disziplinierung, die eine bestimmte Form lesbischer Subjektivität – als pathologische, sexuelle oder geschlechtliche Devianz – produziert, und die sich in unterschiedlichen sozialen, wissenschaftlichen, politischen und kulturellen Praxen sedimentiert, auch einen Überschuß. Diese überschüssigen Subjekt-Effekte oder Spuren von Gegendiskursen sind deviant in einem anderen Sinn des Wortes: Sie sind deviant in Bezug auf das Programm moralischer und politischer Normalisierung, das den hegemonialen Beschreibungen eingeschrieben ist. Devianz enthält mithin die *Möglichkeit* eines „Gegen-Diskurses".

Deviante Subjektivität kann insofern verstanden werden als der Prozeß, in dem ein Identitätsraum diskursiv (etwa durch die Sexualwissenschaft und Medizin oder aber auch durch politische Bewegungen) geschaffen und von den unter dieser Identität Versammelten strategisch aufgegriffen wird. Im Prozeß der Selbst-Befragung und Selbst-Konstitution verhalten sich die von dieser Identität Angerufenen manchmal in Komplizenschaft und manchmal resistent gegenüber den pejorativen und pathologisierenden Charakterisierungen der Medizin und Wissenschaft einerseits und den politischen Diskursivierungen lesbischer (bzw. schwuler oder feministischer) Bewegungen andererseits. Denn welche Repräsentationen „lesbischer Identität" hegemonialen Rang einnehmen, ist eine zentrale Frage gegenwärtiger lesbischer Identität und Politik: Lesbische Frauen (und schwule Männer) sind noch immer damit beschäftigt, eine Hinterlassenschaft pathologischer Zuschreibungen, die die Grenzen definieren, innerhalb derer sie existieren dürfen, in Frage zu stellen. Deviante Subjektivität ist damit Evidenz der Macht, die hegemonialen Diskurse gegen den Strich zu bürsten und anzueignen.

Deviant ist die Arbeit aber noch in einem weiteren Sinne: Hat man verstanden, daß Subjekte durch Praktiken und Operationen des Ausschlusses geformt werden, wird es politisch notwendig, die Spuren der Operationen dieser Konstruktion und Auslöschung zu verfolgen. Das gilt auch für die „selbstbewußten" lesbischen Gegendiskurse. Devianz heißt mithin auch, in einer dekonstruktiven Haltung ebenfalls die eigenen Diskurse zum Sprechen zu bringen, um sie auf ihre konstitutiven Ausschlüsse hin zu befragen. Denn die fundierende Geste identitätspolitischer Strategien birgt immer die Gefahr, daß „lesbisch" aufhört, eine Frage zu sein und Identität als normatives Ideal fungiert. Identitätspolitik kann insofern dazu dienen, all diejenigen auszuschließen bzw. zu ignorieren, die nicht die Identitätsanforderungen und -bedingungen erfüllen. Sie wird so Teil des Problems, das sie angetreten war zu lösen.

I. Der Identität(s)Politik auf den Leib gerückt: Theoriereflexionen

> „Das Allgemeine sorgt dafür, daß das ihm unterworfene Besondere nicht besser sei als es selbst. Das ist der Kern aller bis heute hergestellten Identität."
>
> Theodor W. Adorno[1]

1. Einleitung

Als Schlüsselwort[2] fungiert Identität sowohl in der gegenwärtigen Debatte um die Konstitution des feministischen Subjekts als auch um Politik und politische Handlungsfähigkeit. Doch ungeachtet der Bedeutung, die dem Begriff der Identität in den Diskussionen um die Voraussetzungen und die Konstitution politischer Handlungsfähigkeit zugeschrieben wird, ist der konzeptuelle Gebrauch des Begriffs in feministischen theoretischen und politischen Praxen eher vage. Unstrittig scheint einzig, daß Identität ein zentrales Konzept feministischer Emanzipation darstellt. Gleich, ob es sich um die „Politik der Subjektivität" (Wunderle 1977) oder um eine „Theorie weiblicher Subjektivität" (Tapken 1983), um die „andere Stimme" (Gilligan 1984) oder um „weibliche Freiheit" (Libreria delle donne 1988) handelt, der Satz „Frauen suchen ihre Identität!" aus Helge Sanders Rede zur Begründung des *Aktionsrates zur Befreiung der Frauen* von 1968 sollte zugleich Auftakt und Motto der neuen feministischen Bewegung in der BRD werden. Wenn die Rhetorik der Frauenbewegung auch eine war, die sich oftmals noch auf der Suche nach weiblicher Identität befand, so schien diese bereits zu existieren, darauf wartend, entdeckt und repräsentiert zu werden: Ging es dem Feminismus doch insbesondere um „die Umsetzung der Individualität der Frau in gesellschaftliche Praxis" (Eckschmid 1979, 83).[3]

---

1 Adorno, Theodor W. 1975: *Negative Dialektik*. Frankfurt, 306.
2 Zum Konzept der „Schlüsselwörter" siehe Williams 1976, 9-24. Williams betont, daß die Bedeutungen von Schlüsselwörtern nicht lexikonartig fixiert werden können. Sie sind vielmehr den Anstrengungen verschiedener Akteure unterworfen, sich zu artikulieren und ihrer jeweiligen Artikulation „Gehör zu verschaffen". Übrigens ist in Williams Zusammenstellung von Schlüsselwörtern Identität noch nicht verzeichnet.
3 Für erste sozialwissenschaftliche Annäherungen an die Geschichte der Neuen Frauenbewegung, insbesondere unter der Perspektive von Generation und Generationskonflikten, vgl. die Beiträge in Modelmog/Gräßel (Hg.) 1994. Die Bedeutung von Fragen der Subjektivität betont etwa Ilse Lenz. Auch Irene Stoehr schreibt für die erste Generation der sogenannten Gründerinnen: Gleichzeitig besitzen ihre Vertreterinnen ein über eine Art femi-

Ein häufig wiederkehrendes Problem stellt allerdings die womöglich unbeabsichtigte Tendenz dar, politische Identitäten als fixierte, essentielle, d.h. präpolitische, singuläre Kategorien zu behandeln. Vor allem lesbisch-feministische Politik – orientiert am Slogan „Das Private ist politisch!" – begründete politische Strategien auf essentialistisch strukturierten, identitätspolitischen Vorstellungen. Bereits in frühen Texten zu Beginn der siebziger Jahre, in denen es um eine Definition dessen geht, was „Lesbischsein" bedeutet, findet sich eine ausgeprägte Rhetorik der Selbstfindung und des „authentischen Selbst" als Kern einer revolutionären Politik.

In diesen Thematisierungen „lesbischer Identität" wird zwischen Identität und Politik eine enge kausale Verbindung hergestellt, was dazu führt, daß das lesbische Subjekt diese 'wahre' Identität zunächst reklamieren, finden oder entdecken muß, bevor politisch gehandelt werden kann:

„Nur Frauen können einander ein neues Gefühl ihrer selbst geben. Diese Identität müssen wir mit Bezug auf uns und nicht in Hinsicht auf die Männer entwickeln. ... Zusammmen müssen wir unser authentisches Selbst *finden*" (Radicalesbians 1975, 17; Hervorhebung S.H.).[4]

Die Spannung zwischen Identität *finden* und Identität *entwickeln* bleibt in diesem Text merkwürdig unbeachtet und verweist gerade deshalb auf die Konfusion, die mit dem Begriff Identität verbunden zu sein scheint. Daß die Generierung politischer Identitäten kein naturwüchsiger Prozeß ist, der sich gleichsam „wie von selbst" abspult, ist hier – wenn wohl auch unbegriffen – noch präsent. Es wird zum Ausdruck gebracht, daß es etwas zu tun gibt, um eine neue Identität zu schaffen. Diese Aktivität ist irgendwo zwischen *finden* und *entwickeln* angesiedelt. Der Status von Identität ist jedoch völlig unklar: Wenn sie *entwickelt* werden muß, gibt es sie noch nicht, muß sie dagegen *gefunden* werden, ist sie in einem noch nicht bekannten oder benannten Irgendwo schon vorhanden. Völlig unklar bleibt, *was* da entwickelt oder gefunden wird und warum es für politische Handlungsfähigkeit relevant sein soll.[5]

Nimmt Identität dagegen den privilegierten Status ein, als Voraussetzung politischer Handlungsfähigkeit verstanden zu werden, muß gerade die Identität fundierende Logik befragt werden: In der dominanten Identitätslogik bildet Identität sich über Abgrenzung: $A \neq B$. Identität bedarf also der Nicht-Identität und kann sich nur erhalten durch fortwährende Ausgrenzungs-

---

nistischer Offenbarung vermitteltes Bewußtsein ihres Frauseins, das zum zentralen Bezugspunkt ihrer Identität geworden ist (und wahrscheinlich bleiben wird) ..." (Stoehr 1994, 98).

4 Für eine ausführliche Interpretation des für die Geschichte lesbischen Feminismus' zentralen Textes der *Radicalesbians* – „Frauen, die sich mit Frauen identifizieren" – vgl. Kapitel III.3.
5 Ausführlich hierzu Kapitel III.6.

prozesse, die in einer strukturell ungleichen Gesellschaft immer auch hierarchische Prozesse sind:

„Im Prinzip des Identifizierens (sind) gesellschaftliche Vollzüge repräsentiert, die Anpassung erzwingen und Individualität nivellieren. Es ist ein spezifischer Bann, den sie über die Vielgestaltigkeit und Widersprüchlichkeit der Welt verhängen: den der Einerleiheit, der Unterwerfung aller Besonderheiten unter eine Logik. Einerleiheit: nichts anderes heißt 'Identität'" (Becker-Schmidt 1989, 53).

Um die komplexen Beziehungen zwischen Identität und Politik besser verstehen zu können, bedarf es daher eines genaueren Verständnis dessen, 'was' Identität ist. Was in den politischen Positionsbestimmungen „lesbischer Identität" meist fehlt, ist eine Reflexion sowohl der psychisch als auch sozial komplexen und komplizierten Prozesse der Formierung von Identität. Denn Identität ist nicht der Ausdruck eines prädiskursiven Wesens oder einer Substanz, die gewissermaßen fertig vorliegt und deren Interessen im politischen Feld schlicht zur Repräsentation gebracht werden. Wäre Identität dagegen lediglich der aus einer Essenz notwendig hervorgehende Ausdruck – auch wenn diese als politische, soziale, ökonomische oder kulturelle Essenz verstanden wird –, d.h. das *Zeichen*, das auf ein eindeutig zu *Bezeichnendes* referiert, könnte nicht erklärt werden, wieso das diskursiv strukturierte Feld des Symbolischen eine zentrale Arena des Politischen ist. Wieso spielen die *Kämpfe um den Namen* eine solch zentrale Rolle in der politischen Auseinandersetzung?

Werden Identitäten dagegen verstanden als *Artikulationen* in dem in der Exposition entwickelten Sinne, d.h. werden bestimmte *Elemente* aus dem diskursiven Reservoir – für lesbische Identität: Repräsentationen von Geschlecht und Sexualität, Deutungen des Geschlechterverhältnisses, politische Revolutionsrhetorik – kontingent miteinander verbunden und damit zu *Momenten* innerhalb eines Diskurses (was immer auch bedeutet, daß andere Elemente aktiv zum Schweigen gebracht werden); mit anderen Worten, handelt es sich um eine Verbindung, die gemacht werden kann, aber nicht muß, heißt das, daß keine Identität (im wörtlichen Sinne) vollkommen konstituiert werden kann, ihr Sinn immer schon untergraben ist vom Feld der Diskursivität. Die Namen, sprich: Identitäten, sind Schauplätze des Kampfes um die Macht, die Welt in den eigenen Begriffen zu erklären und zu ordnen.

Das eröffnet die Möglichkeit zu verstehen, warum bestimmte Formen von Identität zu bestimmten historischen Augenblicken auftreten (und wiederum andere nicht) und welche Rolle sie im politischen Feld spielen. Eine solche Perspektive ermöglicht es auch, Bedeutungsansprüche zu dekonstruieren, nicht nur um die Operationen der Macht sichtbar zu machen, sondern um den Raum zu öffnen für das Auftauchen anderer Bedeutungen.

Kurz, im folgenden geht es um eine Auseinandersetzung mit den beiden Begriffen, die Identitätspolitik konstituieren: dem Begriff der *Identität* wie dem der *Politik*. Im Durchgang durch für diese Auseinandersetzung relevante Theoriestücke sollen in diesem Kapitel die Fragen, die mit dem modernen, westlichen Identitätskonzept verbunden sind, diskutiert werden, um darüber Wege zu eröffnen, das Verhältnis von Identität und Politik neu zu denken. Ich werde argumentieren, daß es keinesfalls um eine Verwerfung von (lesbischer) Identität geht, sondern um eine Genealogie ihrer vielfältigen Ursprünge und Herkünfte und um die Dekonstruktion derjenigen Mechanismen und Prozeduren, die Identität erzeugen. Diese fortgesetzte Infragestellung, in dekonstruktiver Sprache die *Durchstreichung* von Identität, ist Teil des Projekts der Demokratisierung von Identitäts-Politik, insoweit es den Versuch darstellt, eine selbstkritische Dimension im politischen Handeln zu instituieren, die als persistente Erinnerung dient, die ausschließende Macht von Identitätsentwürfen zu überdenken. Denn nur wenn „lesbische" Politik bereit ist, ebenso wie gegenüber den hegemonialen, heteronormativen Diskursen auch gegenüber den eigenen Denk-Bewegungen eine kritische Haltung einzunehmen, d.h. bereit ist, die Kontingenz der eigenen Prämissen und (Identitäts-)Konstruktionen zu reflektieren, kann lesbische Politik ein Auftakt für die Aufgabe sein, einen anderen, nicht-normalisierenden diskursiven Horizont zu konstruieren.

Ich verstehe mein Projekt der Konzeptualisierung *devianter Subjektivität* als Teil des Unternehmens, die Bedingungen zu formulieren, die die Konstruktion dieses nicht-normalisierenden diskursiven Horizonts ermöglichen. Ausgangspunkt aller hier angestellten Überlegungen, daran sei noch einmal erinnert, ist immer die Frage, wie im Namen der Legitimierung einer sozial aufgezwungenen Differenz gesprochen werden kann, ohne die historisch spezifischen Mechanismen von disziplinierender Differenzierung erneut zu stabilisieren.

Dazu werde ich im ersten Hauptteil dieses Kapitels zunächst in die genealogische 'Werkzeugkiste' Michel Foucaults und Gayatry Spivaks greifen, und nach den methodologischen Möglichkeiten Michel Foucaults *wirklicher Historie* sowie Gayatri Spivaks *Dekonstruktion* für dieses Projekt fragen (2.). Der dritte Abschnitt widmet sich der Idee des modernen Subjekts und dessen Begrenzungen im Hinblick auf die Konstitution des Politischen sowie politischer Handlungsfähigkeit. Anknüpfend an Foucaults Beschreibungen der Konstitution des Subjekts als Effekt von Machttechniken sowie die These, daß Macht in allen sozialen Sphären zirkuliert und den Begriff der *Führung* in der Machtanalytik Foucaults (3.), diskutiere ich im vierten Abschnitt dieses Kapitels die Problematik der *Repräsentation* und der damit verbundenen Machteffekte innerhalb sozialer Gruppierungen bzw. Bewegungen. Ich werde hier argumentieren, daß die Konstitution von Identität nicht nur hegemoniale Machtrelationen in Frage stellt, sondern selbst zur Konstruktion neuer Machtrelationen beiträgt.

Die Frage politischer Repräsentation wird im fünften Abschnitt unter dem Aspekt des Umgangs mit Differenz erneut aufgenommen und diskutiert. Im Hinblick auf die Problematik des Ausschlusses in feministischen Repräsentationen wurde in einer Reihe feministischer Ansätze versucht, Identität nach dem Modell additiver Koalitionen zu denken. Dagegen werde ich zeigen, daß der additive Ansatz, Differenz zu denken, lediglich die Probleme verschiebt, die er vorgibt zu lösen, da Differenz hier nur die Differenz *zwischen* weiterhin kohärent konzeptualisierten Identitäten bezeichnet.

Dagegen werde ich im sechsten Abschnitt dieses Kapitels argumentieren, daß Differenz immer schon Bestandteil von Identität ist, da es Identität nicht ohne Unterscheidung gibt. Dialektisch gesehen bedeutet das, daß Identität und Differenz immer schon koexistieren. Der Schlüsselbegriff für diesen Nexus von Identität und Differenz ist der psychoanalytische Begriff der *Identifikation*.

Identifikation ist psychoanalytisch gesehen die wichtigste Triebfeder des psychischen Apparats. Das Ich wird gedacht als aus verschiedenen Bestandteilen aufgebaut, die auch wieder auseinanderfallen können, d.h. es gibt keinen stabilen Kern der Identität. Ausgangspunkt dieser Reformulierung von Identität als eine Reihe von Identifizierungen ist die Überlegung, daß die Wurzel jeglicher Identität der *Mangel* ist, den das Individuum kontinuierlich durch Identifizierung mit anderen und die Assimilation mit den Eigenschaften und Merkmalen anderer zu überwinden sucht. Erst durch die Identifizierung wird ein Sinn für das eigene Selbst möglich. Da das psychische Leben somit nicht kontinuierlich ist, gibt es keine stabilen Identitäten, die je erreicht und dauerhaft besetzt werden könnten.

Auf das politische Feld übertragen, können politische Identitäten insofern als *frei flottierende Signifikanten* begriffen werden, die verschiedene phantasmatische Besetzungen tragen, sprich mit verschiedenen Signifikaten verbunden sein können, und deren Erfolg, politisch mobilisierend zu wirken, genau aus dieser Eigenschaft resultiert. Identität als das Ergebnis einer Reihe von Identifizierungen zu fassen, eröffnet somit die Möglichkeit einer *genealogischen* Analyse des kontingenten Charakters jeder imaginären Form von Identifikation.

Judith Butler hat in diesem Zusammenhang den Begriff der *Abjektion*, d.h. des Verächtlichmachens und des Erniedrigens als Strategie der Verwerfung ins Spiel gebracht, um zu verstehen, wie in dem permanenten Prozeß der Identifizierung immer auch andere mögliche Identifizierungen ausgeschlossen, verworfen werden müssen, damit Identität sich stabilisieren kann.[6]

---

6 Siehe Butler 1995, Kapitel 3.

So stabilisiert sich Heterosexualität wesentlich durch die Verwerfung von Homosexualität, ohne daß diese vollständig aus dem symbolischen Universum ausgeschlossen wäre. Ohne die Machtunterschiede zu negieren, die in der Artikulation von Subjekt-Positionen eine Rolle spielen, kann insofern argumentiert werden, daß auch lesbische Identität sich nur durch die Verwerfung heterosexueller oder bisexueller Identifikationen stabilisieren kann, ja für seine eigene Stabilität der kontinuierlichen Verwerfung von Heterosexualität bedarf.

Wird allerdings die Artikulation unterworfener Subjekt-Positionen zur politischen Aufgabe, birgt dies immer das Risiko, daß einige Strategien der Verwerfung, die von den hegemonialen Subjekt-Positionen ausgehen, auch die artikulatorischen Kämpfe derjenigen strukturieren, die sich in unterworfenen oder ausgelöschten Positionalitäten befinden. Im Hinblick auf die Infragestellung der diskursiven Grenzen jeglicher Identität muß dann gefragt werden, wie die offensichtlich notwendigen Verwerfungen sozusagen dynamisiert, d.h. wie die Verwerfungen weniger dauerhaft gemacht werden können. Umgekehrt ist das die Frage danach, wie Identitäten ihr kontingenter Charakter zurückgegeben werden kann, ohne sie der völligen Beliebigkeit preiszugeben und ohne Differenz als Wert an sich zu hypostasieren.

2. Genealogie. Geschichte der Gegenwart

Ausgangspunkt jeglicher Genealogie ist die Diagnose der gegenwärtigen Situation. Im Zentrum steht die Frage nach dem, 'was wir heute sind', verstanden als die „historische Untersuchung der Ereignisse, die uns dazu geführt haben, uns als Subjekte dessen, was wir tun, denken und sagen, zu konstituieren und anzuerkennen" (WA, 49). Zwei Momente sind demnach in Foucaults Genealogien wirksam. Das erste Moment ist eine historisch-kritische Infragestellung unserer Existenz, die zweitens, indem die Genealogie abhebt von den kontingenten Umständen, die aus uns das gemacht haben, was wir tun, denken und was wir sind, die Chance eröffnet, nicht länger das zu sein und zu tun, was wir sind.

Der genealogischen Historiographie geht es mithin nicht darum, die „Geschichte der Vergangenheit in die Begriffe der Gegenwart zu fassen", sondern um eine „Geschichte der Gegenwart" (ÜS, 43). Die Geschichte „lesbischer" Identitäts- oder Subjektivitätsformationen zu schreiben, heißt demnach keineswegs, die Geschichte 'geradezurücken', indem der „Geschichte von oben" die zum Schweigen gebrachte „Geschichte von unten" lesbischer Frauen hinzugefügt wird.[7] Eine solche Form der Historiographie fände in der Geschichte immer nur Abbilder der eigenen Gegenwart, gesellschaftliche Überformungen eines 'an-sich-seienden' transhistorischen Wesens, z.B. der „Homosexualität" oder der „Lesbe", und diente dazu, Kontinuitäten herzustellen zur Bestätigung und Versicherung aktueller Identitätsentwürfe, Orientierungen oder politischer Klassifizierungen. Die Haltung der Genealogie dagegen ist völlig konträr zu dieser identifikatorischen Form der Geschichtsschreibung. „Die Genealogie", schreibt Kathy Ferguson, „lehrt uns nicht, daß nichts wert ist, sich dafür einzusetzen; sie lehrt vielmehr, daß alle Wertansprüche daraufhin zu untersuchen sind, ob sie dem Bekämpften selbst Resonanz geben" (Ferguson 1992, 883).[8] Die *historische Ontologie unserer selbst*, wie Foucault die genealogische Praxis auch beschrieben hat, ist vielmehr als eine „Arbeit an den eigenen Grenzen" zu verstehen:

„ ... [die] Kritik wird insofern genealogisch sein, als sie nicht aus der Form unseres Seins das ableitet, was wir unmöglich tun und wissen können; sondern sie wird in der Kontingenz, die uns zu dem gemacht hat, was wir sind, die Möglichkeit auffinden, nicht länger das zu sein, zu tun oder zu denken, was wir sind, tun oder denken" (WA, 49).

Das hat Implikationen dafür, wie Geschichte methodologisch begriffen wird. Im Gegensatz zur traditionellen Geschichtsschreibung, die die Serie der Ereignisse in eine „wahre" Geschichte der Vergangenheit, eine ideale Kontinuität zu pressen versucht, die „uns überall uns selbst wiedererkennen läßt und in allen Verschiebungen Versöhnungen sieht" (NGH, 79), versteht Foucault Geschichte als eine diskontinuierliche Serie kontingenter Ereignisse, deren Abfolge also zufällig und nicht vorhersehbar ist, und die demzufolge auch nachträglich nicht in eine kontinuierliche Entwicklungslinie gebracht werden können.[9] Das „Werden der Menschheit", so Foucault weiter, ist nichts anderes als eine „Reihe von Interpretationen" (vgl. NGH, 95).

Die „wirkliche Historie" läßt dagegen das Ereignis in seiner einschneidenden Einzigartigkeit hervortreten; wobei unter Ereignis z.B. die „Umkehrung eines Kräfteverhältnisses, der Sturz einer Macht, die Umfunktionierung einer

---

7 Siehe hierzu auch Terry 1991.
8 Siehe auch Ferguson 1993, Kapitel 1.
9 In diesem Zusammenhang weist Hilge Landweer darauf hin, daß „Diskursanalysen im Anschluß an Foucault stets ex-post Analysen in dem Sinne [sind], daß ein bekanntes Phänomen in seiner Genese als historisch konstruiert verstanden werden soll, und insofern betonen sie nicht Kontingenz, sondern Determiniertheit. Aber jede Konstruktion ist grundsätzlich auch anders möglich – und trotzdem nicht beliebig" (Landweer 1993, 13).

Sprache und ihre Verwendung gegen die bisherigen Sprecher ..." (NGH, 80) verstanden werden kann. Statt die Einheit eines Gegenstandes mit seinem Ursprung zu unterstellen, beschreibt die Genealogie daher die heterogenen Anfänge und Abbrüche, die Metamorphosen, Kontinuitäten und Wendepunkte, die einen Gegenstand konstituieren:

„Am historischen Anfang der Dinge findet man nicht die immer noch bewahrte Identität ihres Ursprungs, sondern die Unstimmigkeit des Anderen. [...]Daß es hinter allen Dingen 'etwas ganz anderes' gibt: nicht ihr wesenhaftes und zeitloses Geheimnis, daß sie ohne Wesen sind oder daß ihr Wesen Stück für Stück aus Figuren, die ihm fremd waren, aufgebaut worden ist" (NGH, 71).

Wenn es gilt, zu einer Analyse zu gelangen, die „die Konstitution des Subjekts im historischen Zusammenhang zu klären vermag" (WM, 32), ist es Aufgabe der Genealogie zu beschreiben, wie sich Subjekte innerhalb von Machtbeziehungen selbst konstituieren und gerade dadurch unterworfen werden. Mehr noch, „um das zu analysieren, was als 'das Subjekt' bezeichnet wird" (GL, 12), muß die Genealogie den strategischen Einsatz der Wahrheit untersuchen, um zu verstehen, wie Individuen „dazu angehalten worden sind, auf sich selber zu achten, sich als Begehrenssubjekte zu entziffern, anzuerkennen und einzugestehen und damit zwischen sich und sich selber ein gewisses Verhältnis einzuleiten, daß sie im Begehren die Wahrheit ihres – natürlichen oder gefallenen – Seins entdecken läßt" (GL, 11f).

Aufgabe einer Genealogie „lesbischer Subjektivität" wäre es folglich, die komplexen, diskursiven Operationen und Technologien, innerhalb derer eine Subjektposition „Lesbe" entsteht, zu kartographieren und den historischen Prozeß zu analysieren, durch den sexuelle Praktiken zu Markierungen der Identität wurden: Wie kam es dazu, daß moderne Gesellschaften die Vorstellung einer menschlichen sexuellen „Natur" entwickelten? Wieso soll ausgerechnet Sexualität die Wahrheit der *conditio humana* offenbaren? Kurzum, wie konstituiert sich „in den modernen abendländischen Gesellschaften eine 'Erfahrung' [...], die die Individuen dazu brachte, sich als Subjekte einer 'Sexualität' anzuerkennen, und die in sehr verschiedene Erkenntnisbereiche mündet und sich an ein System von Regeln und Zwängen anschließt" (GL, 10)?

Und weiter: Wie ist folglich eine politische Bewegung zu verstehen, die als Voraussetzung ihrer Politik der Stabilität der eigenen Identität, deren Fluchtpunkt genau diese Sexualität ist, bedarf? Führt die Affirmierung „lesbischer Identität" zu sexueller Befreiung, zur Anerkennung lesbischer Lebensformen, gar zu einer neuen Gesellschaft, oder trägt sie nicht vielmehr zur Konsolidierung derjenigen Regulierungsregime einer Kultur bei, die gerade darüber funktionieren, daß den Individuen sich ausschließende, sexuelle Identitäten zugewiesen werden? Wo und wie tendieren lesbisch-feministische Diskurse, in ihrem Bemühen, die hegemonialen Regime von Geschlecht und Sexualität zu destabilisieren, gerade dazu, diese erneut zu stabilisieren?

Gayatri Chakravorty Spivak[10] hat in diesem Zusammenhang auf ein methodologisches Problem hingewiesen, mit dem eine Genealogie der Marginalität, die für die Rekonstruktion „subalternen" Bewußtseins auf die Geschichte und Diskurse der Eliten angewiesen ist, zu kämpfen hat; die also auf diejenigen Beschreibungen der Vergangenheit zurückgreifen müssen, die simultan die dominante Historiographie und die Geschichte von Unterwerfung konstituieren: Denn um „subalternes Bewußtsein" rekonstruieren zu können, ist, so Spivak, eine Genealogie der Marginalität nicht nur wegen des Materials auf die dominanten Beschreibungen angewiesen, sondern auch, um die Spuren ausfinding zu machen, aus denen hervorgeht, wie diese Quellen selbst Subalternität konstruiert haben. Weil das subalterne Subjekt also in diesem wörtlichen Sinne durch die dominanten Beschreibungen produziert wird[11], kann es mithin nicht unabhängig von diesen verstanden werden. Umgekehrt gilt aber auch, daß auch die Identität der Eliten ein diskursiver Effekt der traditionellen historischen Beschreibungen ist; sie stellt gewissermaßen den „Rest" des Subalternen dar, von dem die Elite wiederum für ihre eigene Definition abhängig ist. Ironischerweise ist mithin Devianz zentral für die Narrationen des Normalen.

Ausgehend davon, daß Geschichte sowohl textuelle Praxis als auch textuelles Produkt ist, schlägt Spivak deshalb vor, die hegemonialen Beschreibungen gegen den Strich – *against the grain* – zu lesen. Diese subversive „Lesestrategie", die innerhalb der dominanten Beschreibungen operiert und danach fragt, wie diese Beschreibungen sich selbst als "wahrhaft" etablieren konnten, würde die dominanten Beschreibungen destabilisieren und die Lokalisierung subalterner Handlungsmöglichkeiten ermöglichen. Durch diese Operation werde deutlich, daß die dominanten Beschreibungen weder die subalternen Subjekte, die sie selbst gewissermaßen lanciert haben, vollständig beherrschen noch die Identität bzw. Subjektposition der Eliten vollständig stabilisieren.

Zwar dekonstruiert Spivak im Verlauf ihrer Diskussion „subalternen Bewußtseins" die Vorstellung eines autonomen bzw. souveränen Selbstbewußtseins, sie hält jedoch an der strategischen, diskursiven Position der

---

10 Vgl. für das Folgende Spivak 1988a. Spivak analysiert hier die methodologischen Voraussetzungen für eine „subalterne" Geschichte britischer Kolonialherrschaft in Indien.
11 Spivak verortet Identität vollständig innerhalb von Diskurs bzw. Sprache: „We know no world that is not organized as a language, we operate with no other consciousness but one structured as language – languages that we cannot possess, for we are operated by those languages as well. The category of language, then, embraces the categories of world and consciousness even as it is determined by them" (Spivak 1988b, 77f). Zum sogenannten *linguistic turn* innerhalb der feministischen Historiographie siehe auch Canning 1994.

„Subalternität" fest, um die gewalttätige Qualität dominanter Geschichtsschreibung sichtbar machen zu können. Denn die Macht, die Partialität der dominanten Beschreibungen sichtbar zu machen und sie dadurch zu destabilisieren, resultiert aus dieser gegendiskursiven Position des „Subalternen". Aber statt nach einer neuen Identität – die „Subalternen" – zu suchen und diese zu fixieren, geht es Spivak darum, Spuren von *Differenz* innerhalb der diskursiven Operationen der Eliten-Diskurse ausfinding zu machen. Dagegen werde die Suche nach einer „wirklichen Identität", so Spivak, lediglich zu den schlimmsten Seiten einer männlich dominierten Modernität zurückführen. Vehement widerspricht sie jeglicher obsessiven Suche nach einer eigenen „angemessenen" Identität, die für sie zugleich den „Selbstbetrug wie die unterdrückerische Macht des Humanismus" darstellt (vgl. Spivak 1988c, 148).

Spivaks Methode des Lesens auf/nach/für Differenz ist sinnvoll, um die diskursiv benannten und konstruierte Identität „lesbisch", die u.a. durch die medizinischen und kriminologischen Diskurse des späten 19. und des 20. Jahrhunderts produziert und elaboriert wurden, zu überdenken. Dekonstruktive Strategien helfen nicht dabei, historisch bedeutsame Lesben in der Geschichte wiederzufinden. Die Vorstellung eines kohärenten und autonomen „subalternen Subjekts", dessen Geschichte vollständig von den herrschenden Diskursen entwirrt werden kann, ist für Spivak absurd. Ebenso ist eine lesbische oder schwule Beschreibung der Geschichte, die hofft, lesbische und schwule Subjekte frei von den pathologisierenden Einflüssen finden zu können, eine historiographische Illusion. Bestenfalls können die Techniken aufgezeichnet werden, durch die das, was „Homosexualität" genannt wird, als deviant markiert wurde, um dann lokale Widerstände gegen diese Homophobie ausmachen zu können. Spivaks dekonstruktive Praxis des *Lesens gegen den Strich* kann in diesem Sinne verstanden werden als genealogische Praxis im Sinn des von Foucault skizzierten *Ethos,* „in dem die Kritik dessen, was wir sind, zugleich die historische Analyse der uns gegebenen Grenzen ist und ein Experiment der Möglichkeit ihrer Überschreitung" (WA, 53).

3. Spuren. Subjekt und Macht

Doch nun genauer zur Problematik der modernen Subjektkonzeption. Das Selbst ist eine der epistemischen Figuren, um die herum sich der Diskurs der Moderne organisiert: Abgetrennt von der Leiblichkeit des Menschen ist in der Moderne von einem Subjekt die Rede, das dem Denken untergeschoben wird, so daß alles außerhalb dieses reinen Bewußtseins Befindliche sich diesem als Objekt entgegenstellt. Geist und Körper werden radikal voneinander geschieden und fungieren doch jeweils auch als Supplemente füreinander. Mit der cartesianischen Überhöhung des *Ego cogitans* wird ein entleiblichtes und dem Sozialen antipodisch gegenübergestelltes Selbst konstruiert, das zugleich jedoch der Ursprung aller sozialen Verhältnisse sein soll. Die Moderne, kommentiert Foucault, hebt mit der Vorstellung von einem Wesen an – dem Menschen –, das Subjekt und Objekt des Wissens bzw. der Erkenntnis gleichzeitig sein soll: „In der tiefen Bewegung einer solchen archäologischen Veränderung [erscheint] der Mensch mit seiner nicht eindeutigen Position als Objekt für ein Wissen und als Subjekt, das erkennt: Unterworfener Souverän, betrachteter Betrachter" (OdD, 377).

Dieses Subjekt, genauer: die Vorstellung eines mit sich identischen, autonomen und souveränen Subjekts, ist ins Straucheln geraten. Seine Instituierung als sinnstiftender Souverän ist von Beginn an begleitet von seiner gleichzeitigen Dezentrierung: Etwa durch Marx, der daran erinnert, daß die Menschen zwar ihre Geschichte machen, aber unter Bedingungen, die ihnen von außen gesetzt sind. Oder durch die Freudsche Feststellung, daß das 'Ich nicht Herr im eigenen Hause' ist, d.h. die Konzeption des Unbewußten, die das Idealbild des autonomen, vernunftgeleiteten und realitätsorientierten bürgerlich-männlichen Subjekts grundsätzlich unterminierte und diesem, wie Freud anmerkt, eine empfindliche, unintegrierbare narzißtische Kränkung zufügte. Oder durch die strukturale Linguistik de Saussures, nach der wir uns, um sprechen zu können, in die bereits existierenden Beziehungen von Sprache begeben müssen, oder durch Foucaults Beschreibungen des Subjekts als Produkt diskursivierender Macht. Und schließlich durch die politischen Bewegungen von Frauen, von Lesben und Schwulen und von ethnischen Minderheiten, die nicht nur darauf hingewiesen haben, daß der Status 'Subjekt' nur einer kleinen (weißen, männlichen, bürgerlichen und heterosexuellen) Minderheit vorbehalten ist, sondern auch darauf, daß die Begrenzung des privilegierten Subjektstatus auf diese Gruppe konstitutiv für die Etablierung bürgerlicher Demokratien selbst gewesen ist. „The theory of the subject of consciousness as a unitary and synthesizing agent of knowledge is always already a posture of domination", kommentiert etwa Norma Alarcón (1990, 364). Gemeinsam ist all diesen divergenten und heterogenen theoretischen und politischen Projekten der Versuch der Unterbrechung derjenigen Diskurse, die die Transparenz und Vorgängigkeit des Subjekts vor dem Sozialen auf ihre Fahnen geschrieben haben. Verweigert wird die Akzeptanz der Kategorie des Subjekts als evident oder natürlich.

Das aber heißt nichts anderes, als daß das Subjekt notwendig immer schon ein *politisches* Subjekt ist, produziert durch und innerhalb der *pólis*. Das Subjekt betritt die Sphäre des Politischen nicht bereits als Subjekt; vielmehr ist seine Konstitution selbst sowohl ein politischer Akt zur Regulierung und

Kontrolle der Individuen als auch Bedingung der Möglichkeit des totalisierenden Zugriffs auf die Gesamtbevölkerung.

Kein Subjekt ist mithin sein eigener Ausgangspunkt. Es zu kritisieren bedeutet demnach keineswegs die Verneinung oder Nichtanerkennung des Subjekts, sondern eher eine Infragestellung derjenigen Konstruktion, die das Subjekt als vorgegebene oder normativ als Grundlage dienende Prämisse (der Politik) verstanden hat:

„Wenn man behauptet, daß die Politik ein stabiles Subjekt erfordert, beinhaltet dies zugleich, daß es keine *politische* Opposition gegen diese Behauptung geben kann. Tatsächlich besagt diese These, daß eine Kritik des Subjekts keine politische Kritik sein kann, sondern einen Akt darstellt, der die Politik als solche in Gefahr bringt. Wenn man das Subjekt einklagt, grenzt man jedoch zugleich das Gebiet des Politischen ein. Diese Eingrenzung, die analytisch zum wesentlichen Merkmal des Politischen erklärt wird, verschafft den Grenzen des Gebiets des Politischen Geltung und schirmt sie dabei zugleich vor jeder politischen Überprüfung ab. Damit stellt dieser Akt, der einseitig das Gebiet des Politischen festsetzt, eine autoritäre List dar, die den politischen Kampf um den Status des Subjekts summarisch zum Schweigen bringt" (Butler 1993b, 32).

Mit der Ablehnung des Begriffs des Subjekts als ursprüngliche und begründende Totalität ist somit gewissermaßen das Feld freigeräumt, um einen Blick auf das Subjekt und die Prozesse seiner Herstellung zu werfen. Wie also konstituieren sich Subjekte innerhalb von Machtbeziehungen und werden gerade dadurch unterworfen? Wie sind wir, mit einem Wort Foucaults, zu „Gefangenen unserer eigenen Geschichte" geworden? Welches sind die Ereignisse, die uns dazu geführt haben, uns als Subjekte einer Sexualität anzuerkennen? Und welche Bedeutung hat das für die Artikulation „lesbischer Frauen" als politischer Subjekte?

Diese genuin politische Problematik, nämlich wie man innerhalb der Komplexitäten von Macht operieren kann, soll im Rahmen der Foucaultschen Machtanalytik entfaltet werden. Dabei werde ich mich vor allem auf zwei der von Foucault beschriebenen Machttechniken konzentrieren: die *Disziplinarmacht* sowie den Begriff der *Führung* im Kontext der Überlegungen zur Pastoralmacht.[12]

---

12 Zur Konstituierung als *sexuelle* Subjekte in einem Foucaultschen Theorierahmen siehe ausführlich Kapitel II.2.

Foucaults Analytik der Macht und die historische Ontologie des modernen Subjekts

Foucault beschrieb sein Projekt als das Unterfangen, eine Geschichte der verschiedenen Modalitäten zu entwerfen, durch die in unserer Kultur Menschen zu Subjekten gemacht werden. In der Einleitung zu *Der Gebrauch der Lüste* formuliert Foucault die drei Perspektiven seiner Thematisierung 'des' Subjekts, worin deutlich wird, daß es sich keineswegs um einen immer identischen Subjektbegriff handelt. Während in der *archäologischen* Perspektive das Subjekt als Subjekt und Objekt von Diskursen thematisiert wird, d.h. die Formierung des Wissens untersucht wird, rückt in der *genealogischen* Perspektive die Produktion von Individuen als durch Mikropraktiken der Macht spezifisch habitualisierte Subjekte in den Vordergrund. Schließlich führt Foucault in einer weiteren Verschiebung die dritte Achse ein: Mit der *ethischen* Perspektive untersucht er die Formen und Modalitäten des Verhältnisses zu sich selbst, durch welche das Individuum sich als Subjekt konstituiert und erkennt (vgl. GL, 9-21, 12).[13]

Über die Beziehungen zwischen Wissen und Macht hinaus, die gleichsam als Tiefenstrukturen moderner (unterworfener) Subjektivität verstanden werden können, legt Foucault mit dieser ethischen Perspektive die Achse der Beziehung zum Selbst frei, die Formen von Subjektivitätsgestaltung. Die Achse der Subjektivität nimmt auf eine Reihe von Praktiken Bezug, die wir an uns selbst vornehmen. Damit kehrt Foucault nicht, wie vielfach unterstellt, zum sinnstiftenden, konstituierenden Subjekt zurück, das aufgrund seiner irreduziblen Subjektivität handlungsfähig wird. Vielmehr erweist sich hier die Bedeutung der beiden zentralen Momente seiner Genealogien: Mit der Aufdeckung der kontingenten Natur derjenigen Institutionen (Psychiatrie, Strafanstalten, Kategorien der Abweichung), deren primärer Effekt zwar die soziale Ausgrenzung bestimmter Individuen ist, deren primäres Ziel aber in der Bindung der Individuen an einen Apparat der Normalisierung besteht und die uns so zu dem gemacht haben, „was wir sind", zeigt Foucault, daß diese nicht die einzigen Möglichkeiten zur Lösung sozialer Konflikte darstellen. Damit lenkt er unsere Aufmerksamkeit auf historische Transformationen in den Praktiken der Selbstkonstitution, um darüber „neue Modi der Erfahrung, neue Formen der Subjektivität, der Autorität und politischen Identität vorzubereiten" (Sawicki 1994, 611).

Statt also die universale, transzendente *Identität* des Subjekts zu akzeptieren, führt Foucault die Genese des Individuums zunächst auf die diskursiven und sozialen Macht-Praktiken der westlichen Kultur der Moderne zurück: Das herausragendste Produkt moderner Macht ist das moderne Indi-

---

13 Vgl. hierzu auch Kögler 1990.

viduum. Die Macht, so Foucault, produziert „Gegenstandsbereiche und Wahrheitsrituale: das Individuum und seine Erkenntnis sind Ergebnisse dieser Produktion" (ÜS, 250).

Das Foucaultsche Projekt einer Analytik der Macht läßt sich folglich in die Frage fassen, wie man von einer negativen Konzeption der Macht, die auf einem juridischen Modell der Ausschließung beruht und mit der Differenz von 'Erlaubt' und 'Verboten' operiert, zu einem „positiven" Konzept der Macht gelangt, die unterwirft, indem sie produziert. Auf der Ebene der Codierung der Macht ist damit der Übergang von der Macht als Gesetz, als Recht zur *Macht als Norm*, die mittels wissenschaftlich-technologischer Kategorien arbeitet, indiziert. Damit rücken andere Techniken der Macht in den Vordergrund: die *Disziplinarmacht*.

Die Disziplinarmacht ist als *produktive Disziplin* ganz durch Positivität gekennzeichnet. Ihr Modus ist der Modus der Individualisierung: „Die Disziplin verfertigt Individuen: sie ist die spezifische Technik einer Macht, welche die Individuen sowohl als Objekte wie als Instrumente behandelt und einsetzt" (ÜS, 220). Die Disziplin, so Foucault, breitet sich über das Ganze des sozialen wie des individuellen Körpers aus. Die Ausbreitung der Disziplinen vollzieht sich dabei nach drei wesentlichen Modalitäten: Funktionsumkehr bei den Disziplinen (ebda., 269f), Ausweitung der Disziplinarmechanismen, ihre Desinstitutionalisierung (271) und Verstaatlichung der Disziplinarmechanismen durch die Organisation einer zentralisierten Polizei, deren Aufgabe die ununterbrochene Überwachung ist, die „imstande ist, alles sichtbar zu machen, sich selber aber unsichtbar" (ebda., 273ff).

Das Besondere der Disziplinargesellschaft ist nun, daß mit den Disziplinen die Einschließung nicht mehr ausschließlich absondernd wirkt. Ihre Ausweitung bewirkt im Gegenteil eine *Homogenisierung* des sozialen Raums. Die Disziplinen erschaffen eine Art gemeinsame Sprache zwischen allen Arten von Institutionen, machen sie kompatibel und ineinander übersetzbar.

Die „politische Achse der Individualisierung", das ist Foucaults Resümee, kehrt sich daher in der Moderne um. Verläuft in pränormativen (d.h. prämodernen) Gesellschaften die Individualisierung noch aufsteigend – erkennbares Individuum ist nur der Souverän, als Verkörperung und Repräsentant der Macht –, so verkehrt sich mit der Entstehung der Disziplinargesellschaft, deren Matrix die Norm ist, diese Richtung. Nunmehr verläuft die Individualisierung von oben nach unten. Die Norm ist dabei „das Band, das Prinzip der Einheit dieser Individualitäten" (Ewald 1991, 168). Die Norm ist das Maß, das zugleich individualisiert und vergleichbar macht. Sie ist reine Funktion, ein reines Diagramm ohne jeden transzendenten oder substantiellen Bezugspunkt. Sie gestattet es, die immer diskreteren, minutiösen Abstände zu markieren (vgl. ebda.). Die Norm arbeitet nicht durch Ausschluß, mit klaren Grenzziehungen zwischen 'Erlaubt' und 'Verboten'; sie beruht vielmehr auf Einbeziehung. Sie erstellt ein Funktionskontinuum, auf dem es keine qualitativen Abweichungen mehr gibt: es gibt nur Abstände, Niveaus, Besonderheiten, Ränge auf einer Skala. D.h. tendenziell alle menschlichen Verhaltensweisen werden im Hinblick auf dieses Normalitätskontinuum codierbar. Der gesellschaftliche Raum wird zunehmend von der Norm durchsetzt. Immer mehr (vom Recht unabhängige) Techniken besetzen das ganze Leben der Menschen, um es zu optimieren, zu regulieren und im Gleichgewicht zu halten. Gesellschaft wird zur Disziplinargesellschaft. Ihre großen Instrumente sind die hierarchische Überwachung (ÜS, 221), die normalisierende Sanktion (229) und schließlich die Prüfung (238).

Das normative Schema stützt sich dabei auf eine vollständige *Ökomonie der Sichtbarkeit* (ÜS, 221). Die Prüfung – in Gestalt der Disziplinen – „kehrt die Ökonomie der Sichtbarkeit in der Machtausübung um" (ÜS, 241): Im disziplinären Raum wird nichts den sichtbaren Souverän ersetzen, er ist überflüssig geworden, weil die Macht anderen Spielregeln folgt. Diese Umkehrung der Ökonomie der Sichtbarkeit in der Machtausübung macht gerade diejenigen sichtbar, die den Rand der Gesellschaft bevölkern. Individualisiert wird bezeichnenderweise der „Bodensatz der Gesellschaft": Irre, Hysterikerinnen, Perverse, sexuelle und geschlechtliche AbweichlerInnen. In der Praxis der Prüfung wird jedes als abweichend klassifizierte Individuum gezielt zu einem *Fall* gemacht – der Sichtbarkeit unterworfen – und der Aufmerksamkeit wissenschaftlicher Diskurse überantwortet. Es entsteht ein „Aufzeichnungsapparat", dessen Aufgabe die genaue Dokumentation des Verhaltens, der Charaktereigenschaften, der familiären Herkunft etc. des Individuums ist: Jedes Individuum an seinen Platz und für jedes Individuum einen Platz.[14]

Der Aspekt der Prüfung in der Disziplinierung der Subjekte verweist darüber hinaus auf die Verknüpfung von Macht und Wissen im Rahmen moderner Sozialpraktiken. Während sich die Disziplinen bei der Wissensherstellung dessen bedienen, was sie den Individuen über sich entreißen, wird dadurch die wissenschaftliche Analyse des Individuums überhaupt erst möglich: Der Aufstieg der modernen Humanwissenschaften verdankt sich dem, was Foucault die Verfertigung des „Disziplinarindividuums" genannt hat.

In einigen späten Veröffentlichungen im Kontext seiner Studien zur christlichen Erfahrung der Sexualität nimmt Foucault nun eine entscheidende Präzisierung seiner Machtanalytik in Angriff, die es ihm ermöglicht, die Frage des Widerstandes gegen die Macht in einer produktiven Art und Weise aufzunehmen. Foucault beschreibt in diesen Studien als neuen Machttypus

---

14 Auch für weibliche Homosexualität entsteht mit und in der modernen Sexualwissenschaft ein solcher „Aufzeichnungsapparat". Siehe hierzu ausführlich Kapitel II.2.

die *Pastoralmacht*.¹⁵ In seinen Interpretationen ausgewählter hebräischer und frühchristlicher Texte zeigt Foucault, daß die Struktur individualisierender Macht auf die jüdisch-christliche Form der Seelenführung zurückzuführen ist. Die wesentlichen Momente einer pastoral operierenden Macht sieht Foucault bereits im sozialpolitischen jüdisch-christlichen Modell des Hirten-Führers vorgebildet: Die Sorge um die Herde, andauernde und individualisierende Zuneigung und Fürsorge, die ein andauerndes Aufpassen erfordern, machen die individualisierende Macht über jedes einzelne „Schaf" aus: *„The shepherd's power implies individual attention paid to each member of the flock"* (PPC, 63).

Foucault beschäftigt nun die Frage der Bedeutung dieses Modells für das politische Problem des Regierens. Er kontrastiert das Modell der Seelenführung mit dem griechischen Modell des Regierens und Führens, das zunehmend, so Foucault in den *Tanner-Lectures*, von den Praktiken der Macht über die Seelen überlagert worden ist. Im griechischen Modell ist nicht der Hirte und die daran gebundene Sorge um den Einzelnen das Thema, sondern der kollektive Zusammenhalt aller in einer Bürgergemeinschaft. Das von Platon klassisch formulierte Problem der politischen Regierung, nämlich wie das Verhältnis des Einzelnen zu den Vielen im Rahmen der Bürgergemeinschaft organisiert werden kann, reagiert dabei, so Foucault im Grunde auf eine andere Problemstellung als die pastorale Sorge¹⁶: *„The political problem is that of the relation between the one and the many in the framework of the city. The pastoral problem concerns the lives of the individuals"* (PPC, 67).

Im modernen Staat sind nun diese beiden Techniken in der Form der Pastoralmacht strategisch und effektiv miteinander verknüpft. Erst die Integration der den neuen christlichen Institutionen entstammenden Machttechnik der Pastoralmacht ermöglicht den zugleich individualisierend und totalisierend verfahrenden Zugriff der Macht auf die Einzelnen und die Bevölkerung (vgl. SM, 248). Platons Problem, wie die Einzelnen in einer Gemeinschaft zusammengehalten werden können, und die christliche Sorge um jedes einzelne Mitglied in seinen innersten und individuellsten Regungen verschmelzen hier zu einer neuen Form der Regierungstechnologie:

---

15 Vgl. hierzu insbesondere die *Tanner-lectures* aus dem Jahr 1979, „Omnes et Singulatim: Towards a Criticism of Political Reason", zitiert aus PPC; SM; SE; die beiden in *Political Theory* (21/2, May 1993) veröffentlichen Dartmouth-Vorlesungen „About the Beginnings of the Hermeneutics of the Self" sowie die Vorlesungen „Technologien des Selbst" und „Die politische Technologie der Individuen" in dem Band *Technologien des Selbst* (TS), Frankfurt 1993. Für eine ausführliche Lektüre der Texte Foucaults zur Pastoralmacht vgl. Kögler 1994, 158ff.

16 Vgl. hierzu auch Kögler 1994, 160.

„Politische Abhandlungen vom sechzehnten bis zum neunzehnten Jahrhundert neigten dazu, die Immanenz der Kunst des Regierens zu betonen, was besagen soll, daß das Regieren einer politischen Gemeinschaft eine pastorale Angelegenheit darstellt, ganz analog und in Kontinuität zur Sorge um 'einen Haushalt, Seelen, Kinder, eine Provinz, einen Konvent, einen religiösen Orden oder eine Familie'" (Bernauer/Mahon 1994, 599).

Die Interpretation der christlichen Erfahrung führt Foucault aber auch zu einer Untersuchung der Subjektivität und darin zu der zentralen Frage, „warum Sexualität für die Selbstdefinition der Menschen so wichtig geworden ist", warum vor allem der Sex „das Mittel [ist], mit dem die Menschen sich ihrer selber bewußt zu sein suchen" (SE, 25). Foucault findet eine Antwort darauf in den Texten früher, christlicher Autoren des vierten und fünften Jahrhunderts, die gewissermaßen ein Programm schrieben, das nicht nur die Beziehungen zwischen Wissen und Macht umfaßt, sondern auch die subtilen Beziehungen, die man zu sich selbst unterhält. Der Christ wird hier gefordert, sein Begehren, das seine primäre ethische Substanz darstellen soll, zu entziffern und eine „permanente Hermeneutik seiner selber" (SE, 44) auszuüben, sich selbst also beständig einer sorgfältigen Untersuchung als begehrendes Subjekt zu unterziehen. Denn die Pastoralmacht ist mit einer Produktion von Wahrheit verbunden, der Wahrheit des Individuums selbst.

Die vom Willen zum Wissen durchdrungenen christlichen Praktiken der Wahrheitsproduktion verlassen laut Foucault kontinuierlich die Sphäre der Klöster und durchdringen bis zum Ende des 19. Jahrhunderts die gesamte Gesellschaft (vgl. SM, 250). Sie „brachten eine einzigartige Form der Subjektivation im menschlichen Wesen zuwege. Das Selbst wird als eine hermeneutische Wirklichkeit konstituiert, als ein obskurer Text, der ständiger Entzifferung bedarf" (Bernauer/Mahon 1994, 598). „Es ist eine Machtform", schreibt Foucault, „die aus Individuen Subjekte macht. Das Wort *Subjekt* hat einen zweifachen Sinn: vermittels Kontrolle und Abhängigkeit jemandem unterworfen sein und durch Bewußtsein und Selbsterkenntnis seiner eigenen Identität verhaftet sein. Beide Bedeutungen unterstellen eine Form von Macht, die einen unterwirft und zu jemandes Subjekt macht" (SM, 246f).

Diese Lesart der christlichen Erfahrung der Subjektivität und ihre Einbettung in die komplexe Matrix der Beziehungen zwischen Macht und Wissen brachte Foucault dazu, die Frage nach *'the politics of ourselves'* als die heute wichtigste politische Frage anzusehen. Die Frage also nach dem, wie eine Person definiert ist und wie die Beziehung zu sich selbst organisiert ist.

Für die hier verfolgte Argumentation ist vor allem der *begriffliche* Zugewinn der Untersuchung der historischen Genese der Pastoralmacht entscheidend. Denn Foucault führt in diesen Studien zum Problem der politischen Regierung den Begriff der *Führung* (bzw. *gouvernement* oder *government*) ein, der es ermöglicht, zwischen den Einwirkungen anderer auf einen selbst und den Möglichkeiten der Selbst-Führung zu differenzieren. Techniken des *gouvernement* umfassen sowohl die mehr oder minder institutionell organisierte Ausübung von Macht über Individuen und Kollektive als auch die Fähigkeit, den Rahmen zu setzen, innerhalb dessen Individuen ihr eigenes Verhalten formen und ihre eigene Individualität produzieren. Das bedeutet keinesfalls die „Rückkehr" zum souveränen Subjekt, denn das Handeln der Subjekte, das auf das Handeln anderer einwirkt, ist immer schon in ein „Möglichkeitsfeld" eingeschrieben (vgl. SM, 255). Anders gesagt, Handlungsmöglichkeiten für die Subjekte resultieren nicht aus einer starken autonomen Subjektkonzeption, die unberührt von 'der' Macht gegen sie gerichtet ist. Vielmehr werden die Subjekte handlungsmächtig, gerade weil sie innerhalb sozialer Praktiken und Diskursformationen – nichts anderes ist das, was Foucault „Möglichkeitsfeld" genannt hat – situiert sind.

Die Relationalität des Foucaultschen Machtbegriffs rückt hier stärker in den Vordergrund. Macht, darauf insistiert Foucault, existiert nur *in actu*. Sie ist weder Substanz noch Form, sondern ein Verhältnis zwischen Handlungsweisen. Tatsächlich sei das, was ein Machtverhältnis definiert, eine Handlungsweise, die nicht direkt und unmittelbar auf die anderen einwirkt, sondern eben auf deren Handeln: „Handeln auf ein Handeln, auf mögliche oder wirkliche, künftige oder gegenwärtige Handlungen" (SM, 254).[17]

Voraussetzung für das Zustandekommen eines Machtverhältnisses ist deshalb nicht nur, daß der „andere" als Subjekt des Handelns bis zuletzt anerkannt und erhalten bleibt, sondern auch, daß sich vor dem Machtverhältnis ein ganzes Feld möglicher Antworten, Reaktionen, Wirkungen und Erfindungen eröffnet:

„Vielleicht eignet sich ein Begriff wie *Führung* gerade kraft seines Doppelsinns gut dazu, das Spezifische an den Machtverhältnissen zu erfassen. 'Führung' ist zugleich die Tätigkeit des 'Anführens' anderer (vermöge mehr oder weniger strikter Zwangsmechanismen) und die Weise des Sich-Verhaltens in einem mehr oder weniger offenen Feld von Möglichkeiten. Machtausübung besteht im 'Führen der Führungen' und in der Schaffung der Wahrscheinlichkeit" (SM, 255).

Die doppelte Bedeutung des Begriffs der Führung – Fremdführung und Selbstpraktiken – erlaubt Foucault die Einführung des Begriffs der *Freiheit*

---

17 Mit dieser in gewisser Weise „handlungstheoretisch" zu nennenden Wendung in der Thematisierung von Macht gelingt es Foucault auch, eine Differenz zwischen Macht und Gewalt einzuziehen. Im Unterschied zu Macht, die auf das Handeln anderer einwirke, wirke Gewalt direkt auf den Körper, sie zwinge, beuge und zerstöre. Ein Gewaltverhältnis schließe alle Möglichkeiten aus; es bleibe ihm kein anderer Gegenpol als der der Passivität (vgl. SM, 254).

und der „freien Subjekte". Denn Macht, das folgt aus diesem Verständnis von Machtausübung, wird nur über „freie Subjekte" ausgeübt:

„Wenn man Machtausübung [...] durch das 'Regiment' [...] der Menschen untereinander kennzeichnet, nimmt man ein wichtiges Element mit hinein: das der Freiheit. Macht wird nur auf 'freie Subjekte' ausgeübt und nur insofern diese 'frei' sind. Hierunter wollen wir individuelle oder kollektive Subjekte verstehen, vor denen ein Feld von Möglichkeiten liegt, in dem mehrere 'Führungen', mehrere Reaktionen und verschiedene Verhaltensweisen statthaben können" (SM, 255).

Foucault setzt Macht und Freiheit hier in eine komplexe Beziehung zueinander. Freiheit ist die Bedingung der Möglichkeit von Macht: sie ist deren Voraussetzung wie ihr Träger. Freiheit erscheint aber auch als das, was sich allein der Ausübung von Macht entgegenstellen kann. Ihr Verhältnis, schreibt Foucault, ist deshalb ein „agonistisches", eine fortwährende Provokation (vgl. SM, 256).

Freiheit ist demnach weniger die *Freiheit von* etwas (von Macht) als die *Freiheit zu* etwas: die Freiheit, sich zu den Weisen der Unterwerfung von sich aus verhalten zu können, die Kunst, „nicht dermaßen regiert zu werden" (WK, 12). Denn das Subjekt konstituiert sich „(entweder) über Praktiken der Unterwerfung (oder) bzw. – auf autonome Art und Weise – über Praktiken der Befreiung und der Freiheit..." (VdF, 137f). Freiheit ist für Foucault folglich etwas, das gestaltet werden kann und gestaltet werden muß. In der Vorlesung *Was ist Kritik?* (1992) definiert er daher die Kritik als eine Form, wie Freiheit gestaltet werden kann:

„Wenn es sich bei der Regierungsintensivierung darum handelt, in einer sozialen Praxis die Individuen zu unterwerfen – und zwar durch Machtmechanismen, die sich auf Wahrheit berufen, dann würde ich sagen, ist die Kritik die Bewegung, in welcher sich das Subjekt das Recht herausnimmt, die Wahrheit auf ihre Machteffekte hin zu befragen und die Macht auf ihre Wahrheitsdiskurse hin. Dann ist die Kritik die Kunst der freiwilligen Unknechtschaft, der reflektierten Unfügsamkeit. In dem Spiel, das man die Politik der Wahrheit nennen könnte, hätte die Kritik die Funktion der Entunterwerfung" (WK, 15).

Im Zentrum von Foucaults Ethik steht mithin nicht die Idee der Emanzipation, d.h. die Befreiung von etwas, sondern die Konstitution seiner selber als „Moralsubjekt", „in der das Individuum den Teil seiner selber umschreibt, der den Gegenstand dieser moralischen Praktik bildet, in der es seine Stellung zu der von ihm befolgten Vorschrift definiert, in der es sich eine bestimmte Seinsweise fixiert, die als moralische Erfüllung seiner selber gelten soll; und um das zu tun, wirkt es auf sich selber ein, geht es daran,

sich zu erkennen, kontrolliert sich, erprobt sich, vervollkommnet sich, transformiert sich" (GL, 40).
 Der Begriff der Führung umfaßt somit eine zweifach gegliederte Machtstruktur. Er erlaubt die Differenzierung zwischen *Fremd-Führung*, also der vermachteten Fremdstrukturierung von Lebensentwürfen und Existenzformen etwa durch den Staat, und der Möglichkeit der *Selbst-Führung*, bei der die Subjekte sich selbst zu dem Feld von vorgegebenen Möglichkeiten reflexiv verhalten. Diese entscheidende Differenzierung in Foucaults Machtanalytik eröffnet die Chance, darüber nachzudenken, wie andere Formen von Subjektivität entwickelt werden können. Das eröffnet die Möglichkeit, zwar nicht völlig souverän gegen *die* Macht zu agieren, aber „gegen all das, was das Individuum an das eigene Selbst fesselt und es gerade dadurch anderen unterwirft (Kämpfe gegen Subjektivierung, gegen Formen von Subjektivität und Unterwerfung)" zu kämpfen (vgl. SM, 247). Es käme also darauf an, Formen von Subjektivität zu entwickeln, die nicht die Selbsteinschließung in die Kategorien und Verständnispraktiken moderner Macht bedeuten.

Die Paradoxie lesbischer Identitätspolitik

Die Problematik, innerhalb der Komplexität von Macht zu operieren, läßt sich nun im Hinblick auf lesbische Identitätspolitik genauer fassen: In dem Maße, wie Lesben daran arbeiten, ihre Identität auszuarbeiten, sich also selbst zu einem *Fall* machen und sich damit dem Geständnisimperativ moderner Disziplinarmacht unterwerfen[18] – und das gilt auch für den politischen Diskurs –, partizipieren sie an einer Art über sich nachzudenken, die eine Modalität der Macht darstellt. In dem (endlosen) Versuch der Entzifferung des eigenen Selbst, in dem Versuch, die Wahrheit lesbischer Existenz zu destillieren und zu fixieren, werden die lesbischen Identitätsdiskurse Teil des Problems, das sie angetreten waren zu lösen. Der tief in den Identitätsmodus eingelassene Zwang der „Hermeneutik des Selbst", die Dialektik des Zugleichs von Emanzipation und Unterwerfung unter die Technologien moderner Selbstkonstitution bleiben undurchschaut und sind womöglich deshalb umso wirksamer.
 Schließt Politik andererseits die *Problematisierung von Machtbeziehungen* innerhalb einer Gesellschaft durch eine soziale Bewegung bzw. durch eine Transformation der Techniken, mit Hilfe derer Menschen geführt werden, ein, können die Anstrengungen, eine eigene Identität auszuarbeiten, aber

---

18 „Sage mir, was deine Bedürfnisse sind, und ich sage dir, wer du bist", hat Foucault den Geständnisimperativ der modernen Humanwissenschaften plastisch formuliert. Seine verdinglichte, feministisch-lesbische Entsprechung findet sich in dem Slogan „Sage mir, mit wem du schläfst, und ich sage dir, wer du bist".

auch verstanden werden als Kampf gleichsam um die „Grammatik" von Identität. Es ist die Reaktion auf die strukturelle Unsichtbarkeit und Marginalisierung lesbischer Existenz in Gesellschaften, in denen Heterosexualität als elementare soziale Norm fungiert. In dieser Perspektive produzieren Lesben allein deshalb ein Wissen über sich selbst, um der kulturell endemischen, homophoben Zerstörung und symbolischen Auslöschung etwas entgegen zu setzen, und um die systematische Verhinderung ihres Lebens aufzudecken und zu beenden. Identitätsdiskurse sind dann als Strategien zu verstehen, mit denen die sogenannten Identitätsbewegungen versuchen, die Bedingungen der Konstitution politischer Subjekte zu verändern. Es sind Kämpfe gegen das, was Foucault „Regieren durch Individualisieren" genannt hat. Hier geht es weniger um den Prozeß der Ausarbeitung und Stabilisierung einer spezifischen, individuell und kollektiv anzueignenden Identität als um Verschiebungen im Feld der möglichen Führungen. Identitäten können insofern weniger als Ausdruck von „Sein" denn als eine ethische Haltung i.S. Foucaultscher Selbst-Führungen verstanden werden. Denn implizit sind in Identitätskonstruktionen immer auch Ansprüche auf alternative Formen von „*governmentality*" (Cindy Patton) enthalten. Hier geht es also um Formen kollektiver Selbst-Führung; darum, Formen nicht-hegemonialer Subjektivität zu erfinden.

Im Lichte dieser Überlegungen kann die Paradoxie lesbischer Identitätspolitik daher folgendermaßen beschrieben werden: Politisch selbstbewußte lesbische Identitäten wurden aus dem Impuls des Einspruchs gegen die administrativ-juridisch-medizinische Formierung gleichgeschlechtlichen Begehrens, gleichgeschlechtlicher Akte und homosozialer Formationen als Orte sozialer Repression und Marginalisierung formuliert. Denn im Kontext hegemonial wirkender naturalisierender und pathologisierender geschlechtlicher und sexueller Identitätszuschreibungen ist es politisch notwendig, eigene Beschreibungen von Identität anzufertigen, mit denen lesbische Frauen sich für sich selbst und andere sichtbar machen und versuchen, sich von den Fremddefinitionen zu befreien.[19] Die – teilweise recht rigiden und rabiaten – identitätspolitischen Strategien können allerdings, selbst wenn sie unter dem Vorzeichen lesbisch-feministischer, progressiver Ansprüche

---

19 Zu naturalisierenden und pathologisierenden Identitätsbeschreibungen siehe etwa die neuen Untersuchungen zum sogenannten Homo-Gen anhand von Zwillingsuntersuchungen oder zum „Ursprung" von Homosexualität in einem „abnormen", „defekten" Hypothalamus. Zum Hypothalamus vgl. Le Vay, Simon 1994: *Keimzellen der Lust*. Heidelberg/Berlin/Oxford; zum sogenannten „schwulen Gen" vgl. Bailey, J. Michael/Pillard, Richard C. 1991: A Genetic Study of Male Sexual Orientation. In: *The Archives of General Psychiatry* 48, 108-96; dies. 1991: Are Some People Born Gay? In: *New York Times* 17. 12., A21. Für eine kritische Auseinandersetzung mit den letztgenannten Autoren vgl. Stein, Edward 1993: Evidence for queer genes. An interview with Richard Pillard. In: *glq. A Journal of Lesbian and Gay Studies* 1/1, 93-110.

stehen, auch als Fortführung gesellschaftlicher Disziplinierung und Normalisierung gedeutet werden. Denn die 'eigene' Ausgestaltung lesbischer Identität als Versuch kollektiver Selbst-Führung ist keinesfalls frei von Macht, sondern immer schon eingespannt in die komplexe Matrix der Relationen von Macht und Wissen. Insoweit folglich einige lesbische Frauen den Anspruch erheben, „lesbische Identität" verbindlich und bindend für andere definieren zu können, strukturieren sie dadurch das Feld möglicher Handlungen anderer bzw. deren Weisen über sich nachzudenken. D.h. *bestimmte* Entwürfe „lesbischer Identität" werden konstitutiv für die Handlungsmöglichkeiten derjenigen, die unter diesem Namen versammelt werden sollen. Das ist es, was die *Dialektik* des Begriffs der Führung genannt werden kann. Sie ermöglicht nicht nur, zwischen Fremd- und Selbstführung zu unterscheiden, was ja gerade die Bedingung der Möglichkeit darstellt, neue Formen von Subjektivität entwerfen zu können, sondern auch die Machteffekte in den Blick zu nehmen, die in die Generierung neuer Formen von Selbst-Führungen importiert wurden. Denn neues Wissen ist nicht *per se* Gegendiskurs. Wie alle Wissensformen ist auch das (Identitäts-)Wissen, das von marginalisierten Gruppen produziert wird, in eine Relation zur Macht eingespannt; es kann sich gleichermaßen zu einem neuen *Regime des Wissens* wie zu einer kritischen Praktik der *Arbeit an den eigenen Grenzen* entwickeln.

4. Repräsentation und Macht

Vor dem Hintergrund der Überlegung, daß auch die feministischen Entwürfe „lesbischer Identität" die Handlungsmöglichkeiten derjenigen strukturieren, die unter diesem Namen versammelt werden sollen, kann nun ein weiterer Aspekt der identitätspolitischen Problematik rekonstruiert werden: Der Komplex Repräsentation und dessen Verwobenheit mit Macht.

Im Mittelpunkt steht die Überlegung, daß die kollektiv von lesbischen Frauen geschaffenen Selbst-Führungen – die Formen neuer Subjektivität – nur dann erfolgreich sein werden, wenn sie im politischen Feld und in den Kämpfen um symbolische Macht eingesetzt werden. Um Erfolg erzielen zu können, d.h. um bei denjenigen, deren Repräsentation sie anstreben, Gehör zu finden, müssen sie ihren Anspruch auf die angemessene Repräsentation dieser Gruppe durchsetzen. Das kann allerdings nur dann gelingen, wenn den Angesprochenen die Vision der neu vorgenommen Teilungen des Sozialen plausibel gemacht werden kann. Mit anderen Worten: Wenn die neu konstituierte Identität und die damit verbundene Strukturierung des Sozialen mit einem überzeugenden *Wissen* ausgestattet werden kann. Gefragt werden muß also danach, wie der Macht-Wissens-Komplex in der politischen Artikulation von Identitäten wirkt. Deutlich wird bereits an dieser Stelle, daß es sich hierbei um *symbolische Kämpfe* (Bourdieu), genauer: um Kämpfe, die im Symbolischen ausgefochten werden, handelt. Denn zur Disposition stehen die *Bedeutungen* eines Ereignisses, einer Identität oder einer sozialen Kategorie. „Es sind die Wahrnehmungskategorien, die Klassifikationssysteme", schreibt Bourdieu, „das heißt, im wesentlichen die Wörter und Namen, die die soziale Wirklichkeit sowohl konstruieren als auch zum Ausdruck bringen, um die der politische Kampf wesentlich geht, der Kampf um die Durchsetzung des legitimen Prinzips von Vision und Division, das heißt um die legitime Ausübung des Theorie-Effekts" (Bourdieu 1992a, 148). Ort dieser Kämpfe ist das Terrain, das Jane Jenson als *the universe of political discourse* bezeichnet hat. Es ist

„das Terrain, auf dem Handelnde sich über Repräsentation auseinandersetzen [...], ein Raum, in dem Identitäten sozial konstruiert werden. Da in diesem Universum Handelnde mit einer ganzen Bandbreite verschiedener Identitäten existieren, konkurrieren ihre Praktiken und Bedeutungssysteme miteinander um Aufmerksamkeit und Legitimität [...]" (Jenson 1986, übersetzt von Wiener o.J., 21).

Der Kampf, sich durch einen selbst gewählten Namen[20] zu repräsentieren, ist mithin eine zentrale Komponente der Politik sozialer Bewegungen (Jenson 1993, 339). Da die Namen (sprich: kollektive Identitäten), so Jenson weiter, weder körperlich noch strukturell oder kategorial vorbestimmt sind, demnach nicht als essentielle Bezeichnungen verstanden werden können, können Individuen und die diese repräsentierenden Bewegungen eine Vielzahl von Namen annehmen (ebda. sowie 352). Deshalb kämpfen Bewegungen um die Namen und suchen Anerkennung für diejenigen Benennungen, die sie selbst formuliert haben (vgl. ebda.).[21] 'Im Namen von' zu sprechen, d.h. die 'angemessene' politische Repräsentation einer Identität bzw. der objektiven Interessen einer Gruppe, einer Klasse, eines Geschlechts oder Sexualität scheint demnach ein wichtiger Inhalt und ein Ziel von Politik zu sein.

---

20 Ich folge hier dem *naming*-Konzept von Jane Jenson, die den Prozeß des *naming* gleichsetzt mit der Bildung kollektiver Identität. Die politisch-strategischen Dimensionen kollektiver Identität rücken dadurch stärker ins Blickfeld. Vgl. Jenson 1993. Antje Wiener, die mich mit der Arbeit Jane Jensons bekannt machte, sei an dieser Stelle gedankt.
21 Am Beispiel der Wiederaneignung vormals denunziatorischer Begriffe – wie „lesbisch" oder „schwul" – durch soziale Bewegungen wird sinnfällig, worum es hier geht. Der Inhalt der Namen (sprich: Identitäten) ist arbiträr. Entscheidend ist, wie sie von den verschiedenen Akteuren oder Institutionen eingesetzt und besetzt werden. So wird etwa die erst kürzlich eingeführte Verwendung der Begriffe „lesbisch" und „schwul" im Deutschen Bundestag als symbolischer Erfolg lesbischer und schwuler Emanzipationsbewegung verhandelt.

Mit der Beobachtung, daß die Konstitution einer geteilten kollektiven Identität aber auch die Ausübung von Macht einschließt (vgl. ebda, 338), richtet Jenson nun den Blick direkt auf die Analyse von Macht *innerhalb* sozialer Bewegungen:

„Choices are never unconstrained, of course. They are made in particular structural and institutional contexts, traversed by relations of power. The power of dominant groups and institutions is a limit on the imagining of subordinate communities. Yet, *subordinate groups are never without power*" (1993, 338, Hervorhebung S.H.).

Die Bildung politischer Identitäten, der Prozeß der Namensgebung also, kann insofern als ein dialektischer Prozeß verstanden werden: Denn die Namen sind nicht nur soziokulturell konstru*iert*, sie sind vielmehr selbst politisch konstru*ktiv*. Folglich kann auch die Geschichte „lesbischen Feminismus'" als eine Serie von Rekonstruktionen von Identität gelesen werden, in der nicht nur strukturelle und symbolische Machtrelationen in Frage gestellt, sondern ebenso neue Machtrelationen konstruiert werden.

Der Macht-Repräsentation-Komplex ist somit in zweifacher Hinsicht für die Analyse identitätspolitischer Strategien von Bedeutung. Zum einen geht es um die *Binnenstrukturierung* einer Bewegung, d.h. Prozesse der Klassifizierung, der Ein- und Ausgrenzung, und zum anderen um *politische Kämpfe mit anderen* Gruppen, Bewegungen, Institutionen, in denen es (nicht nur) um die 'Macht zu bedeuten' geht, d.h. um die, in der Formulierung Bourdieus, Durchsetzung der eigenen *vision du division du monde*, der eigenen Sicht der Teilung der Welt (Bourdieu 1992a, 142). Denn die Macht, Gruppen zu schaffen, die objektive Struktur der Gesellschaft zu manipulieren, ist die politische Macht *par excellence* (ebda, 153).

Das politische Feld kann deshalb verstanden werden als ein Schauplatz des Wettkampfes um Macht, in dem Identitäten zugleich die Einsätze wie die Effekte der symbolischen Kämpfe sind. Auf dem Spiel steht weniger der Inhalt einer Identität als vielmehr der Modus, um Politik durch Identität zu inszenieren. Bourdieu argumentiert:

„What is at stake ... is the power of imposing a vision of the divisions of the social world through principles of di-vision which, when they are imposed on a whole group, establish meaning and a consensus about meaning, and in particular about the identity and unity of the group, which creates the reality of the unity and the identity of the group" (Bourdieu 1991, 221).

Identitäten beschreiben also nicht essentielle Differenzen zwischen Individuen, die unabängig von deren politischer Mobilisierung existieren; sie sind vielmehr die fragilen und heterogenen Einsätze in den Kämpfen um kulturelle und politische Hegemonie. Sie sind Produkt dieses fortwährenden kontradiktorischen Wettstreits um deren Inhalt.[22]

Im „deskriptiven Ideal" (Butler) wird Identität allerdings wahrgenommen als die Repräsentation einer authentischen Essenz, auch wenn diese kulturell, sozial oder ökonomisch definiert ist. Mit anderen Worten, es wird angenommen, daß der Inhalt der Identitäten derjenigen, die unter einem Identitätszeichen versammelt wurden, nicht nur vollständig durch das Zeichen repräsentiert – i.S. von Darstellung –, sondern auch legitim politisch repräsentiert – i.S. von Delegation, Vertretung oder Verkörperung – werden können. Das ist die zentrale Spannung im Konzept der Repräsentation: das komplexe Zusammenspiel der zwei Praktiken von Repräsentation: Repräsentation als eine Praxis der Darstellung und Repräsentation als eine Praxis der Delegation. Bourdieu hat diese Dialektik von Darstellung und Delegation auf das Verhältnis von RepräsentantInnen und Gruppe bezogen: In der *zirkulären Beziehung* zwischen Repräsentantin und Gruppe kreiert nicht nur die Gruppe die Person, die in ihrem Namen und an ihrer Stelle spricht. Es ist, so Bourdieu ebenso richtig, daß es die Sprecherin ist, die die Gruppe erschafft:

„Weil der Repräsentant existiert, weil er repräsentiert (ein symbolischer Akt), existiert die repräsentierte, symbolisierte Gruppe und läßt sie im Gegenzug ihren Repräsentanten als Repräsentanten einer Gruppe existent werden" (vgl. 1992b, 174f.).

Folglich existiert das Subjekt, das vorgeblich im strikten Sinne des Wortes dargestellt wird, nur durch den Akt der Verkörperung, der Delegation. Tatsächlich produziert die Verkörperung gerade den Inhalt der Identität, von

---

[22] Dennoch dominiert auch in der sozialwissenschaftlichen Literatur eine Sicht, die diese Differenzen als Anzeichen evidenter, genuin gegebener Identitäten begreift. Auf die damit verbundenen epistemologischen Probleme hat Alberto Melucci (1989) hingewiesen. Er spricht von Ontologisierung bzw. Reifizierung der sozialen Akteure bzw. Bewegungen (42ff). Behandelt man, argumentiert Melucci, die sozialen Akteure als „unified empirical datum" (18), so führt das dazu, diese als etwas „Gegebenes" zu reifizieren. Diese Sicht ist für die Analyse aktueller Bewegungen innerhalb „komplexer Gesellschaften", deren signifikantestes Merkmal die zunehmende Fragmentierung von Akteuren, Feldern und Formen von Handlung ist, korrespondierend dazu auch die Bewegungen selbst differenzierter, heterogener, komplexer und fragiler werden, nicht nur problematisch, sondern analytisch unzulänglich. Melucci plädiert hingegen dafür, sich von der traditionellen Sicht sozialer Bewegungen, die diese als historische Akteure auf der Bühne der Weltgeschichte, dem Ziel der Befreiung entgegen marschierend, betrachte, zu verabschieden (19).
Auch Margaret Somers (1994) hat auf die Problematik der Positivierung bzw. Reifizierung von Identitäten in kategorialen Ansätzen hingewiesen. Keineswegs sei davon auszugehen, daß Personen, die ähnlichen sozialen Kategorien angehören, auch eine ähnliche oder gar die gleiche Identität ausbilden bzw. vergleichbare Interessen vertreten: „Why should we assume that an individual or a collectivity has a particular set of interests simply because *one aspect* of their identity fits into one social category" (624).

dem die *Professionellen* (Bourdieu) einer Bewegung beanspruchen, diesen lediglich dargestellt zu haben. „You have 'to body' lesbian in order to be one", hat Teresa de Lauretis diesen Mechanismus im Hinblick auf „lesbische" Identitätspolitik reformuliert, und, so könnte ergänzt werden, 'you have to body lesbian *in a particular way* in order to be one'.

Identitätspolitik basiert also implizit auf einer mimetischen Theorie von Repräsentation als Entsprechung des „Realen". Anders gesagt: Die Realität ist der Bezeichnung vorgängig. Für „lesbische" Identitätspolitik hieße das dann, daß die Bezeichnung „Lesbe" eine bestimmte Person, eine bestimmte Gruppierung bezeichnet, die unabhängig von dieser Bezeichnung existiert.

Das „deskriptive Ideal" arbeitet demnach mit einer doppelten Illusion. Es weckt nicht nur die Erwartung, daß eine vollständige und finale Beschreibung möglich ist, sondern auch, daß das Feld möglicher Bedeutungen für alle Zeiten ausgeschöpft werden kann, daß das 'Ende der Geschichte' möglich ist: Eine Beschreibung wird aus ihrem spezifisch historischen Kontext herausgenommen, um dann zur Verkörperung dessen zu werden, was 'immer schon' der Inhalt dieser speziellen Identität gewesen sein wird. Der Kampf um die Hegemonie, der Kampf, den eigenen Bedeutungen Geltung zu verschaffen, wird naturalisiert und Geschichte neugeschrieben als das, was sie 'immer schon gewesen sein wird'. Das ist der Mechanismus des Mythos. Dieser „leugnet nicht die Dinge, seine Funktion besteht im Gegenteil darin, von ihnen zu sprechen. Er reinigt sie einfach nur, er macht sie unschuldig, er gründet sie als Natur und Ewigkeit, er gibt ihnen eine Klarheit, die nicht die der Erklärung ist, sondern die der Feststellung." (Barthes 1964, 131). Mythen, so Roland Barthes weiter, verwandeln Geschichte in Natur, verleihen arbiträren Zeichen scheinbar offensichtliche, unveränderliche Bedeutungen.

Identitätspolitik, die repräsentationslogisch operiert, muß deshalb als ein tendenziell totalisierender Akt gesehen werden. Denn durch die Behauptung von Kohärenz und Geschlossenheit im prinzipiell unabschließbaren und prekären Feld des Politischen wird die Schließung des Feldes möglicher Bedeutungen – und damit die finale Strukturierung des „Möglichkeitsfeldes", des Feldes möglicher Antworten, Reaktionen, Wirkungen und Erfindungen – angestrebt. „Symbolische Macht ist eine (Macht, S.H.), die Anerkennung voraussetzt, das heißt das *Verkennen* der über sie (diejenigen, über die Macht ausgeübt wird, S.H.) ausgeübten Gewalt", schreibt Bourdieu (1992b, 181, Hervorhebung S.H.). Eine Gewalt, sagt Butler die zugleich ausgeübt und ausgelöscht wird durch eine Beschreibung, die Finalität und Einschließlichkeit beansprucht (vgl. 1993a, 221).

5. Feminismus, Identität und Differenz

Einige feministische Theoretikerinnen haben nun versucht, das Problem des Ausschlusses in feministischen Repräsentationen zu vermeiden, indem sie Identität und Politik nach dem Modell additiver Koalitionen formulierten. Denn eine Politik gänzlich ohne Identität scheint nicht vorstellbar: „Nicht-Identitätspolitik" wird oft zurückgewiesen als eine wenig sichere Basis, auf der politische Aktivität organisiert werden kann. Feministisches politisches Handeln, so die Argumentation, ist unmöglich ohne die Subjekte „Frauen", die kollektiv handeln. Feministinnen sollten von daher mißtrauisch sein gegenüber denjenigen Positionen, die zu einem Zeitpunkt, da Frauen (neben anderen marginalisierten und unterdrückten Gruppen) begonnen haben, für sich den Status sprechender Subjekte zu reklamieren, genau diese Sprecherposition in Frage stellen. So argumentiert etwa Nancy Hartsock:

„Why is it, just at the moment in Western history when previously silenced populations have begun to speak for themselves and on behalf of their subjectivities, that the concept of the subject and the possibility of discovering/creating a liberating 'truth' become suspect?" (Hartsock 1987, 188)

Eine ähnliche Position nimmt Jane Flax ein:

„... I am deeply suspicious of the motives of those who would counsel such a position at the same time as women have just begun to re-member their selves and to claim an agentic subjectivity available always before only to a few privileged white men" (Flax 1990, 220).[23]

Schließt die Politik der Dezentrierung des Subjekts nicht notwendig die Destrukturierung des Feminismus ein, da Feminismus doch gerade von einer relativ vereinheitlichten Vorstellung eines sozialen Subjekts „Frau" abhängig ist, fragt auch Christine Di Stefano (1990). Die Dekonstruktion des Subjekts, so Di Stefano weiter, ist deshalb ein Luxus, den Feministinnen sich nicht

---

23 In ihrem jüngsten Buch revidiert Flax diese Position jedoch grundlegend. Während sie an der Notwendigkeit von Subjektivität festhält, ist Flax hier wesentlich skeptischer, was die spezifisch moderne *Form* des Subjekts sowie dessen Status als Voraussetzung politischen Handelns betrifft: „Does emancipatory action – and the very idea and hope of emancipation – depend upon the development of a unitary self capable of autonomy and undetermined self-reflection? ... I believe a unitary self is unnecessary, impossible, and a dangerous illusion. *Only multiple subjects can invent ways to struggle against domination that will not merely recreate it*" (Flax 1993, 92f., Hervorhebung S.H.).

leisten können, da die 'Auflösung' des Subjekts die Preisgabe von Identität und damit die Entpolitisierung von Feminismus einschließt.

Eine vielversprechende Alternative scheint da die Verschiebung von Identität zu Identitäten zu sein. Doch solche Versuche der Pluralisierung verschieben lediglich die Probleme, die mit Fragen von Identität und Identitätspolitik angesprochen sind, als sie tatsächlich anzugehen. Denn oft wird in den Vorstellungen von Koalition ein Ort phantasiert, an dem alle verkörperten Identitäten sichtbar vertreten sein könnten als *parallele* und nach wie vor kohärente Formen von Identität. Diese Form der Identitätspolitik funktioniert aber noch immer nach dem repräsentationslogischen Modell einer Politik der Einschließlichkeit und favorisiert ein politisches Imaginäres, das Michael Warner das *drama of authentic embodiment* genannt hat (vgl. Warner 1993, xix). Eine Vorstellung also des politischen Raumes als topographischem Raum, in dem 'alle' irgendwann authentisch vertreten sein werden, und die Konstitution dieser Identitäten in nicht näher bezeichneten Außerhalb des politischen Raumes geschieht.

Politisch problematisch an dieser Imagination von Politik ist allerdings die darin implizierte Reifizierung von Identität und der Differenzen zwischen Identitäten. Denn die Hypostasierung von Differenz selbst führt lediglich zu einem endlosen Zirkel aus wechselseitigen Anschuldigungen und Einschlüssen. Folglich bleibt nichts als die Rezitierung einer endlos langen, moralisierenden Einkaufsliste der Identitäten, in dem aussichtslosen Versuch, sich gegen eine Flut grenzenloser Differenzen zu schützen. Jackie Goldsby hat die Reifizierung von Differenz in identitätspolitischen Strategien von Lesben folgendermaßen kommentiert:

„Ironically, as lesbians attempt to dismantle the institutionalized illogic that assigns unequal meanings to neutral facts of identity such as colour, gender, and size, we mystify those facts even more. [...] Earning political halos becomes its own kind of fetish in the recovery process from patriarchal rule, a spoil of war that comes from toing politically correct lines, even when those lines are nappy-edged with contradictions" (Goldsby 1990, 11).

Ultimativ gibt es dann so viele Differenzen, wie es Personen gibt. Die Reklamierung von Differenz birgt deshalb immer das Risiko des Essentialismus in sich, worin eine bestimmte Identität reifiziert und ihre Unveränderbarkeit proklamiert wird, ohne auf die Differenz *in* Identität selbst zu achten oder auf den Schaden, der den neuen „anderen" zugefügt wird, die die neu reklamierte Identität in ihrem Kielwasser zurückließ. Theorien multipler Identitäten versagen also bei der Aufgabe, das traditionelle, metaphysische Verständnis von Identität als Einheit in Frage zu stellen, da das Subjekt nun zwar aus verschiedenen Identitäten besteht, diese jedoch immer noch als Einheiten (von 'Rasse', Klasse, Sexualität) gedacht werden.

Dies kann als Ausgangspunkt gelten, um zu zeigen, daß, egal wie sensibel mit Identitätspolitik umgegangen wird, es innerhalb des repräsentationslogisch operierenden Modells von Politik immer problematisch sein wird, mit Differenz umzugehen. Denn Differenz kann hier immer nur als ein Anhängsel von Identitätspolitik gedacht werden, da diese nur als Differenz *zwischen* Identitäten – und nicht als Differenz *in* Identität selbst – begriffen werden kann. Repräsentationslogisch operierende Identitätspolitik ist mithin notwendig darauf gegründet, die Differenz, die immer schon im Selben vorhanden ist, zu verleugnen. Ist in Identität aber immer schon das Schreckgespenst der Nicht-Identität, sprich: Differenz, eingeschlossen und umgekehrt in Differenz Identität, ist das Subjekt also immer schon geteilt, so kann es Identität nur um den Preis des Ausschlusses des Anderen, der Verdrängung oder Verwerfung der Nicht-Identität geben.

Damit stellt sich die Frage, wie über Identität nachgedacht werden kann, ohne sie zu essentialisieren und ohne als gegeben, evident und selbstverständlich zu betrachten. Die Logik des Diskurses über Identität unterstellt ein stabiles Subjekt, d.h. es wird angenommen, daß es 'etwas' gibt, das Identität genannt werden kann, und die Garantie bietet, unverändert und stabil zu bleiben. Identität fungiert insofern als Haltepunkt des Denkens und Handelns; sie erscheint als das Fundament von Handlungsfähigkeit. Die Logik von Identität ist auch die Logik der Tiefe – die Logik des „wahren Selbst", das tief im Inneren verborgen ist und auf das letztlich doch reflektiert werden kann. Und die Sprache der Identität ist die Sprache der Suche nach diesem „wahren Selbst", nach der Authentizität von Erfahrung. Der Selbstverständlichkeit von Identität steht jedoch die Redundanz entgegen, mit der Identität immer wieder bekräftigt, neu definiert, abgegrenzt, umschrieben werden muß. Keineswegs ein für alle Zeiten abgesichertes Terrain, ist sie vielmehr ein Schauplatz politischer Kämpfe um den Signifikanten.

Wie also können die komplexen diskursiven Prozesse verstanden werden, durch die Identitäten zugeschrieben und angenommen werden bzw. sich ihnen widersetzt wird und die zugleich unbemerkt bleiben; ja die ihr Ziel gerade deshalb erreichen, weil sie nicht bemerkt werden. Mit einem Wort, wie kann Identität und Geschichte zusammengedacht werden?

6. Identität, Identifikation und die konstitutive Dimension des Politischen

Im Anschluß an die psychoanalytisch informierten, demokratietheoretischen Überlegungen Chantal Mouffes und Ernesto Laclaus[24] werde ich im Folgenden, den Begriff der Identität umschreiben als einen Begriff der Differenz, der Devianz. Das erfordert eine Artikulation von Identität innerhalb eines anti-essentialistischen Rahmens. Der Schlüsselbegriff für den Nexus von Identität und Differenz ist, wie eingangs bereits dargelegt, der Begriff der *Identifikation*. Identitäten, eingeschlossen sexuelle und geschlechtliche Identitäten, verstehe ich als Effekte von Identifizierungen, die deshalb notwendig prekär und instabil sind. Damit ist jede Möglichkeit ausgeschlossen, jemals zu ihrer Essenz zu gelangen.

Anzuerkennen, daß Identitäten prekär sind, heißt allerdings nicht, daß politisches Handeln unmöglich ist. Vielmehr ermöglicht es, politische Handlungsfähigkeit zu resituieren innerhalb der Pluralität des Sozialen. Denn genau diese Pluralität eröffnet z.B. Möglichkeiten der *politischen* Artikulation (im Unterschied zu naturalisierenden Artikulationen etwa) der Beziehungen zwischen Sexualität, Geschlecht, „Rasse", Klasse, Ethnizität.

Begreift man die sozialen Akteure als die Artikulation eines Ensembles von Subjektpositionen, konstruiert innerhalb spezifischer Diskurse und immer prekär und temporär genäht an den Kreuzungspunkten dieser Subjektpositionen, erfordert das die Anerkennung der Kontingenz und Ambiguität jeder Identität sowie die Anerkennung des konstitutiven Charakters sozialer Teilungen und Antagonismen. D.h. wir 'besitzen' keine kontingenten Identitäten, sondern *Identität ist selbst kontingent* (vgl. hierzu Mouffe 1992, 9f).

Dieser letzte Punkt ist entscheidend. Denn es reicht nicht aus, die Vorstellung eines homogenen, vereinheitlichten Subjekts lediglich durch die Idee der Multiplizität und Fragmentierung zu ersetzen, in der jedes Fragment seine geschlossene und voll konstituierte Identität behalten würde. Dieser *Essentialismus der Elemente* bleibt innerhalb der Problematik, die er zu deplazieren sucht (vgl. Laclau/Mouffe 1991, 143). Die Dialektik der Nicht-Fixiertheit kann daher nicht als eine Dialektik der Separierung verschiedener Fragmente gesehen werden, sondern als eine der *Subversion* und *Überdeterminierung*. Diese Perspektive rekurriert auf die psychoanalytisch informierte Annahme, daß das Subjekt keine genuine Identität 'besitzt', sondern primär das Subjekt eines *Mangels* ist, den es durch permanente Akte der Identifikation mit anderen/anderem zu verdecken sucht. Folglich, welche Identität auch immer ein Subjekt 'hat', diese Identität wird immer nur kon-

---

24 Vgl. Laclau/Mouffe 1991; Mouffe 1992, 1993; Laclau 1994.

stituiert durch Akte der Identifikation, die nicht auf einen inneren Kern des Individuums rekurrieren. Dadurch wird die theoretische Aufmerksamkeit auf die Konstruktion von Identitäten innerhalb der Pluralität des Sozialen gelenkt. Denn Politik erschöpft sich nicht in der Projektion von Gruppeninteressen auf die Leinwand staatlichen Handelns. Tatsächlich geht sie diesem bereits voraus in den komplexen Prozessen der Artikulation, durch die Identitäten, Repräsentationen und Forderungen kontingent konstruiert werden.

Bevor jedoch die Überlegungen zur Konstitution politischer Identitäten weiter entwickelt werden können, soll zunächst genauer geklärt werden, wie sich, psychoanalytisch gesehen, Identität konstituiert.

Identität: Effekt einer verkennenden Identifikation

Identität soll verstanden werden als Effekt von Identifizierungen mit etwas, das außerhalb des Individuums liegt, das das „Ich" aber als Reflexion von sich selbst annimmt[25]. In der psychoanalytischen Theorie Jacques Lacans ist Identifizierung ein transformatorischer Prozeß, in dem das Spiegelbild als Repräsentation des „Ich", das allerdings noch nicht existiert, akzeptiert wird.[26] Die imaginäre Vereinheitlichung des eigenen Körpers geschieht durch Identifizierung mit dem Bild des Ähnlichen als einer totalen Gestalt; die Identifizierung geschieht und aktualisiert sich in der konkreten Erfahrung, bei der das Kind sein eigenes Bild im Spiegel wahrnimmt. Das „Ich" existiert noch nicht als gleichsam innerer Raum, der mit einem externen Bild verbunden wird, denn die Akzeptanz und Internalisierung dieses Bildes ist überhaupt konstitutiv für das „Ich". Über den Anblick des Spiegelbildes stellt das Kleinkind das Gefühl der Ganzheit und Vollständigkeit, sprich: von Identität, her.

Demnach liegt das Subjekt dem Geschehen nicht fertig zugrunde, es wird in der von Lacan beschriebenen *Jubelreaktion* nicht bloß triumphierend bestätigt, sondern in ihr erst konstituiert. Die Vorstellung der Einheit und Abgeschlossenheit des „Ich" ist also Effekt einer imaginären *Verkennung*. Lacan hat diesen Vorgang mit dem vieldeutigen Wort *Kaptation* beschrieben: Das Individuum ist gefangengenommen (kaptiviert) vom komplexen Arrangement der Beziehung zwischen seinem realen Körper und dem gespiegelten Körper, in dem ihm ein Trugschluß (Kaption) vorgegaukelt wird: die Verlockung vollständiger Identität. Das Individuum ist aber nicht nur

---

25 „Annehmen" ist hier in der zweifachen Bedeutung von einerseits akzeptieren, übernehmen, sich zueigen machen und andererseits vermuten, voraussetzen zu verstehen.
26 Vgl. Lacan 1973 [1949], 61-70.

passiv an diesem Geschehen beteiligt: in der Anerkennung – die eine Verkennung ist – des Spiegelbildes als Reflexion des eigenen „Ich" erschleicht es sich gleichsam seine Identität[27].

Das Spiegelbild wird aber nicht nur wegen seines Inhalts als Reflexion des „Ich" anerkannt, sondern vor allem wegen seiner Form. In der gespiegelten „totalen Form des Körpers" (Lacan 1973, 64) nimmt das Subjekt „in einer Fata morgana" (ebda.) die Reifung seiner Macht vorweg. Dieses vollkommene *alter ego* – ein Trugbild, eine Verkennung –, das sich durch einen imaginierten/imaginären intakten Körper repräsentiert, wird zu der Idealbildung, auf die hin sich das Subjekt entwirft. Die Form (Gestalt) birgt also das Versprechen der Überwindung der Fragmentierung des *corps morcelé*, des „zerstückelten Körpers" (Lacan). Die Identifizierung mit dem Spiegelbild oder der/dem Anderen bietet eine Vorstellung von geschlossener Identität, die aufgrund der angebotenen Rigidität und Fixiertheit als Panzer fungiert. „Die reale Zerrissenheit kaschierend", schreibt Gerda Pagel, „tendiert das Subjekt dazu, sich auf der Ebene des Imaginären zu situieren, um sich qua kollektiver Identifikation an einem Ideal, Idol bzw. einer Ideologie zu stabilisieren, die seinem Mangel an Sein entgegenkommt" (Pagel, 1989, 37)

Psychoanalytisch gesehen gehört Identität also der Ordnung des Imaginären an. Das Imaginäre ist die Ordnung der Spiegelbilder, der Identifizierungen, der Verkennungen, die Dimension des Erlebens, in der das Individuum versucht, die Andersartigkeit des Anderen aufzulösen, indem es sein Gegenstück wird, ja sich das Andere des Anderen gleichsam einverleibt.[28] Das Imaginäre, schreibt Malcolm Bowie, „ist die Szene eines verzweifelten wahnhaften Versuchs, zu sein und zu bleiben, 'was man ist', indem man sich immer mehr Beispiele des Selben, eines Ähnlichen oder der Selbst-Kopien herbeiholt" (ebda.).

Zwar betont Lacan die entfremdenden Effekte der Identifizierung – Effekte, die daraus resultieren, daß die Identifizierung immer auch mißlingt (da das Bild des „Ich" irreduzibel immer anders bleibt) –; er beharrt jedoch auf dem fundamentalen Charakter dieses Prozesses. Denn ohne die Konzeption des „Ich" als abgeschlossen und fixiert, gäbe es keine fundierende Referenz für das „Ich", das noch nicht vom Subjekt gesprochen wurde. Die Konstruktion von Identität enthält mithin immer eine unmögliche Idealisierung, die daran scheitert, diejenige Substantialität und Dauer zu erlangen, die das Bild versprach.

---

27 Eine weitere Bedeutung von Kaptation ist: Erschleichung, Erbschleicherei.
28 Vgl. hierzu auch Bowie 1994, 90.

In der Freudschen und Lacanschen Psychoanalyse[29] ist demzuolge die Behauptung des Subjekts logisch verknüpft mit dessen Dekonstruktion. Die Notwendigkeit von Subjektbildung ist immer schon untergraben bzw. überdeterminiert von deren Unmöglichkeit. Psychoanalytisch gesehen ist das Subjekt also niemals kohärent und mit sich identisch, genau deshalb weil es begründet ist und kontinuierlich neu begründet wird auf einer Reihe von Verwerfungen und Verdrängungen, die die Diskontinuität und Unvollständigkeit des Subjekts konstituieren. Mit der Unterscheidung zwischen Identität und Identifizierung ist deshalb ein konstitutiver Riß in alle Identitäten eingeführt.

Das Politische als instituierende Dimension des Sozialenn

Was heißt das nun für die Konstitution politischer Identitäten? Auch diese sind von dem Phantasma der Kohärenz und Vollständigkeit beherrscht und versuchen, das, 'was sie sind', mit allen Mitteln zu verteidigen, indem sie sich „immer mehr Beispiele des Selben, eines Ähnlichen oder der Selbst-Kopien" herbeiholen. Die Motivation für die Identifikation leitet sich von dem Wissen um den Mangel an Identität zum gegenwärtigen Zeitpunkt und der Antizipation einer vollständigen Identität in der Zukunft her. Denn die Aufrechterhaltung von Identität scheint die einzig mögliche Antwort auf die fragmentierenden Effekte von Unterdrückung – analog zum Phantasma des „zerstückelten Körpers" – zu sein.

Während individuelle Identität sich durch den permanent wiederholten Vorgang der Identifikation bildet, wird das für politische Identitäten relevante Wissen – die Beispiele des Selben, des Ähnlichen, die Kopien – durch eine Vielzahl sozialer und diskursiver repetitiver Praktiken kontinuierlich reproduziert und die dadurch hergestellte Identität in, mit und durch (und zum Teil gegen) die Individuen durchgesetzt. Dieses sedimentierte Ensemble sozialer und diskursiver Praktiken ist die Art und Weise, in der die soziale Welt sich präsentiert. Wenn aber die soziale Welt nicht vollständig definiert ist durch solche repetitiven, sedimentierten Praktiken, dann deshalb, weil das Soziale immer den institutionalisierten Rahmen einer Gesellschaft übersteigt und soziale Antagonismen auf die Kontingenz der sedimentierten Praktiken verweisen. Je mehr also die institutionalisierten Fundamente des Sozialen in Frage gestellt werden, desto weniger sind die sedimentierten Praktiken in der Lage, die Reproduktion des Sozialen sicherzustellen, weshalb vermehrt neue

---

29 Entlang der Entwicklung des Narzißmuskonzepts Freuds zeigt Lili Gast (1992), wie diese radikale Einsicht in die Unmöglichkeit stabiler Subjektbildung in der Geschichte der Psychoanalyse rückgängig gemacht wird. Diesen Hinweis verdanke ich Wolfgang Hegener.

Akte politischer Intervention und Identifizierung erforderlich werden. Das führt notwendigerweise zu einer Öffnung und Politisierung sozialer Identitäten. Psychoanalytisch gesprochen, herrscht ein ständiger Kampf zwischen der Ordnung des Imaginären, die versucht, Identität stabil zu halten, und der Ordnung des Symbolischen, die die Stabilität von Identität kontinuierlich subvertiert.

Die Dimension der Instituierung bzw. Konstruktion ist mithin allen sozialen Praktiken inhärent. Die entscheidende Frage ist nun folgende: Wie kann dieses konstruktive Moment, das die repetitiven Möglichkeiten der sedimentierten Praktiken übersteigt, gefaßt werden? Laclau faßt dieses Moment als Dimension des Politischen, im Unterschied zum Sozialen.[30] Während das Soziale das Ensemble sedimentierter – und damit unhinterfragter – Praktiken und Institutionen darstellt, ist das Politische die *instituierende Dimension des Sozialen*. Mehr noch: Wird das Politische als *radikale* Instituierung begriffen, die sich auf nichts anderes in der sozialen Ordnung als Legitimierung und Grund berufen kann – sonst wäre es dem Wortsinne nach nicht radikal –, kann der Akt der Instituierung also nur in sich selbst begründet sein; weder transzendente Begründungen noch geschichtliche Notwendigkeiten bilden sein Fundament. Dies ist analog zu der psychoanalytischen Vorstellung, daß Identifizierung nur in sich selbst, als temporäre und 'wahnhafte' Überwindung des Mangels, begründet ist. Diese radikale Unbegründetheit politischer Identität ist die Bedingung der Möglichkeit, die ausschließende Macht von Identitätsentwürfen überhaupt wahrnehmen und kritisieren zu können. Denn sie fungiert als permanente Erinnerung an die Kontingenz der instituierten Identitäten. Um dem Anspruch, die eigenen Machtansprüche selbstkritisch zu reflektieren, gerecht zu werden, bedürfen politische Identitäten also geradezu der *Sichtbarkeit* der Akte der Identifizierung, d.h. derjenigen Akte, die Identität radikal instituieren: Politische Identitäten müßten ihren eigenen imaginären und 'wahnhaften' Charakter anerkennen und sichtbar machen und nicht ihren 'wahnhaften' Ursprung unsichtbar machen wollen.

Sichtbarkeit wird aber nur dann und insoweit erreicht, wie oppositionelle Formen der Instituierung sozialer Identitäten möglich sind und insofern diese Möglichkeiten tatsächlich artikuliert und in der politischen Arena für sie gekämpft wird. Denn nur in ihrer antagonistischen Beziehung zu anderen Projekten wird die Kontingenz partikularer Akte der Instituierung deutlich. Es ist mithin diese Kontingenz, die sozialen Identitäten ihren politischen Charakter verleiht und nicht die Selbstdeklaration als „politisch". Denn

---

30 Vgl. für das Folgende Laclau 1994, 2ff. Zur instituierenden Dimension des Politischen siehe auch die Auseinandersetzung mit Arendts Konzeption des Politischen in Kapitel IV. dieses Buches.

sedimentierte Praktiken verhehlen das politische Moment ihrer Instituierung und verhindern so ihre Infragestellung.

Dem Entwurf „lesbischer Identität" als einer politischen Identität würde folglich erst durch seine Infragestellung, d.h. durch das Aufzeigen seiner Grenzen, seine politische Dimension zurückgegeben. Es ist mithin paradoxerweise genau die Fähigkeit, Grenzen zu ziehen, die die Kontinuität von Identität garantiert[31] und zugleich ihren prekären, sprich: politischen Charakter ausmacht. Denn auf jede Grenzziehung, d.h. Festlegung, wer dazugehört und wer nicht, folgen Grenzübertritte, die die „natürliche Ordnung der Dinge" in Frage stellen. Anders gesagt, jeder hegemoniale Diskurs, der – wie alle Mythologien – das Kulturelle, d.h. das Arbiträre und Modellierte, als natürlich und fixiert erscheinen läßt, ist der permanenten „Gefahr" ausgesetzt, von dem, was aus ihm ausgeschlossen wurde, herausgefordert zu werden. Noch anders gesagt, Antagonismen sind konstitutiver Bestandteil jeder Hegemonie, wobei erstere von dieser nur wahrgenommen werden als Bedrohung ihrer substantialisierten Identität und nicht als Möglichkeit der Kontingenz. Es ist jedoch gerade diese „Gefahr", die von dem „konstitutiven Außen" jeglicher Identitätskategorie ausgeht, die ihr demokratisierendes Potential darstellt.

Identität wird also erst dann zum Problem, wenn ihre Offensichtlichkeit in Frage gestellt wird. Hätten soziale AkteurInnen dagegen eine immer schon definierte Position innerhalb einer sozialen Struktur inne, würde das Problem ihrer Identität in dieser radikalen Art und Weise nicht auftreten – oder höchstens als eine Frage, wie Menschen ihre präexistente Identität entdecken oder wahrnehmen. Probleme sozialer Verschiebungen oder Verlagerungen würden deshalb lediglich in Begriffen der widersprüchlichen Positionierung der AkteurInnen verstanden und nicht in Begriffen eines radikalen Mangels, der gerade die Identität der AkteurInnen permanent zugleich bedroht und hervorbringt.

Stellt man die grundlegende Frage des Sozialen – die Frage seiner Instituierung – aber genau auf dieser Ebene des radikalen Mangels, müssen alle sozialen Konflikte nicht nur von der Perspektive widersprüchlicher Ansprüche her betrachtet werden, sondern auch von der Perspektive der *Destrukturierung* derjenigen sozialen Identitäten, die durch einen sozialen Konflikt allererst hervorgebracht wurden. Denn insofern alle sozialen Konflikte

---

31 Im Hinblick auf ethnische Kategorisierungen schreibt Zygmunt Bauman: „... the continous existence of an ethnic category depends solely on the *maintenance of a boundary* whatever are the changing cultural factors selected as the border posts; that it is in the end the ethnic boundary that defines the group, not the cultural stuff that it endorses [...] the very identity of that cultural stuff is an artefact of firmly drawn and well guarded boundary, though the designers and guardians of borders would as a rule insist on the opposite order of causality" (Bauman 1992b, 678, Hervorhebung S.H.).

eine bestimmte Destrukturierung sozialer Identitäten hervorrufen, folgt daraus, daß jede soziale Identität als eine zentrale Dimension die Dimension der Konstruktion enthält und es in der politischen Auseinandersetzung nicht um Wahrnehmung oder Anerkennung einer bereits existierenden Substanz geht.

Resümee

Wenn der *Stoff,* aus dem Identität gewebt ist, im Imaginären angesiedelt ist, heißt das letztendlich, daß Identitäten *fiktiv* sind, Effekt komplexer Narrationen, mit denen Individuen und Kollektive sich politisch, historisch und kulturell situieren: Identitäten sind *cover stories,* hat Stuart Hall das genannt. Ihre politische Erfolgsstory gründet sich dann gerade darauf, daß sie letztlich *leere Zeichen* sind, die verschiedene phantasmatische Besetzungen tragen können. Als leere Zeichen können sie von den verschiedensten sozialen AkteurInnen angeeignet und artikuliert werden. Das ist, was Laclau und Mouffe den *frei flottierenden Charakter* der politischen Signifikanten genannt haben. Weil keine essentielle Verbindung zwischen Signifikat und Signifikant existiert, können die Signifikanten gewissermaßen an den verschiedensten politischen Diskursen andocken, in diesen artikuliert werden und insofern radikal verschiedene Bedeutungen generieren. Umgekehrt bedeutet das, daß sie dem ausgesetzt sind, was Claude Lefort die radikale Unbestimmtheit (in) der Demokratie genannt hat: Niemand kann dauerhaft die Macht des Namens und des Benennens für sich pachten und damit die Namen stillegen. Denn jede Fixierung ist notwendig immer schon untergraben von der Polysemie der Signifikate.

Es ist dieses Moment der Subversion, das paradoxe Aufeinanderverwiesensein von Fixierung und Nicht-Fixierung, das die Differenz *in* Identität ausmacht, und verhindert, daß Identität je mit sich identisch würde. Und es ist dieses Moment der Subversion, das hegemoniale Konzepte sozialer Identitäten – auch innerhalb politisch, sozial oder kulturell marginalisierter Gruppen – destrukturiert, das ich *Devianz* nennen möchte.

II. Genealogien. Sexualität – Geschlecht – Identität
Zur historischen Genese „lesbischer Subjekte"

> „At what price can subjects speak the truth about themselves as mad persons? How can the truth of the sick subject be told?"
> Michel Foucault[1]

1. Einleitung

Die Frage nach dem *Stoff*, aus dem „Lesbianismus" gemacht ist, steht im Mittelpunkt des zweiten Kapitels. In der Geschichte der diskursiven Formierung dieses Stoffes wurde diese Frage höchst unterschiedlich gestellt und beantwortet. Hegemonialen Rang nehmen dabei insbesondere die naturalisierenden Diskurse der modernen Humanwissenschaften ein. Die szientistische Weltsicht begreift „Lesbianismus" bzw. „weibliche Homosexualität" oder „Lesbierinnentum" vor allem als wesensmäßige Qualität derjenigen, die als dieser Kategorie zugehörig klassifiziert werden können. Die Antwort auf die Frage nach der Beschaffenheit des Stoffes wird folglich innerhalb eines ontologischen Rahmens gesucht. Fragen der *Ätiologie* gleichgeschlechtlichen Begehrens, Lebens und Liebens stehen im Mittelpunkt, wobei die Antworten bereits im Zuschnitt der Fragen enthalten sind: Die Psychoanalyse rekonstruiert ein „homosexuelles Triebschicksal", die Genetik entdeckt ein „schwules Gen", und die Neurobiologie macht als Ursache (bisher 'nur' der männlichen) Homosexualität die Größe des Hypothalamus aus.

Erklärungsbedürftig scheint in jedem Fall nur die den NormalbürgerInnen unverständliche, 'anormale' Gleichgeschlechtlichkeit. Mit der Entdeckung 'homosexueller Substanzen' versichern diese sich der unglaublichen Existenz der gleichgeschlechtlichen Liebe *und* wissen sie zugleich sicher in einem andersartigen Körper, einer andersartigen Seele oder Psyche verwahrt. Es ist dieser „Schrecken des Normalbürgers", der im modernen Willen zum Wissen steckt, kommentiert Stefan Hirschauer (1992, 339).

Auch die sich progressiv verstehende Sexualwissenschaft entgeht letztlich dieser Logik nicht. Sie mag sich zwar um eine nicht-pathologische Wertung bemühen – indem sie etwa die Homosexualität in ein „Kraftzentrum des mundus sexualis" (Sigusch 1989, 55) hineindichtet oder deren 'Substanz',

---
[1] Foucault, Michel 1988: Critical Theory/Intellectual History. In: *Michel Foucault: Politics, Philosophy, Culture – Interviews and Other Writings 1977-1984*. New York, 17-46, 30.

das Sexuelle, als „irreduziblen Sexualrest", der sich letztlich jeglicher Definition entzieht (Sigusch 1988, 14), gleichsam metaphysisch überhöht, aber sie entläßt das dem normalisierenden Blick ausgesetzte gleichgeschlechtliche Begehren nicht aus der Pflicht, sich erklären zu müssen.[2] Die Behauptung und Intention, das 'Andersartige' nicht pathologisch verstehen zu wollen, wird unterlaufen von eben dem Willen zum Wissen, der genau daran interessiert ist. Sie folgt damit der normalisierenden Logik, in der das Normale sich zwar am Abweichenden entwirft, sich selbst jedoch nie beschreiben muß.

Im Unterschied zu Siguschs These eines *irreduziblen Sexualrests*, der die Geschichte der Sexualität als die Geschichte ihrer *gesellschaftlichen Form und als Begriff* (ebda., 1) übersteige, behaupte ich in dieser Arbeit, daß Sexualität nicht existierte, würde sie nicht gewußt.[3] Damit soll nicht die Realität von Sexualität bestritten werden, sondern die ganz andere Behauptung, daß sie sich außerhalb jeder diskursiven Bedingung des Auftauchens – etwa als innerster, authentischer Kern des Individuums – konstituieren könnte. Denn die Frage ist nicht, ob es Sexualität bzw. weibliche Homosexualität gibt. Natürlich gibt es sie. Die Frage ist vielmehr, *wie* gibt es sie: als wesensmäßige, überhistorische und/oder transkulturelle Erfahrung oder als Effekt der Formierung und Verschränkung verschiedener Wissensbereiche, als subkulturelle Lebensform oder politischer Identitätsentwurf. Auch der Stoff, aus dem „lesbische Identität" gewebt ist, ist mithin fiktiv. Er entsteht, ebenso wie seine Form, erst 'im Auge des Betrachters'; er ist selbst geschichtlich.[4]

Thema des folgenden Kapitels ist die *historische Genese* devianter „lesbischer Subjektivität". Gegen die wissenschaftlich wie bewegungspolitisch weit verbreitete Annahme, daß „Lesben" überall und immer schon existierten, setzt diese Arbeit die These, daß die Existenz von (weiblicher) Homosexualität nicht von dem Wissen über sie getrennt werden kann, da neues Wissen auch neue Erfahrungen konstituiert. Suspendiert werden soll daher der Glaube an die Existenz einer gegebenen Erfahrung, um sie als ein Wissen analysieren zu können. Denn Voraussetzung einer kritischen Genealogie „lesbischer Identität" *in der Gegenwart* ist die Untersuchung des

---

2   Auch William Simon kritisiert die Naturalisierung der Sexualität, die er als die „entscheidende Weichenstellung bei der Modernisierung des Sexuellen" ansieht (101), und die dazu geführt habe, daß z.B. Fragen nach der Entstehung sexueller Bedeutungen ausgespart blieben: „Als Ausdruck des Natürlichen gehörte sexuelles Interesse zur Grundausstattung des Körpers und bedurfte keiner weiteren Erklärung" (Simon 1990, 103).
3   Für eine dekonstruktive Kritik der Überlegungen von Sigusch vgl. Hegener 1992, 8f. Auch Simon plädiert für eine Dekonstruktion des Sexuellen. Die vorherrschenden biologischen Erklärungskonzepte, so Simon, müßten als „metaphorische Illusionen entlarvt werden" (vgl. Simon 1990, 108).
4   Vgl. hierzu die Überlegungen von Barbara Duden zur Geschichte von Stoff und Form (Duden 1987, 16ff).

historischen Prozesses, in dem und durch den „lesbische Identität" bzw. Subjektivität konstruiert wurde. Gefragt werden soll also nach den Kontexten der *Entstehung* bzw. *Herkunft* derjenigen Diskurse, durch die eine Subjekt-Position „Lesbe" kulturell intelligibel und ein 'selbstbewußtes' Sprechen von „lesbischer Identität" möglich wurde. D.h. welche Bedingungen ermöglichten bzw. behinderten das Auftreten „lesbischer Frauen"? Wie wurden „Lesben" in diesem Prozeß als *deviante* Subjekte konstituiert und situiert, und wie eigneten sie sich zugleich die Termini an, mit Hilfe derer sie marginalisiert wurden? Eine Genealogie *devianter* Subjekte untersucht demnach nicht nur, wie Subjekte produziert und überwacht werden, sondern auch, wo und wie sie gegenüber den Diskursen aus denen sie hervorgegangen sind, resistent sind.

Damit ist keine Sozialgeschichte weiblicher Homosexualität intendiert. Zwar läßt sich die Entstehung kultureller Identitäten oder Lebensformen nicht ausschließlich auf ein Macht/Wissen-Arrangement zurückführen. Sie entstehen vielmehr in einem komplexen Zusammenspiel konfligierender Interessen, Motive, Institutionen und Akteure. Dennoch sollen hier nur die diskursiven Bedingungen ihres Auftauchens rekonstruiert werden, um die Verwobenheit (identitäts-)politischer Praxen in die modernen Technologien der Macht genauer verstehen zu können.

2. Genealogien. Sexualität – Geschlecht – Identität

Mit Foucault kann „lesbische Identität" verstanden werden als Produkt einer historisch spezifischen *Problematisierung*[5], in der das „Sein sich gibt, als eines, das gedacht werden kann und muß" (GL, 19). Diese Problematisierung, das sei an dieser Stelle bereits vorweggenommen, nimmt zunächst die Form einer medizinischen bzw. humanwissenschaftlichen und sexualpatho-

---

5 Unter dem Begriff der Problematisierung analysiert Foucault in *Der Gebrauch der Lüste*, warum die Knabenliebe in der griechischen Antike „zu einem Problem werden konnte" (243) „in einer Gesellschaft, die das, was wir die 'Homosexualität' nennen, 'toleriert' haben soll" (237). Tatsächlich sei der Begriff der „Homosexualität" kaum geeignet, eine Erfahrung, Bewertung und Grenzziehung zu bezeichnen, die von der unsrigen so weit entfernt ist. Foucault schlägt deshalb vor, die Frage nicht in den Begriffen der „Toleranz" gegenüber „der Homosexualität" zu stellen, „als handelte es sich um eine unveränderliche und gleichförmige Erfahrung", sondern „zu fragen, wie und in welcher Form die unter Männern gewonnene Lust zu einem Problem werden konnte ... *warum sie also zum Gegenstand einer besonderen und besonders intensiven moralischen Problematisierung geworden ist* ..." (243; Hervorhebung S.H.).

logischen bzw. -wissenschaftlichen Problematisierung an. Die Fragen, die in dieser Perspektive gestellt werden müssen, sind demnach folgende: Wie konstituiert sich in den modernen abendländischen Gesellschaften eine 'Erfahrung', die die Individuen dazu brachte, sich als Subjekte einer „lesbischen Sexualität" anzuerkennen? Wie, warum und in welcher Form werden die fortan als „gleichgeschlechtlich" bzw. „conträr-" oder „homosexuell" bezeichneten Beziehungen und Verhältnisse zu einer Zeit und an bestimmter Stelle Gegenstand einer „lärmenden Szientifizierung" (Claudia Honegger), deren Effekte noch immer wirksam sind?

Im Umbruch der Moderne entsteht „lesbische Identität" als ein Deutungsmuster, das auf zwei der für die Konstitution der Moderne neuralgische Punkte – die Geschlechterdifferenz wie die Sexualität – eine Antwort zu geben versucht. Deutungsmuster, so Claudia Honegger, „sind Antworten auf Probleme unterschiedlicher Reichweite, die aus den fundamentalen Veränderungen des gesellschaftlichen und natürlichen Lebensprozesses entstehen". Jede Veränderung in den Grundstrukturen einer Gesellschaft erzeugt eine Fülle von erklärungsbedürftigen Phänomenen, die entweder im Rahmen traditioneller Muster interpretiert werden, oder, wenn das nicht mehr möglich ist, diesen Rahmen sprengen (1978, 30). Historisch gesehen, so Honegger weiter, hatten kulturelle Muster darüber hinaus immer auch die Funktion, gesellschaftliche Institutionen und Herrschaft zu legitimieren. Die Legitimierung durch kulturelle Interpretationssysteme verläuft dabei über die Verbreitung und Systematisierung von Wissen sowie über das selektive Anbieten von Erklärungen (vgl. ebda. 26).

Ähnlich argumentiert auch Stefan Hirschauer (1993): Die Einkörperung von Perversionen, die Produktion sexueller Identitäten, kann als Effekt kultureller Problemlösungsstrategien verstanden werden. Eine Kultur hält sich mit „Problemverschiebungen" in Ordnung. Widersprüche ihrer Bedeutungsstrukturen werden in Individuen „zwischengelagert und zwischengelöst ..., durch sie und mittels ihrer zu öffentlicher Existenz gebracht und dann an die Anpassungsbehandlungen und Diskurse einer Normalisierungswissenschaft delegiert". Die soziale Konstruktion „anomaler Individuen", so Hirschauer weiter, stellt eine *Externalisierung* dar. Sie besteht darin, *Personen* für eine Darstellung zu rekrutieren, an der eine aktuell gesuchte Unterscheidung von 'uns' und 'denen' hergestellt werden kann (1993, 347). Mit anderen Worten, diese Personen bilden den Rand einer Kultur, der konstitutiv für die Normalität derer ist, die 'dazugehören'.

Die Geschichte lesbischer Subjekte ist eine solche Geschichte der Normalisierung. Die Einteilung sexueller Devianz in verschiedene Kategorien des Abnormalen war die Methode, das Normale selbst zu konstruieren (und damit zu stabilisieren). Diese Normalisierung hat eine historisch spezifische Form lesbischer Subjektivität erst hervorgebracht.

Die „Herkunft" dieser Problematisierung ist in den politischen, sozialen, kulturellen und ökonomischen Veränderungen zwischen dem 17. und 19. Jahrhundert zu sehen, die zur Herausbildung moderner Gesellschaftsstrukturen geführt haben. Im folgenden sollen die Diskurse, innerhalb derer und durch die „weibliche Homosexualität" als Konzept produziert wurde, vor dem Hintergrund der weiträumigen historischen Transformationen, die mit der Herausbildung der Moderne verbunden sind, skizziert werden.

Der Begriff der „Homosexualität" taucht im letzten Drittel des 19. Jahrhunderts am Rande des Diskurses der westlichen Moderne auf, um in diesem schon bald einen konstitutiven Platz einzunehmen.[6] Die historische Lesben- und Schwulenforschung in der Tradition des *social constructionism* sieht dies als den entscheidenden Einschnitt im Prozeß der Verschiebung von einer Konzeption (homo)sexuellen *Verhaltens* zur Idee (homo)sexueller *Identitäten* an. Damit fügt sich die moderne Reorganisation gleichgeschlechtlicher sexueller Aktivität als Qualität des Individuums, das in dieser Qualität die Wahrheit seiner Identität findet, nahtlos in die Technik moderner Macht ein, deren herausragendstes Produkt das moderne Individuum ist: „In Wirklichkeit", schreibt Foucault, „ist die Macht produktiv; und sie produziert Wirkliches. Sie produziert Gegenstandsbereiche und Wahrheitsrituale: das Individuum und seine Erkenntnis sind Ergebnisse dieser Produktion" (ÜS, 250).

Das Konzept der/des Homosexuellen konnotiert die Vorstellung, daß die Ausführung des Geschlechtsaktes mit einer Person desselben Geschlechts eine/n zu einer bestimmten Art von Person macht. Darüber hinaus scheint das Konzept der „Homosexualität" nahezulegen, daß „Sexualität" ein umgrenzter, abtrennbarer und ahistorischer Aspekt menschlichen Verhaltens ist, der quantifiziert, klassifiziert und diagnostiziert werden kann. Diese Verschiebung kann mit Foucault als 'die Umfunktionierung einer Sprache und ihre Verwendung gegen die bisherigen Sprecher':

„Die vor 1862 gebräuchlichen Bezeichnungen 'Sodomit', 'Päderast' und 'Knabenschänder' hatten potentielle Verhaltensweisen aller Männer betroffen. Neu in der Entwicklung der Begriffsgeschichte wird die Belegung eines jetzt entstehenden Teilkollektivs der männerbündischen Zirkel mit Namen, die es als spezielles Kollektiv erst konstituierten" (Hacker 1987, 18).

---

[6] Eve Kosofsky Sedgwick plädiert in diesem Zusammenhang dafür, die Analyse der Dichotomie homo/hetero nicht länger zu ignorieren. In ihrem Buch *Epistemology of the Closet* schreibt sie: „The book will argue that an understanding of virutally any aspect of modern Western culture must be, not merely incomplete, but damages in its central substance to the degree that it does not incorporate a critical analysis of modern homo/heterosexual definition; and it will assume that the appropriate place for that critical analysis to begin is

In einem „homophilen Dialog"⁷ zwischen selbstdeklarierten männlichen Homosexuellen, männlichen Psychiatern, Medizinern, Sexualpathologen und später Sexualwissenschaftlern schufen (homo- und heterosexuelle) Männer für ein Teilkollektiv der Männer eine neue Identität und damit auch den Zugang zu einer männlich definierten und dominierten Öffentlichkeit (wissenschaftlich, politisch, juristisch). Die Konstitution einer ganzen Reihe von Diskursen über die Arten und Unterarten der Homosexualität ermöglichte allerdings auch die Konstitution eines Gegen-Diskurses: Die Homosexualität beginnt, von sich selber zu sprechen, auf ihre Rechtmäßigkeit oder auf ihre „Natürlichkeit" zu pochen – und dies häufig in dem Vokabular und in den Kategorien, mit denen sie medizinisch disqualifiziert wurde (vgl. WW, 123).

Wo das zivile oder kanonische Recht des Mittelalters nur einen „Typ von verbotener Handlung" kannte, deren „Urheber nur als ihr Rechtssubjekt in Betracht kam" (WW, 58) ist seit Ende des 19. Jahrhunderts der Homosexuelle zu einer „Persönlichkeit geworden, die über eine Vergangenheit und eine Kindheit verfügt, einen Charakter, eine Lebensform ..." (WW, 58). Nichts von alledem, was er (der Homosexuelle, S.H.) sei, entrinne seiner Sexualität, so Foucault weiter (ebda).

Neu ist seit der Wende vom 19. zum 20. Jahrhundert die Kartographierung der (westlichen) Welt nicht nur innerhalb der Geschlechterbinarität, nach der jede Person einem der beiden Geschlechter zwangsläufig zugeordnet wird, sondern nun auch innerhalb der Binarität homo/hetero⁸. Diese Binarismen sollten fortan als die entscheidenden Parameter der Matrix geschlechtlicher und sexueller Identitätsbildung fungieren. Während der eigene (anatomische) Körper zur Markierung des eigenen Geschlechts wird, bestimmt das körperlich definierte Geschlecht des sexuell begehrten Objekts die sexuelle Identität. Der Körper wird zur unumstößlichen Grundlage menschlicher Selbsterkenntnis. Er steht, so Foucault, „unmittelbar im Feld des Politischen". Denn „die Machtverhältnisse legen ihre Hand auf ihn, [...] verlangen von ihm Zeichen" (ÜS, 37). Sie tun dies insbesondere durch die Konstruktion einer besonderen Technologie: die Beichte, das Bekenntnis des individuellen Subjekts, sei es in der Selbstreflexion oder in der Rede. Mit Hilfe dieser Geständnistechnologie, die die Individuen dazu zwingt, immer die Wahrheit von sich zu sprechen, werden sie zu Subjekten ihrer eigenen Unterwerfung gemacht. In der Ende des 18. Jahrhunderts einsetzenden „Diskursexplosion", die den „Sex" zum Reden bringen soll und ihn in eine „diskursive Existenz"

---

the relatively decentered perspective of modern gay and antihomophobic theory" (Sedgwick 1990, 1).
7 Für das Folgende siehe die bislang einzige Studie im deutschsprachigen Raum, die den Prozeß der Systematisierung weiblicher Homosexualität untersucht: Hacker 1987, hier insbesondere Teil A, Kapitel 1.
8 Siehe hierzu Sedgwick 1990, S. 2ff.

(Hegener 1992, 33) treibt, verbindet sich – auf für die Moderne spezifische Weise – Macht mit Wissen und Sexualität und produziert das Individuum als sexuelles Subjekt, das im „Sex" seine Wahrheit sucht:

„Der Sex ist das spekulativste, das idealste, das innerlichste Moment in einem Sexualitätsdispositiv, das die Macht in ihren Zugriffen auf die Körper, ihre Materialität, ihre Kräfte, ihre Energien, ihre Empfindungen, ihre Lüste organisiert. […] Jeder Mensch soll nämlich durch den vom Sexualitätsdispositiv fixierten imaginären Punkt Zugang zu seiner Selbsterkennung haben (weil er zugleich das verborgene Element und das sinnproduzierende Prinzip ist), zur Totalität seines Körpers (weil er ein wirklicher und bedrohter Teil davon ist und überdies sein Ganzes symbolisch darstellt), zu seiner Identität (weil er an die Kraft eines Triebes die Einzigartigkeit einer Geschichte knüpft)" (WW, 185).

Die moderne westliche Kultur bringt das, was sie „Sexualität" nennt, in eine zunehmend distinkte und privilegierte Beziehung zu den Konstrukten von individueller Identität, von Wahrheit und Wissen. Neue, institutionalisierte und taxonomierende Diskurse – medizinischer, juristischer, literarischer und psychologischer Natur –, in deren Zentrum die Definition von homo/heterosexuell steht, verbreiten sich rapide in den Jahrzehnten um die Jahrhundertwende. Dies geschieht parallel und in engem Austausch mit der Redefinition anderer für die westliche Zivilisation und Gesellschaft neuralgischer Knotenpunkte, wie vor allem der Geschlechterdifferenz, aber auch solcher Konzepte wie 'Rasse', Nation oder Klasse, die eingebettet sind in politisch wie kulturell weiträumig angelegte Verschiebungen im Kontext der Konstitution der Moderne seit der zweiten Hälfte des 18. Jahrhunderts.

Die diskursive Erzeugung „lesbischer Identität" als einer sexuellen Identität in diesem modernen Sinne fällt historisch zusammen mit der humanwissenschaftlichen Aneignung der Geschlechterdifferenz und ist untrennbar mit deren moderner Recodierung verbunden. Eine Rekonstruktion der Herkunft „lesbischer Identität" muß deshalb besonders auf das Zusammenspiel und die Verschränkung von Geschlecht und Sexualität eingehen. Die „Erfindung" der weiblichen Homosexualität, so Hanna Hacker, die systematische Diskursivierung, die Ideologien und politischen Strategien, die Männer zu dieser neuen Kategorie entwickelten und in die die Frauen eingebunden werden sollten, ist deshalb nicht als ein spezielles Phänomen in der Geschichte einer speziellen Randgruppe anzusehen, sondern als bedeutungsstärkster Ausdruck in den Geschlechterbeziehungen seit dem späten 19. Jahrhundert (vgl. Hacker 1987, 13). Auch Caroll Smith-Rosenberg beschreibt den Diskurs über die „weibliche Homosexualität" als „Teil eines intensiven Geschlechterdialoges zwischen Frauen und Männern über ihre einander widerstreitenden Erfahrungen des sozialen und ökonomischen

Wandels, der familialen Neuorganisation und der Ausübung ökonomischer und politischer Macht"[9].

"Lesbische Identität" entsteht historisch also in einem Kontext fundamentaler gesellschaftlicher Umwälzungen in der Herausbildung und Etablierung moderner Gesellschaftsstrukturen als (eine) Antwort auf die problematisch gewordene Organisation des Geschlechterverhältnisses sowie der Sexualität. Die darin zentralen Verschiebungen sind die "Diskursexplosion" um das "Sexuelle", die moderne (anatomische) Codierung der Geschlechterdifferenz, auch im und durch den Diskurs über die weibliche Homosexualität, sowie die Verschränkung von Geschlecht, Sexualität und Körper in einer modernen Technologie des Selbst: in Identität. Diese Verschiebungen konvergieren in der selbstbewußten Behauptung lesbischer (und schwuler) sexueller Identitäten, die sich innerhalb der Matrix der Geschlechterbinarität formieren. Sie markieren die Eckpunkte des Feldes, innerhalb dessen sich hundert Jahre später der Diskurs zu lesbischem Feminismus artikulieren wird.

Macht – Wissen – Lust: Die Diskursivierung der Sexualität

Foucault geht die Frage der "Sexualität"[10] genealogisch an: Sexualität ist ein historisches Konstrukt, kein fundierender biologischer Referent. Die Geschichte der "Sexualität" muß vielmehr "in erster Linie vom Gesichtspunkt einer Geschichte der Diskurse angegangen werden", in der die Sexualität den "Sex" als "imaginären Punkt" des Begehrens fixiert (WW, 88). Gegen die "Repressionshypothese", die behauptet, daß die bürgerliche Gesellschaft die Sexualität unterdrückt, tabuisiert und zu verhindern sucht, Sexualität also hinter einer Geschichte der Verbote und Tabus tatsächlich zu finden wäre, richtet sich Foucaults Interesse darauf zu zeigen, wie im Zusammenwirken von Wissen und Macht Sexualität historisch gebildet wurde (WW, 20f). Ihn interessiert die Analyse des Diskurses über den Sex und seiner Effekte für die Konstituierung des modernen sexuellen Subjekts. Das Anliegen von *Der Wille zum Wissen* ist es, das Regime von "Macht-Wissen-Lust", das dem Diskurs über menschliche Sexualität in der westlichen Moderne zugrundeliegt, in seinem Funktionieren und in seinen Gründen zu bestimmen:

---

9 Smith-Rosenberg 1983, 14, zitiert nach Hacker 1987.
10 In GL erläutert Foucault die Bedeutung der Anführungszeichen um den Begriff der "Sexualität". Sie signalisieren seinen Versuch, zu diesem Begriff Abstand zu gewinnen, um dessen offenkundige Vertrautheit zu umgehen, seinen theoretischen und praktischen Kontext zu analysieren (vgl. ebda. 9).

„Daher wird es darauf ankommen zu wissen, in welchen Formen, durch welche Kanäle und entlang welcher Diskurse die Macht es schafft, bis in die winzigsten und individuellsten Verhaltensweisen vorzudringen, welche Wege es ihr erlauben, die seltenen und unscheinbaren Formen der Lust zu erreichen und auf welche Weise sie die alltägliche Lust durchdringt und kontrolliert – und das alles mit Wirkungen, die als Verweigerung, Absperrung und Disqualifikation auftreten können, aber auch als Anreizung und Intensivierung; kurz, man muß die 'polymorphen Techniken der Macht' erforschen ... [um] schließlich den 'Willen zum Wissen' freizulegen, der ihnen gleichzeitig als Grundlage und Instrument dient" (WW, 21f).

Die Geschichte der Moderne, schreibt Foucault, ist vielerorts als eine Geschichte der fortschreitenden Emanzipation der Sexualität der Menschen gesehen worden. Dies ist jedoch eine in sich gebrochene, widersprüchliche Idee, denn der Enttabuisierung steht die kategorisierende und spezifizierende, quasi ins Individuum hineinverlagerte Kontrolle gegenüber. Während vom Gesichtspunkt der Repressionhypothese aus die Zensur über ein vorgegebenes 'Etwas', das bereits eine Identität hat, Schweigen gebietet, ist die „Diskursexplosion" für Foucault nicht das Geschehen, durch das die lange verborgene Wahrheit der Sexualität ans Licht kommt, sondern die historische Einkerbung, die die Sexualität zuallererst formt und produziert, indem sie sie in Beziehung zur Wahrheit setzt. Historisch zeigt Foucault, wie diese seit dem 18. Jahrhundert eben nicht einfach unterdrückt, sondern durch vielerlei Anreize zum Sprechen gebracht wurde. Sexualität wurde von bestimmten Wissenschaften – Pädagogik, Medizin, Psychiatrie – mit einem spezifischen Wahrheitsgehalt ausgestattet und so zur Ursache für alles und jedes. Sie wird Gegenstand wissenschaftlicher Untersuchung, behördlicher Kontrolle und gesellschaftlicher Sorge. Sie betrifft verborgene Genüsse, gefährliche körperliche Exzesse und heimliche Phantasien, sie wird nachgerade zum Wesen des Menschen und zum Kern persönlicher Identität.
Über diese „Diskursivierung" der Sexualität reorganisiert sich moderne Macht als „produktive Macht". D.h. die Macht wirkt nicht als reine Repressionsmacht, die dem Körper Tabus und Verbote auferlegt, vielmehr diszipliniert, kontrolliert und normalisiert die Macht die Individuen durch die Produktion verschiedener Sexualitäten (vgl. WW, 113ff). Macht wirkt hervorbringend, das 'Anormale' (Homosexualität) wird nicht ausgegrenzt, sondern dem 'Normalen' (Heterosexualität) gegenübergestellt und ersteres von letzterem geschieden; das Ausgegrenzte befindet sich *im* Feld der Norm.
In diesem Modell haben Homo- und Heterosexualität als kulturelle Konstrukte den gleichen historischen Entstehungszusammenhang, das eine ist ohne das andere nicht denk- und auch nicht erklärbar. Die *Technologie des Sexes*[11] etabliert sich dabei in der Form einer *Matrix* für den Zugriff der

---

11 Siehe hierzu de Lauretis 1987, 12ff.

Macht: Auf den Koordinatenachsen werden sexuelle Identitäten markiert, gemäß derer die Individuen kategorisiert und auf den Feldern der Matrix angeordnet werden. Diese „neue" Form der Macht, die sie tragenden Strategien hat Foucault im Begriff des *Sexualitätsdispositivs* zusammengefaßt:

„'Sexualität' ist der Name, den man einem geschichtlichen Dispositiv geben kann. Die Sexualität ist keine zugrundeliegende Realität, die nur schwer zu erfassen ist, sondern ein großes Oberflächennetz, auf dem sich die Stimulierung der Körper, die Intensivierung der Lüste, die Anreizung zum Diskurs, die Formierung der Erkenntnisse, die Verstärkung der Kontrollen und Widerstände in einigen großen Wissens- und Machtstrategien miteinander verketten" (WW, 128).

In Foucaults Darstellung ist *Sexualität* also der Name für einen komplexen *Nexus konkreter Arrangements und Strategien*, mit Hilfe derer der *Sex* im Körper als Modus der (disziplinierenden) Individualisierung der Individuen eingeschlossen wird. Der Begriff des Sex – eine imaginäre Instanz – macht es darüber hinaus möglich, „anatomische Elemente, biologische Funktionen, Verhaltensweisen, Empfindungen und Lüste in einer künstlichen Einheit zusammenzufassen und diese fiktive Einheit als ursächliches Prinzip, als allgegenwärtigen Sinn und allerorts zu entschlüsselndes Geheimnis funktionieren zu lassen: der Sex als einziger Signifikant und als universales Signifikat" (WW, 184).

Foucaults Analyse zielt nun darauf, diese im fiktiven Begriff des Sexes hergestellte künstliche Einheit, naturalisiert durch die scheinbare Singularität somatischer Differenzierung, aufzubrechen. D.h. die Annahme, daß die meisten Körper unproblematisch als einzigartig unterschieden werden können und daß die genitale Konfiguration, die bei der Geburt sichtbar wird (und von lebenslanger Dauer ist), essentielles Anzeichen dieser Unterschiedenheit ist, soll in Frage gestellt werden. Foucault problematisiert das dichte Netz der Machtrelationen, das zwischen diesen Punkten „natürlicher Differenz" gespannt ist, um den Macht/Wissen-Nexus der Sexualität, der diese Machtrelationen als wahr erhält, zu unterbrechen. Denn als Sexualität zum Signifikanten der „Wahrheit einer Person" über und von sich selbst wurde, wurde das, was der (sexuelle) Körper genannt wurde, in einer dichten Konstellation neu entstehender medizinischer, biologischer, pädagogischer, anthropologischer, sexualwissenschaftlicher, soziologischer und ökonomischer Diskurse situiert. Umgekehrt wurden diese diskursiven Rahmen auf und in die historische Verkettung somatischer Ereignisse (anatomische Elemente, biologische Funktionen, Verhaltensweisen, Empfindungen und Lüste) eingetragen.

Obwohl Foucault keine kausalen Erklärungen liefert für das Auftauchen der Sexualität als eine „Form der Macht", die unmittelbar das alltägliche Leben affiziert, die Individuen kategorisiert, sie durch die ihnen 'eigene' Individualität markiert, sie an ihre Identität fesselt und ihnen ein Gesetz der Wahrheit auferlegt, das sie anerkennen müssen und das andere in ihnen anerkennen müssen, korreliert dies, so Foucault, mit dem Beginn der positiven Selbstaffirmierung des europäischen Bürgertums im 18. Jahrhundert:

„In dieser Investitur seines eigenen Sexes [des Bürgertums, S.H.] durch eine von ihm selbst erfundene Macht- und Wissenstechnologie brachte das Bürgertum den hohen politischen Preis seines Körpers, seiner Empfindungen, seiner Lüste, seiner Gesundheit, seines Überlebens zur Geltung. [...] Die Klasse, die im 18. Jahrhundert zur Hegemonie kam, [...] hat sich einen Körper gegeben, den es zu pflegen, zu schützen, zu kultivieren, vor allen Gefahren und Berührungen zu bewahren und von den anderen zu isolieren galt, damit er seinen eigenen Wert behalte. Ein Mittel dazu war die Technologie des Sexes" (WW, 148).

Zusammengefaßt: Foucaults Analyse legt nahe, daß die Sexualität als machtvolles „Wahrheitsspiel" fungiert, insofern eine disparate Reihe von Machtrelationen als Qualitäten menschlichen Lebens bestimmt werden und den stabilen geschlechtlichen Körper als das essentielle Metonym für diese Konfiguration reproduziert: „Die Wahrheit des Sex [ist] eine wesentliche Sache, eine nützliche oder bedrohliche, wertvolle oder zweifelhafte Sache geworden ... kurz, daß der Sex zum Einsatz im Wahrheitsspiel geworden ist" (WW, 73).

Im 19. Jahrhundert überschneiden sich die Diskurse über Sexualität mit den modernen Wissenschaften vom Menschen. Allmählich entsteht ein „großes Archiv der Lüste". Medizin, Psychiatrie und Pädagogik verwandeln das Begehren in einen systematischen wissenschaftlichen Diskurs. Klassifikationssysteme werden errichtet, ausführlichste Beschreibungen zusammengestellt und es entsteht eine Geständniswissenschaft, die sich um verborgene und unsagbare Dinge kümmert. Das Geständnis der eigenen Sexualität wird zentraler Bestandteil der sich ausdehnenden Technologien zur Disziplinierung und Regulierung der Körper. Es liefert den Vertretern der Autorität die nötigen Informationen über ihren unsichtbaren „Gegenstand" Sexualität. Darüber hinaus ist das Individuum davon überzeugt, es könne sich durch ein solches Geständnis selbst erkennen. Praktiziert wird nicht nur eine penible Befragung, sondern ganz im Sinne der Gewissenserforschung – deren Modell die seit dem Spätmittelalter eingeführte Ohrenbeichte ist – geht es zunehmend um Selbstanalyse: gesucht wird das authentische Selbst, die wirkliche sexuelle Identität.

Diese Form des Geständnisses organisiert die subjektivierende Unterwerfung. Die Subjektivierung wird zwar auferlegt, aber sie wird auch akzeptiert. Es ist für die Erforschung der Homosexualität kennzeichnend, daß sie sich nicht auf die Feststellung eines Fehlgriffs beschränkt, sondern hierfür auch eine Erklärung will. Wie der Delinquent muß auch die/der Homosexuelle sagen, wer sie/er ist. Ihre/seine Sexualität erklärt ihre/seine Person insgesamt. Daher muß sie zur Sprache kommen. Und da sie sich weitgehend der äußren Beobachtung entzieht, erfordert sie einen Diskurs in der ersten Person. Einen Diskurs, der alles erzählt und nichts unerwähnt läßt, auch nicht die intimsten Gedanken: „eine grenzenlose Objektivierung des Selbst durch sich selbst" (Visker 1991, 99). Eine Objektivierung, die dennoch subjektivierend wirkt.

Wie sich dieser „Wille zum Wissen" im Hinblick auf weibliche Homosexualität organisiert – als Wissenschaft von der Sexualität – und wie diese sich effektiv mit der Codierung der Geschlechterdifferenz verbindet, soll im folgenden Abschnitt gezeigt werden.

Die sexualwissenschaftliche Systematisierung „weiblicher Homosexualität"

Wenn Foucault die Systematisierung der Homosexualität als paradigmatisch für die Diskursivierung der Sexualität überhaupt entziffert, so hat er besonders die männlichen Homosexuellen und deren Konstitution als Teilkollektiv des „Männerbundes" im Blick. Darüber entgeht ihm ein wesentliches Moment in dieser kollektiven Anstrengung zwischen homosexuell bewegten Männern einerseits und Medizinern, Juristen, Psychiatern und Sexualreformern andererseits, nämlich Homosexualität als männlichen Selbstentwurf zu analysieren: Der „Modellfall Homosexualität" (Michel Pollak) ist ein männlicher Modellfall. Die Systematisierung weiblicher Homosexualität ist diesem nicht umstandslos als Fußnote anzuhängen oder wieder einmal als weiblicher Sonderfall oder historische „Verspätung" abzuhaken. Eine Genealogie 'der' Sexualität ist nicht als geschlechtslose „Geschichte der Sexualität" zu denken.[12] Den Blick fest auf 'die' Sexualität gerichtet, so Claudia Honegger, gerät eine solche Geschichte allzu leicht zur Geschichte geschlechtsloser sexueller Individuen und wird 'unter der Hand zur Geschichte derer, die herrschten'.[13]

Eine systematische Verknüpfung mit der Kategorie Geschlecht macht dagegen nicht nur die Spezifik der Genealogie „weiblicher Homosexualität"

---

12 Siehe hierzu auch Landweer 1990, 137ff; Honegger 1979: sowie de Lauretis 1987. De Lauretis schreibt: „Illuminating as his work is to our understanding of the mechanics of power in social relations, its critical value is limited by his unconcern for what, after him, we might call, the 'technology of gender'" – the techniques and discursive strategies by which gender is constructed" (28).

13 Einen ähnlichen Einwand formuliert Geneviève Fraisse. Sie schreibt: „eine erste Differenz zu ihm [Foucault, S.H.] ist, daß ich immer über die Beherrschten gearbeitet habe, während er sich für den herrschenden Diskurs interessierte." Vgl. Über Geschichte, Geschlecht und einige damit zusammenhängende Denkverbote. Ein Gespräch mit Geneviève Fraisse geführt von Eva Horn. In: *Neue Rundschau* 1993/4, 46-56, 49.

sichtbar, sondern auch die Konstitution „männlicher Homosexualität" als Ergebnis „mannmännlicher Dialogfähigkeit". Denn die diskursive Systematisierung „weiblicher Homosexualität" folgt anderen Regeln, gehorcht anderen Logiken und reagiert auf andere historische Kontexte und Problemlagen im Diskurs der Moderne als die selbstbewußte Einschreibung der männlichen Homosexualität in Politik und Kultur: Männer schreiben sich ein, Frauen werden eingeschrieben, könnte man es formelhaft fassen.

Erst die Analyse der Verschränkung von Geschlecht und Sexualität ermöglicht es uns also, die Funktionalität des historischen Auftauchens einer Subjektposition „Lesbe" zu rekonstruieren und zu verstehen. „Weibliche Homosexualität" bzw. „Conträrsexualität" wird zu einem der Brennpunkte eines Dialoges vor allem zwischen Männern, aber auch zwischen den Geschlechtern, über den richtigen weiblichen „Geschlechtscharakter", über die öffentliche wie private Positionierung der Frau/en, sowie generell zum Geschlechterverhältnis und der Differenz zwischen den Geschlechtern.

„Was die Systematisierung der weiblichen von der männlichen Homosexualität wesentlich unterscheidet, ist zunächst die Tatsache, daß Männer sich selbst und Männer Frauen einer Klassifikation unterzogen, nicht aber die Definition von Frauen selbst in die Geschichtsschreibung einging" (Hacker 1987, 33).

Wie sehen nun diese 'anderen Regeln', die 'andere Logik' aus, denen die Systematisierung weiblicher Homosexualität folgt?[14] Während der homosexuelle Mann sich seit Mitte des 19. Jahrhunderts selbst erkannte und benannte und vorwiegend mit Medizinern einen männerbündischen Dialog initiierte, in dem es um Gleichberechtigung eines Teils des Männerbundes mit dem anderen ging, blieb das „weib-weibliche Begehren" zunächst in diesem Diskurs ausgespart. Die Kategorie der „weiblichen Homosexualität" bzw. der „Conträrsexualität" entstand am Ende des 19. Jahrhunderts zunächst ausschließlich als *wissenschaftliche* Kategorie.[15] Der Benennung durch die Medizin ging weder die Selbstbenennung – etwa analog dem von Ullrichs für männliche Homosexuelle geprägten Begriff des „Urnings" als „Urninde" oder Hirschfelds Begriff des „Dritten Geschlecht" – voraus, noch bemühten sich weibliche Homosexuelle um medizinische Normalisierung und juristische Gleichstellung.[16] Von einem 'weib-männlichen Dialog' zwischen selbsterkannten und -benannten weiblichen Homosexuellen und medizinischem Establishment kann nicht die Rede sein. Im Schatten der Trennung von 'privat' und 'öffentlich' entwickelt sich ein lesbisches Selbst-

---

14 Vgl. für das folgende vor allem Hacker 1987, Teil A, Kapitel 2.
15 Für eine Genealogie männlicher Homosexualität vgl. Hegener 1992, Kapitel 2.
16 Für die Bemühungen der männlichen Homosexuellen um Normalisierung und Gleichstellung vgl. ebda.

bewußtsein zunächst nicht im offensiven Dialog mit den Kategorisierungen der Sexualwissenschaft, sondern eher subversiv im Kontext traditionaler homosozialer Frauenräume einerseits und der um die Jahrhundertwende zunehmend öffentlich werdenden Frauenbewegung andererseits.[17] Erst nach dem 1. Weltkrieg und auch dann vor allem in den europäischen Metropolen – wie Berlin oder Paris – sollten eigenständige Formen einer „lesbischen" Subkultur entstehen.[18] Dort, wo die „lesbische" Frau zunächst und ausschließlich auftaucht, nämlich in den Selbstbekenntnissen homosexueller Männer und den Fallbeschreibungen der psychiatrischen Mediziner, erscheint sie in Analogie zum „schwulen" Mann: der Urning/die Urninde, der weibmännliche Charakter/das Mannweib. In Modifizierung der Lyotardschen These von der Homologisierung des weiblichen Geschlechts, d.h. der Angleichung der Frau an den Mann[19], spricht Hacker davon, daß vielmehr 'das Männliche' in der 'lesbischen Frau' dem Mann ähnlich gestellt wurde. Der entstehende Typus des „homosexuellen Menschen" blieb ein männlicher Typus. Der Mann in der Frau, das „Mannweib", wurde dem „heterosexuell-homophilen Mann" (Hacker) ähnlich gesetzt und die mannweibliche wie die weibliche Frau am Maßstab des Mannes gemessen.

Der um 1870 einsetzende Systematisierungsprozeß „weiblicher Homosexualität" läßt sich demnach folgendermaßen skizzieren: In einem „naturwissenschaftlich sauberen" Verfahren wird zunächst per Analogie von den bereits bekannten Fällen männlicher Homosexualität auf den historisch ersten Fall einer „Conträrsexuellen", auf „unser Mädchen" – so der Psychiater Carl Westphal (1869) über seine Patientin, Frl. N., – geschlossen, die von einer „Wuth, Frauen zu lieben und mit ihnen ausser Scherzen und Küssen Onanie zu treiben", geplagt sei. Die „Natur" ihrer sexuellen Neigung ist für Westphal die „conträre Sexualempfindung", eine „Verkehrung der Geschlechtsempfindung, das Gefühl, ein männliches Wesen darzustellen" (91). Westphal diagnostiziert die „conträre Sexualempfindung" als Symptom eines angeborenen homosexuellen Triebs in Verbindung mit erblicher Geisteskrankheit.

Damit ist in der Betrachtung und Behandlung gleichgeschlechtlicher sexueller Aktivität ein kategorialer Wandel indiziert. Geschlecht und sexuelles Begehren werden aufs engste miteinander verschweißt. Eine Person des

---

17 Vgl. Hacker 1987 Teil B, Kapitel 1, 2; Hark 1989 sowie Treusch-Dieter 1993.
18 Vgl. hierzu Busch 1989; Meyer (Hg.) 1981; Schoppmann 1985; *Eldorado. Homosexuelle Frauen und Männer in Berlin 1850-190. Geschichte, Alltag, Kultur*. Ausstellungskatalog, Berlin; Hacker 1987, Teil C.
19 Jean-François Lyotard vertritt die These, daß im modernen Kapitalismus sämtliche Unterschiede neutralisiert werden müssen, also auch die zwischen den Geschlechtern und den vielen singulären Lüsten, damit sie endlich allesamt unter das Gesetz der Austauschbarkeit gestellt werden können. Vgl. Lyotard 1977; vgl hierzu auch Hegener 1992, 14f.

gleichen Geschlechts zu begehren, ist nicht länger bloß sündhaft, sondern 'unnatürlich' und bedeutet den Verlust der 'angestammten' sozialen Geschlechtsrolle. Die „conträre Sexualempfindung" ist mithin ebenso sehr ein Verstoß gegen das natürliche heterosexuelle Arrangement der Geschlechter wie gegenüber den scheinbar naturgegebenen Geschlechtscharakteren.

Da Westphal zunächst „vom weiblichen Typus Abweichendes" nicht feststellen kann, macht er im nächsten Schritt den 'männlichen' Charakter von Frl. N. als die eigentliche Ursache dieses, in der Formulierung seines Kollegen Heinrich Gock, „eigenthümlichen Zustandes angeborener Verkehrung der Geschlechtsempfindung" aus (Gock 1875). Frl. N. fühle sich eigentlich als Mann, habe Interesse an männlichen Beschäftigungen und wolle überhaupt lieber ein Mann sein.

Die 'Männlichkeit' der „conträrsexuellen Frau" sollte fortan zum primären Erkennungsmerkmal ihrer 'Andersartigkeit' werden und im Verlaufe des Systematisierungsprozesses bis ca. 1914 auf alle Frauen ausgedehnt werden. Diesen Prozeß hat Hanna Hacker in zwei Phasen eingeteilt: Zunächst wurden nur vereinzelte, andersartige Frauen in Analogie zur Kasuistik homosexueller Männer erfaßt und vermessen, während in der zweiten Phase – etwa ab 1890 – die Begrifflichkeit auf tendenziell alle Frauen ausgedehnt und zunehmend Versatzstücke weiblicher Realität in die Diagnostik eingebaut wurden.[20] Die Andersartigkeit wird akribisch operationalisiert in einer Symptomenlehre, die von körperlichen Anlagen über kindheitstypische Merkmale, Lieblingsbeschäftigungen, alltagskulturelle Merkmale und männliche Selbstinszenierungen bis hin zur Neigung nach Bildung, Studium und der Teilnahme am öffentlichen Leben reicht, wobei im Verlauf des Prozesses eine Verschiebung weg von 'anatomischen' hin zu 'psychischen' Merkmalen festzustellen ist. Entlang dieser Symptomenlehre sollten die insgesamt weniger als zwanzig Fälle „weiblicher Conträrsexualität", die in die Untersuchungszimmer der Psychiatrie, Medizin und Sexualpathologie vordrangen, so Hacker, zu einem bedeutungsstarken Kommentar im Prozeß der Neucodierung des weiblichen und männlichen Geschlechtscharakters werden:

„Über das Benennen und Operationalisieren von Männlichkeit wurde der weibliche Geschlechtscharakter mit beschrieben und festgelegt. Von neuem wurde die 'wahre' Frau in ihren Pflichten und Eigenschaften so gekennzeichnet, daß diese überwiegend über das Erfassen des männlichen Geschlechtscharakters erkennbar wurde. 'Die' Frau verblieb im Hause, befaßte sich mit Handarbeiten und Hausarbeit, mit Süßem und Schönem, hielt sich vom Wehr- und Lehrkörper fern, war nicht hörbar, nicht entschieden, nicht beweglich usw. Gleichzeitig wurde aus der Ätiologie der weiblichen Homosexualität klar, daß 'die' Frau – vor allem: die 'belastete' Frau – von anderen Frauen ferngehalten werden mußte: von Freundinnen, Schullehrerinnen, Hauslehre-

---

20 Vgl. Hacker 1987, Teil A, Kapitel 2; siehe auch Schwarz 1983; Göttert 1989.

rinnen, Dienstmädchen, weiblichen Verwandten usw. Sie mußte einem potenten 'sympathischen' Mann zugeordnet werden und durfte auch nicht mit sich/mit ihrem Geschlecht allein bleiben" (Hacker 1987, 40).

Die Problematisierung gleichgeschlechtlicher Sexualität ist vor dem Hintergrund der Verunsicherung der verschiedengeschlechtlichen Paarbildung zu sehen. Diese sah sich dem Paradox ausgesetzt, daß die Geschlechter als fundamental verschieden und zugleich als zusammengehörig gedacht wurden. Karin Hausen (1976) weist darauf hin, daß der moderne Diskurs über die „Geschlechtscharaktere" dieses Paradox 'löst', indem, einer Komplementaritätslogik folgend, die strikte Entgegensetzung der Geschlechter mit der Idee ihrer Ergänzung kompensiert wird: Liebe und Sexualität werden fortan zu Trägern der Mann-Frau-Beziehung.

Im bürgerlichen Modell des Mann-Frau-Paares sind Sexualität und Liebe und die mit der polaren Definition der Geschlechtscharaktere verknüpfte gegengeschlechtliche Anziehung so verschweißt, daß gleichgeschlechtliches Begehren zwangsläufig problematisch werden muß. Zugleich kann es nur noch in der Form einer 'eigenständigen' Identität geäußert werden, die den sozial unbewohnbar gewordenen Raum zwischen den Geschlechtern als den ihren besetzten und fortan selbstbewußt behaupten sollte.

Die diskursive Formierung von Homo- und Heterosexualität korrespondiert dem von Foucault beschriebenen Übergang vom *Allianz-* zum *Sexualitätsdispositiv*. Seit dem 18. Jahrhundert, so Foucault, büßte das Allianzdispositiv – ein „System des Heiratens, der Festlegung und Entwicklung der Verwandtschaften, der Übermittlung der Namen und der Güter" (WW, 128) – in dem Maße an Bedeutung ein, „wie die ökonomischen Prozesse und die politischen Strukturen in ihm kein angemessenes Instrument oder keine hinreichende Stütze finden konnten" (WW, 128). Die im Sexualitätsdispositiv zusammengeschlossenen Strategien suchen nun auf diese Veränderung in den Grundstrukturen der modernen Gesellschaften zu reagieren, indem sie gewissermaßen einen neuen *Stoff* der Allianz zwischen den Geschlechtern produzieren.

Die neue Auffassung des Unterschiedes zwischen Frauen und Männern führte zur modernen Idee einer „geschlechtlichen Identität"; einer Identität, die scharf zwischen männlich und weiblich trennte, und die für geschlechtlich nicht eindeutig zuordenbare Personen keinen Platz ließ. Alle Formen gleichgeschlechtlicher Aktivität werden nun zum Signal für (geschlechtliche) *Identitätsverkehrungen*. Mit dem Begriff der Homo*sexualität* ist deshalb sehr exakt das bestimmt, was nicht sein durfte, nämlich Sexualität und Liebe: Genau das, was zwischen Mann und Frau sein mußte, um eine Beziehung zwischen ihnen zu etablieren. Durch die Notwendigkeit einer Abgrenzung wurde die Stigmatisierung und damit begriffliche Zuschreibung unausweichlich: „Homosexualität" entsteht als das 'Andere' der „Heterosexualität".

Homosexuelle Identitäten sind deshalb auch zu verstehen als individuelle wie kollektive Lösungen einer extrem nach Geschlecht und Sexualität polarisierten Kultur. Für eine Welt extrem reifizierter Geschlechtscharaktere stellte das gleichgeschlechtliche Begehren zugleich jedoch eine Verwirrung dar, das diese nur durch Assimilation lösen konnte: Auch das gleichgeschlechtliche Begehren wird innerhalb des binären Modells der Geschlechterdifferenz codiert, indem die Sexualwissenschaft zwischen „echten Mannweibern" und verführten, eigentlich heterosexuellen „Pseudohomosexuellen" unterscheidet.

Wie jeder Diskurs brachte aber auch der Diskurs der „Geschlechtscharaktere" seinen eigenen Überschuß hervor. Dieser wurde von einzelnen und zunehmend von Kollektiven angeeignet und zu einer 'eigensinnigen' Version devianter Identität umgeformt. Eine der Herkünfte einer 'eigensinnigen' lesbischen Identität ist demnach auch in einer jener modernen Formen kultureller Selbstdeutung – der binären, heterozentrischen Codierung der Geschlechterdifferenz – zu sehen.

Die moderne Codierung der Geschlechterdifferenz

Die Arbeiten von Claudia Honegger (1991) und Thomas Laqueur (1992) geben Aufschluß über die Umwälzungen im Verständnis der Geschlechterdifferenz, in die die wissenschaftliche Kategorisierung „weiblicher Homosexualität" im späten 19. Jahrhundert eingebettet ist. Denn die im letzten Drittel des 19. Jahrhunderts entstehenden medizinischen Theorien zur „Conträrsexualität" konnten bereits auf einen elaborierten Apparat medizinischer, philosophischer, politischer und kultureller Neuinterpretationen des Geschlechtsunterschieds als horizontalem und dennoch hierarchischem Differenzmodell zurückgreifen.

Honegger zeigt, wie im Zeitraum zwischen 1750 und 1850 der Körper dazu benutzt wird, ein vollkommen binäres Konzept des männlich-weiblichen Unterschieds durchzusetzen. Die Betonung des kontradiktorischen Binarismus war das Ergebnis sozialstruktureller Umwälzungen im Leben von Frauen und Männern, die dazu führten, daß die Sicht, Frauen seien entlang einer unendlichen Achse gradueller Unterschiede lediglich die geringere Version von Männern, ersetzt wurde durch ein Konzept, in dem die Beziehung zwischen Männern und Frauen in binären und kontradiktorischen Begriffen festgeschrieben wird. Das Ergebnis dieser Umwälzungen ist das moderne Konzept geschlechtlicher Identität – ein in radikal verschiedenen Körpern begründetes, scharf unterschiedenes männliches und weibliches Selbst. Diese radikale Neuinterpretation des Geschlechterunterschieds deutet Laqueur als den Übergang vom „Ein-Geschlecht-Modell" zum „Zwei-Geschlecht-Modell". Nach Laqueur 'wußte' man über zwei Jahrtausende, daß Frauen im Prinzip die gleichen Genitalien wie Männer haben, mit dem einzigen Unterschied, daß die Genitalien der Frau *innerhalb* statt *außerhalb* des Körpers zu finden seien. In diesem hierarchisch-vertikalen Modell galt die Frau als 'minderwertige' Version des Mannes, was zur Legitimation ihres Ausschlusses von der vollen Teilhabe an öffentlichen Angelegenheiten und politischen Rechten vollkommen ausreichte. Mit der aufklärerischen Konzeption der Gleichheit aller Menschen und ihrer natürlichen Rechte war die Konzeption der Frau als 'minderwertige' Version des Mannes allerdings nicht länger kompatibel. Ihr Ausschluß von der Teilhabe an politischen Rechten bedurfte neuer legitimatorischer Strategien. Darauf reagieren die neuen „naturalistischen" Wissenschaften vom Menschen. Die Interpretation des Geschlechterunterschieds als horizontalem Differenzmodell, die in der These der radikalen Unvergleichlichkeit der Geschlechter gipfelte, wird zur Grundlage der Legitimation des Ausschlusses der Frauen aus den Vorstellungen der im Naturrecht begründeten Gleichheit aller Menschen. Die Rede von der Natur, der die partikularistische Ordnung der Geschlechter scheinbar direkt abgelauscht ist, wird dabei als *tertium comparationis* eingesetzt, um im „szientistisch verbrämten Zirkelschluß die Naturalität der Geschlechterdifferenz neu zu bestimmen und mit positiv-empirischen Wissensbrosamen anzureichern" (Honegger 1991, 3).

Claudia Honegger skizziert den Verlauf des für die kulturelle Moderne entscheidenden Transformationsprozesses der Geschlechtercodierungen als einen Prozeß der zunehmenden *Verwissenschaftlichung* der Differenzdebatte. Diese habe von Anbeginn den Anspruch erhoben, das getreue Abbild der natürlichen Ordnung der Dinge zu sein – und nichts weiter (ebda. IX). Waren zum Ende des 18. Jahrhunderts die kulturellen Systematisierungen der Geschlechter selbst noch im Fluß, ließ sich noch eine Skepsis gegenüber der „Unausweichlichkeit der Natur" feststellen, kurz gab es noch so etwas wie ein „Primat des Politischen", so verschwindet der politische Diskurs über die Rolle der Frau wie zur Differenz der Geschlechter zunehmend zugunsten einer Szientifizierung sozialer und politischer Widersprüche (ebda. 4).

Die sich seit Mitte des 18. Jahrhunderts formierenden sogenannten „Wissenschaften vom Menschen" spielen also im Prozeß der kulturellen Neubestimmung der Geschlechter eine entscheidende Rolle. Als universalistisches Modell zur Erklärung und zum Verständnis 'des' Menschen löste die Natur*tatsache* gleichsam das Natur*recht* ab, galt „nicht mehr die natürliche Gleichheit aller vor dem Tod, sondern die natürliche Ungleichheit einzelner Klassen vor dem Leben", die am (toten) Körper abgelesen wird (ebda. 213/14). Ausgangspunkt für alle diese Deutungen und Erklärungsversuche war die Konzeption des Leibes als

„beseelte Maschine, die die Wahrheit in sich selber trug: die Wahrheit des Geistes, der Moral, der Krankheit, des Geschlechts. Außerhalb gab es keine Wahrheit mehr; das Rätsel Mensch schien ganz in seiner inneren Organisationsgestalt enthalten. Indem man sezierte, betrat man den erhobenen Ort, an dem Metaphysik, Ethik, Sozialtheorie und wahre Wissenschaft von der menschlichen Natur wie in einem Brennspiegel gebündelt waren" (Honegger 1991, 214).

Dies ist der historische Kontext, den die Thematisierung der „weiblichen Conträrsexualität" vorfinden und in den sie sich lückenlos einfügen sollte. Dominierte zuvor die Annahme einer hierarchischen Ähnlichkeit der Geschlechter, so ist jetzt die Sicht einer fundamentalen Differenz vorherrschend. Der Mann ist zum universalen Mensch der Moderne, zum Maßstab geworden, an dem die Frau per Analogie gemessen und für minderwertig befunden wird. Extrem reifizierte, kontradiktorisch aufeinander bezogene binäre Geschlechterkategorien haben den 'Raum' zwischen den Geschlechtern – den Raum, in dem die Geschlechter als lediglich graduell und nicht fundamental unterschieden verstanden wurden – sozial unbewohnbar gemacht, jedoch nicht vernichtet und diesen als Quelle ständiger Unruhe, die „das Andere der Ordnung" (Bauman 1992a) der Geschlechter ist, erst recht erzeugt.

Das 'Wesen' des Menschen sollte fortan aus seiner 'inneren' Verfaßtheit – d.h. seiner anatomischen bzw. somatischen Beschaffenheit – abzulesen sein. Medizin und Humanwissenschaften werden zum neuen Grund einer menschlichen Ontologie und Teleologie und damit zur Basis sozialer Macht. Die von der Medizin als solche identifizierte menschliche Natur wird zum unhintergehbaren Grund. Die 'Wahrheit' der „Conträrsexualität" bzw. der „Homosexualität" mußte also im 'Inneren' der Individuen – wenn schon nicht in ihrer Anatomie so doch in ihrer Seele – zu finden sein. Eingang fand dieses Paradigma auch in das Selbstverständnis homosexueller Emanzipationskämpfer. So schreibt etwa Magnus Hirschfeld:

„Der homosexuelle Mensch darf nicht allein in seiner Sexualität, er muß in seiner gesamten Individualität aufgefaßt und erforscht werden. Seine geschlechtlichen Neigungen und Abneigungen sind nur Symptome, sekundäre Folgeerscheinungen, das Primäre ist seine Psyche und sein Habitus in ihrer Gesamtheit" (Hirschfeld 1899, 4f).

Identität. Eine moderne Technologie des Selbst

„In der zweiten Hälfte des 18. Jahrhunderts betritt *der Mensch* die Thematisierungsbühnen von moderner Kultur, Politik und Wissenschaft – und zwar gleich in der schwierigen Doppelrolle als erkenntnistheoretisches Problembündel und als pathetisch autonomer Identitätsentwurf" (Honegger 1991, 1).

Damit ist eine weitere Koordinate moderner Identitätsentwürfe benannt: Nicht nur gilt es zu erforschen, was oder wer ich bin, dies muß auch als das 'Eigene' angenommen und selbstbewußt vertreten werden. Jeder sich selbst als 'autonom' verstehende Identitätsentwurf in der Moderne muß sich mit dieser Matrix und ihren Formierungsregeln auseinandersetzen, da er ihnen zwangsläufig unterworfen ist; sie stellen die Bedingungen dar, die erfüllt sein müssen, damit etwas in der „Ordnung des Diskurses" erscheinen kann. Jede Selbstbenennung ist demnach immer schon eingebunden in einen Komplex institutionalisierter Reflexion über genau diese Selbstbenennung bzw. präziser: wird innerhalb dieser Reflexion oder innerhalb eines spezifischen Diskurses *hervorgebracht*.

Zygmunt Bauman (1992a) charakterisiert die Moderne als eine Zeit „da Ordnung – der Welt, des menschlichen Ursprungs, des menschlichen Selbst, und der Verbindung aller drei – reflektiert wird" (17). In der Moderne ist alle Existenz kontingent und erst dadurch zum Problem, zu einer Aufgabe geworden; Identität wird zu einem Projekt, an dem ständig gearbeitet werden muß. Im Kontext einer posttraditionalen gesellschaftlichen Ordnung, so auch Anthony Giddens, dehnt sich die Reflexivität der Modernität bis in das Selbst hinein aus. Das Selbst wird zu einem reflexiven Projekt, eine mehr oder weniger kontinuierliche Befragung von Vergangenheit, Gegenwart und Zukunft. Aufgrund spezifischer Merkmale reflexiver Gesellschaften, wie dem offenen und ambivalenten Charakter von Identität oder der reflexiven Natur des Körpers, sei Identität problematisch geworden und müsse deshalb in Auseinandersetzung mit den in einer modernen Gesellschaft zur Verfügung stehenden reflexiven Ressourcen bearbeitet werden (vgl. Giddens 1992, 30). Der Offenheit steht jedoch der Zwang zu Kohärenz und Authentizität, zum *Eins-mit-sich-Sein* kontradiktorisch gegenüber. Gleich, wie ich meine Identität reformuliere, diese Reformulierungen müssen immer noch authentisch sein, das wiedergeben, was ich *wirklich* bin. Dieser Widerspruch muß von Einzelnen und Kollektiven permanent geglättet werden. Identität wird dadurch auf das Niveau des Bewußtseins gehoben, ein Ziel selbstreflexiver Aktivität, ein Objekt simultan auftretender individueller Besorgnis wie institutioneller Dienste.

Philip Gleason (1983) hat auf die Genese des Begriffs Identität in Kontexten der Aufklärung hingewiesen. Der Begriff der Identität, so Gleason, der zuvor lediglich als mathematischer bzw. logischer Begriff Verwendung gefunden hatte, wurde gerade deshalb zum wirkungsvollen Mittel, um die Ähnlichkeit und Einheit der zuvor etablierten Descarteschen Differenz zwischen Körper und Geist denken zu können, weil er die idealisierenden Effekte dieser früheren philosophischen und mathematischen Kontexte mobilisieren konnte. Diese Idealisierung wirkte simultan in zwei Richtungen: Während Geist zum Zeichen transzendentaler, selbstreflexiver Vernunft wurde, diente der Körper dazu, die essentielle und autonome

Einheit des denkenden Wesens zu garantieren und zu naturalisieren. So gründete etwa John Locke Identität – als die dauerhafte Qualität einer Person – auf die dauerhafte, unveränderliche Identität des Körpers.[21] Wie Lockes Definition nahelegt, weckt der Begriff der 'Identität' die Vorstellung *überzeitlicher* Gleichheit menschlicher Differenzierungen gerade dadurch, daß Prozesse der (Selbst-)Transformation *in der Zeit* durch die Vorstellung eines unveränderbaren und höchst idealisierten, immer gleichen Körpers negiert werden.

Diese enthistorisierende Geste organisiert korrespondierend eine Matrix der Intelligibilität und Sichtbarkeit, die den idealtypischen Körper sowohl als die Basis wie die Garantie produziert, um qualitative Unterscheidungen zwischen Menschen treffen zu können. Der Effekt dieser somatischen Idealtypisierung besteht weiterhin darin, die folgende weitreichende und historisch signifikante Schlußfolgerung zu unterstützen: Setzt die Identität einer Person die Gleichheit derer somatischen Differenzierung voraus, dann gilt umgekehrt auch, daß die somatische Differenz 'natürlicherweise' die Identität dieser Person definiert.

Da die soziale Bedeutung, die den somatischen Zeichen der Differenz zugeschrieben wird, die Quelle für so viele der immer noch virulenten Vorstellungen verschiedener menschlicher Typologien ('Rassen', Geschlechter, Sexualität etc.) ist, mag es sinnvoll sein zu fragen, ob die politische Behauptung von Identität nicht notwendigerweise die Reifizierung menschlicher Körper als 'natürliche Invarianten' reiteriert, die diese Typologien sowohl hervorgebracht haben als auch umgekehrt von diesen hervorgebracht wurden.

Auch der westliche politische Diskurs, so C. B. Macpherson (1962), gründet sich auf eine Reihe fundamentaler Annahmen über die Disposition der Körper als dem Ort des Selbst. Der politische Diskurs, so Macpherson weiter, ist umschrieben und begrenzt von einer Tradition des „possessiven Individualismus", d.h. Individuen werden darüber definiert, daß sie die Besitzer ihrer Körper sind, die konsequenterweise Rechte nur haben, insofern sie die Besitzer ihrer selbst sind:

„The individual was seen ... as owner of himself. The relation of ownership, having become for more and more men [sic] the critically important relation determining their actual freedom and actual respect of realizing their full potentialities, was read back into the nature of the individual" (Macpherson 1962, 3).

---

21 Vgl. Locke, John 1892: *Essay Concerning Human Understanding*. London, 462f. Siehe hierzu auch Cohen 1991.

Diese Analyse birgt eine für das hier verfolgte Thema wichtige Schlußfolgerung. Eine Konzeption des Menschen als wesensmäßig in einem Besitzverhältnis mit sich selbst existierend, d.h. wenn sie zugleich konstituiert sind als Besitzer und Besitzende von sich selbst, reproduziert erneut die isomorphe Zergliederung von Geist/Körper, die gerade durch das Konzept der Identität versöhnt werden sollte. Diese dichotome Organisation organisiert eine „Technologie des Selbst", in der und durch die das bürgerliche Individuum dazu kommt, seine Identität als das zu verstehen, was angemessen für es ist, seiner besitzenden Beziehung sich selbst gegenüber entspricht. Da das, was als das Besitztum definiert wurde, der Körper ist, wird die somatische Materialität des Körpers zum unveränderlichen und unveränderbaren menschlichen Grund, auf dem Identität sowohl aufgerichtet wie besessen werden kann. Mehr noch: Insofern der Körper zum angemessenen Ort der Definition menschlicher Individuierung geworden ist, werden seine „somatischen Besitztümer" zunehmend eingesetzt, um die Interpretation sozialer Differenzen als „natürliche" zu legitimieren. „Die Aufwertung des Körpers", schreibt auch Foucault in *Der Wille zum Wissen* „hängt sehr wohl mit der Steigerung und Etablierung der bürgerlichen Vorherrschaft zusammen: aber nicht aufgrund des Tauschwertes, den die Arbeitskraft gewonnen hat, sondern aufgrund des politischen, ökonomischen und auch historischen Repräsentationswertes, den die 'Kultur' seines eigenen Körpers für die Gegenwart und die Zukunft des Bürgertums dargestellt hat. Zum Teil hing seine Herrschaft davon ab; sie war nicht nur eine Angelegenheit von Ökonomie und Ideologie; sie war auch eine 'physische' Angelegenheit" (WW, 150).

Nicht überraschend also koinzidiert die Verbreitung dieses Schemas der somatischen Individuierung als Basis der Organisation und Durchsetzung sozialen Gefälles mit dem von Foucault analysierten Sexualitätsdispositiv sowie der Codierung der Geschlechterdifferenz auf der Basis der weiblichen und männlichen Anatomie.

Resümee

Die Oktroyierung der homosexuellen Differenz erfolgt durch die Einkörperung gleichgeschlechtlichen Begehrens in bestimmten Individuen, die dann, zusammengefaßt in einer eigenen Identitätskategorie, am Rand der hegemonialen Kultur positioniert und den normalisierenden Praktiken des modernen Willens zum Wissen unterstellt werden.

Der moderne Diskurs zur „Conträrsexualität" bzw. „Homosexualität" erfindet insofern zwar nicht die Homosexualität; durch die literarischen, psychiatrischen, psychologischen und politischen Selbst- und Fremderkundungen des 19. Jahrhunderts wird sie jedoch zum ersten paradigmatischen Fall der Verschränkung von Geschlecht und Sexualität als Achsen moderner Identitätsbildung. Identität findet sich fortan als die Wahrheit des Individuums innerhalb dessen Körper: Der Körper ist zum „stummen Diener" (Linda Nicholson) der Identität geworden.[22] Homosexualität wird gleichsam im Leib versenkt, dadurch zum Gegenstand des Wissens der modernen Humanwissenschaften und in die institutionalisierte Reflexivität der Moderne hineingeholt bzw. innerhalb dieser als moderner Identitätsentwurf erzeugt, der dann – in der individuellen und kollektiven Aneignung –, aus dem Leib herausgeholt, zum authentischen Ausdruck dessen geworden ist, was wir immer schon gewesen sind.

Damit wären die historischen Koordinaten benannt, in die die Repräsentationen weiblicher Homosexualität bis zum Wendepunkt durch die Neue Frauenbewegung in den siebziger Jahren des 20. Jahrhunderts eingespannt sind. Im Unterschied zum homosexuellen Mann, für den von Anfang an seine Sexualität die primäre Abweichung vom Kollektiv 'der' Männer darstellt, und der sich folglich um die Minimierung dieser Abweichung bemüht, um die Gleichstellung mit allen Männern zu erlangen; für den sein Geschlecht als das, was ihn per bewiesener Naturtatsache zum 'Besitzer' von Natur- und damit Bürgerrechten machte, kein Anlaß zur Beunruhigung darstellte, sah sich die homosexuelle Frau einem schier undurchdringlich wirkenden Gestrüpp aus sexueller und geschlechtlicher Abweichung gegenüber. 'Die' lesbische Frau sieht sich vor das Paradox gestellt, Zugang zur Öffentlichkeit – Repräsentationsfähigkeit – an zwei Fronten zugleich erkämpfen zu müssen: die männlich dominierte Öffentlichkeit der homosexuellen Bewegung einerseits und die weiblich dominierte Öffentlichkeit der Frauenbewegung andererseits. In beiden ist jeweils ein Aspekt ihrer neuen Identität als „weibliche Homosexuelle" nicht repräsentiert. Die Chance, eine selbstbewußte politische Öffentlichkeit herzustellen, sollte erst mehr als ein halbes Jahrhundert später gegeben sein. Der zu Beginn der siebziger Jahre dieses Jahrhunderts einsetzende feministische Diskurs zu lesbischer Identität sollte die Fragen sexueller Orientierung und Identität vom diskursiven Feld der Natur bzw. Sexualwissenschaft auf das Feld der Politik verschieben. Die Bedeutung lesbischer Identität als sexuelle Veranlagung wurde durch die Idee des „politischen Lesbianismus" radikal in Frage gestellt.

---

22 Spuren davon lassen sich bis in soziologische Theorien verfolgen. Die Rollentheorie etwa behauptet zwar, daß der einzelne verschiedene Rollen ausfülle (Beruf, Elternteil usw.), diese werden jedoch von einem quasi hinter den Rollen stehenden Selbst organisiert. Dieses Selbst ist dann ein Mann oder eine Frau. Letztere sind also keine politischen, sondern natürliche Kategorien, die ihre Begründung in der menschlichen Anatomie, der Psyche o.ä. findet.

Akzeptieren wir allerdings die Erkenntnis, daß die genealogische Koinzidenz zwischen Sexualität, Geschlecht, Identität und Körper Effekt eines modernen Machtregimes ist, wie können wir dann die Konsequenzen einer Politik verstehen, die genau auf dieser Koinzidenz gründet? Mehr noch, insoweit Geschlecht, Sexualität und Identität auf einer Konstellation von Machtrelationen basieren, die versuchen, ihre eigene historische Kontingenz dadurch zu naturalisieren, daß sie sich als fixierte Qualitäten somatischer Differenzierung 'in die Wahrheit bringen', welche Begrenzungen importieren dann die politischen Artikulationen homosexueller Identität unabsichtlich? Wenn Macht im wesentlichen darüber funktioniert, Individuen zu kategorisieren, sie an ihre Identität zu binden, und die 'Wahrheit', sprich: Identität, der Individuen in ihrer Sexualität verortet, so stellt sich die Frage nach der Reichweite und Radikalität politischer Konzepte und Strategien, die genau auf dieser Vorstellung von Identität gründen.

III. Einsätze im Feld der Macht
Zur Kritik lesbischer Identitätspolitik

> „If feminism is set forth as a demystifying force, then it will have to question thoroughly the belief in its own identity."
> Trinh T. Minh-Ha[1]

1. Einleitung

„Tell me, who's that girl ...?" Die Frage, 'wer ist sie?', verrät nicht nur simple Neugier, es ist vielmehr Ausdruck eines komplexen Prozesses, in dem es um die Herstellung von Ordnung geht. Es ist der Wunsch zu klassifizieren und zuzuordnen, der Wunsch, Verhaltenssicherheit zu gewinnen, der den neugierigen Blick motiviert. Es ist der Wille zu wissen, wer sie ist, auf welche Seite der Grenze sie gehört und damit, ob sie zum *wir* dazugehört oder nicht.

Who's that girl? könnte man als das verbindende Motiv lesbischer Identitätspolitik bezeichnen. Denn ein Knotenpunkt lesbischer Diskurse ist die Suche nach einer (end-)gültigen *eigenen* Identität, die der „lesbischen Eigentlichkeit" (Hanna Hacker) Ausdruck verleiht und so klassifikatorisch Klarheit und Ordnung schafft.

Die Frage, *wer* den Namen „Lesbe" zu Recht trägt, ist mithin auch die Frage danach, *was* eine Lesbe ist, und welche politischen, persönlichen und ideologischen Konsequenzen daraus zu ziehen sind. Es sind diese Fragen, die den im- und expliziten Gegenstand zahlloser lesbisch-feministischer Debatten, Kontroversen und Theorien bilden. Oft genug dienen diese Theorien dabei vor allem als Basis zur Kodifizierung und Regulierung 'authentischen' lesbischen Lebens und lesbischer Identität. In diesen Debatten wird darüber entschieden, wer dazu gehört und wer nicht; welche sich den *Button* „Lesbe" ans Revers heften dürfen und welche nicht. Verhandelt werden auch die korrekten politischen Strategien, das korrekte lesbische Verhalten, privat wie öffentlich. Vielerorts ist zwar von den Unterschieden zwischen Lesben die Rede, die es zu beachten gälte, würde von 'den' Lesben gesprochen, und die es schwierig gemacht hätten, überhaupt „von Lesben und lesbischen Bezügen zu sprechen und dabei zu glauben, es gäbe eine Übereinstimmung darin, was gemeint ist" (Janz et.al. 1994, 86f). Dennoch, so die Meinung (nicht nur) dieser Autorinnen, muß davon gesprochen und eine Definition gefunden

---

[1] Trinh T. Minh-Ha 1989: *Woman, Native, Other*. Bloomington, 96.

werden. Denn ohne Definition, sprich: ohne Identität, ohne Namen, gibt es weder ein politisches Subjekt noch Politik bzw. politisches Handeln. Für die politische Auseinandersetzung, so der allgemeine Tenor, ist die Formierung einer Identität unerläßlich.

Das Recht auf ein *wir*, darauf, Sätze „in der ersten Person Plural" bilden zu können (Raymond 1989, 82), d.h. eine kollektiv verbindliche Identität zu bestimmen, wird deshalb auch im lesbisch-feministischen Diskurs als legitimes Recht behandelt. Weshalb in kaum einem Text, gleich welche Thematik er behandelt, die Gelegenheit ausgelassen wird, eine eigene Definition lesbischer Identität bzw. Existenz zu präsentieren.

Von „lesbischer Identität" zu sprechen, ist allerdings, wie wir gesehen haben, ein höchst voraussetzungsvolles und letztlich keineswegs selbstverständliches Unternehmen. Wer immer auch den Begriff „lesbische Identität" in ihrer/seiner Rede führt, vermeint, eine eindeutige Aussage zu treffen: „Lesbianismus ist eine sexuelle Abweichung" oder – liberaler – „eine Variante menschlicher Sexualität". Dagegen steht das feministische Diktum: „Lesben werden primär als Frauen unterdrückt. Wir wollen nicht über Sexualität definiert werden. Es ist eine primär politische Entscheidung bzw. Orientierung." Damit sind einerseits die beiden Horizonte benannt, innerhalb derer der Begriff „lesbisch" strukturiert ist – Geschlecht und Sexualität –, andererseits umreißt es die zweifach geschichtete Problematik, die uns im Folgenden beschäftigen soll: Beide Aussagen treten auf in der Gewißheit, 'wahr' zu sprechen, was die Substanz „lesbischer Identität" angeht. Es scheint demnach mehr als eine Essenz des Lesbischen zu geben. Da es logisch jedoch nur *eine* richtige Essenz geben kann – ansonsten hätte es wenig Sinn, überhaupt auf 'wahre' Essenzen zu rekurrieren, – müssen die 'Wahrheit Sprechenden' ihre Wahrheitsansprüche etablieren und legitimieren. Damit rückt der 'moderne Zwilling' von Wahrheit in den Blick: Macht. Denn um erfolgreich die eigene Wahrheit postulieren zu können, so meine These, muß sich der Anspruch auf Wahrheit mit Macht verbinden: Wahr ist, was sich durchsetzt. Und was sich durchsetzt, ist wahr.

Betrachtet man dies als ein *semiotisches* Problem, so stellt sich zunächst die Frage nach dem Verhältnis von Zeichen und Bezeichnetem, d.h. die Beziehung zwischen dem Zeichen „Lesbe" und dem, was damit bezeichnet wird. Mit anderen Worten, gefragt werden muß nach dem Entstehungsprozeß einer *Repräsentation*: Wie kommt es, daß ein bestimmter Signifikant innerhalb der Signifikantenkette hegemonial wird? Wenn dieser Prozeß immer ein Prozeß des *Verkennens* ist, d.h. die willkürliche Unterbrechung der Signifikantenkette auf *eine* feste Bedeutung umfaßt, die dann von einem Subjekt womöglich für natürlich und unvermeidbar gehalten wird, ist das zweite Problem politischer Natur. Denn in dem Anspruch, 'wahr' zu sprechen, wird der strategische oder legitimatorische Charakter der Wahrheitsansprüche negiert, der Nexus von Macht und Wissen ignoriert.

Thema des dritten Kapitels ist die diskursanalytische Untersuchung des lesbischen bzw. lesbisch-feministischen Diskurses[2], insbesondere im Hinblick auf die Identitätsvorstellungen, die in diesem Diskurs zum Tragen kommen. Es geht mir dabei nicht um eine 'vollständige' Geschichte 'der' Lesben- bzw. Frauenbewegung, mit anderen Worten, um eine Geschichte, die 'akkurat' oder 'wahrheitsgemäß' wäre – denn *jede* Rekonstruktion ist immer schon *interessierte* Geschichte, motiviert von aktuellen politischen Erfordernissen –, sondern um die Dekonstruktion bestimmter rhetorischer Figuren und deren Effekte für das Politische. Ich werde zeigen, daß der Rekurs auf essentialisierende Strategien[3], die vor allem im radikalfeministischen Lesbianismus von Bedeutung sind, d.h. Strategien, in denen die Verbindung zwischen dem Signifikanten „Lesbe" und den möglichen Signifikaten (die Bedeutungen lesbischer Identität) nicht als arbiträre, sondern als essentielle (und damit notwendige, weil scheinbar einzig mögliche) Verbindung behandelt wird, den Versuch der Stillstellung des Politischen impliziert. Das radikal instituierende Moment des Politischen, genauer: die Tatsache, daß Identitäten (und

---

2   An dieser Stelle sei eine Bemerkung zur Schwierigkeit begrifflich-kategorialer Klarheit erlaubt. Die Begriffe lesbisch und lesbisch-feministisch werden von mir teilweise austauschbar gebraucht. Das von mir analysierte Material ist vor allem dem lesbisch-feministischen Diskurs zuzuordnen, dennoch sind die Grenzen hier fließend. Es finden sich auch „lesbische" Positionen, die sich kritisch vom Feminismus absetzen und insofern in einem strikteren Sinne als „lesbische" Positionen zu verstehen wären. Andererseits gibt es feministische Lesben, die wiederum diesen Positionen absprächen, authentisch „lesbisch" zu sein. Die Paradoxie des Versuchs eindeutiger Grenzziehungen setzt sich somit bis in meine Verwendungsweisen fort.
3   Unter dem Etikett Essentialismus firmieren in der sozial- und kulturwissenschaftlichen Diskussion recht heterogene und oftmals sehr vage Konzepte und Ideen. Oft genug ist damit vor allem der Vorwurf intendiert, Sozialität würde auf 'Natur' oder 'Biologie' zurückgeführt, wie etwa in der aktuellen feministischen Diskussion um die sogenannte *sex/gender*-Differenz. Unter dem Stichwort *Essenz* findet sich in Wahrigs Deutschem Wörterbuch von 1986 der Verweis auf den Eintrag *Wesen*. Wesen wird definiert als das *Sosein der Dinge* – Form –, *im Unterschied zum bloßen Dasein* – Materie. Diese Unterscheidung geht zurück auf Aristoteles' *Metaphysik*, in der er zwischen Form und Materie unterscheidet, wobei ersteres essentiell für die Dinge ist, während Materie akzidentiell ist. Form und Materie sind analytisch unterscheidbare Kategorien. Essenz ist mithin das, wodurch die Dinge voneinander unterschieden werden können, und was sie unterscheidbar macht: ihre Form. Es scheint klar, daß diese Essenz, die John Locke auch als *nominelle* Essenz bezeichnet hat (im Unterschied zur realen, die letztlich unbekannt bleiben muß), nicht das Problem sein kann und auch, daß wenige, die als EssentialistInnen bezeichnet werden, tatsächlich von einem metaphysisch begründeten, ahistorischen Wesen der Dinge ausgehen. Wenn ich im folgenden von essentialisierenden Strategien spreche, dann meine ich damit, daß tendenziell die Aristotelische Dichotomie von Form und Materie organisiert sind und diese analytische Unterscheidung als eine behandeln, die auch empirisch – sei es durch Erfahrung oder politisches Bewußtsein – aufhebbar sei. Mit anderen Worten, es wird davon ausgegangen, das *Sosein* von Identität könne abgestreift werden und darunter käme das *bloße Dasein*, das Ding selbst, zum Vorschein, dem man dann eine neue Form, eine neue 'wahre' Identität, überstreifen könne.

damit die Kollektive, die sie benennen) politisch instituiert werden und deshalb immer prekär, weil niemals gegen Subversion abschließbar sind, wird negiert. Das ist der Umschlag von Geschichte in Mythologie: An die Stelle von Politik, als dem „Zusammen- und Miteinander-Sein der *Verschiedenen*" (WP, 9), tritt die Idee einer zwar schwer zu definierenden, dafür umso exklusiveren *Identitätsgemeinschaft*, die die Geschichte ihrer Konstruktion getilgt hat.[4]

Daß auch der politisch codierte, radikalfeministische Lesbianismus, der seine politisch und moralisch autoritären Untertöne kaum verhehlen kann, das Feld der Macht nicht verläßt, soll uns daher im Folgenden beschäftigen. Der strategisch gemeinte Einsatz von Identitäten produziert totalisierende Effekte, die niemals vollständig kontrolliert werden können und die die proklamierten emanzipatorischen oder gar revolutionären Intentionen in jedem Fall überdeterminieren.

Meine Ausgangsüberlegung ist mithin ebenso einfach wie folgenreich: Wo ein Entwurf lesbischer Identität an „die Stelle des Wirklichen" (Butler) gesetzt wird, um damit dessen kulturelle Hegemonie zu festigen und auszudehnen, werden davon abweichende Entwürfe ausgeschlossen und tendenziell unmöglich gemacht. Der öffentliche Raum der Politik, „dessen Wirklichkeit", so Hannah Arendt, nur „aus der gleichzeitigen Anwesenheit zahlloser Aspekte und Perspektiven, in denen ein Gemeinsames sich präsentiert, und für die es doch keinen gemeinsamen Maßstab und keinen Generalnenner je geben kann," entsteht, wird dadurch zerstört.

2. Essentielle Ambivalenzen?

Der Versuch der Stillstellung der instituierenden Dimension des Politischen findet sich noch in den Argumentationen, die zwar den *strategischen* Charakter essentieller Identitätsentwürfe behaupten, dennoch die Idee einer abgeschlossenen 'Natur' eines Identitätsentwurfs nicht aufgeben. Dieser Prozeß kann als ideologischer Prozeß verstanden werden, insofern man Ideologie, wie es Terry Eagleton vorgeschlagen hat, als „Wirkungskomplex innerhalb von Diskursen, bei denen es um Effekte der Schließung geht", versteht (vgl. Eagleton 1993, 224). D.h. durch den stillschweigenden Ausschluß gewisser Formen dessen, was „lesbisch" bedeuten könnte, werden Effekte der Schlie-

---

[4] Bedanken möchte ich mich an dieser Stelle bei Jacob K. Langford, deren künstlerische und theoretische Arbeit mir eindringlich gezeigt hat, wie Geschichte in Mythologie umschlägt.

ßung produziert und gewisse Signifikanten in einer beherrschenden Stellung fixiert werden: Eine bestimmte Bedeutung wird in das Zeichen eingeschrieben und konserviert, was das Feld möglicher Selbstentwürfe strukturiert und letzlich begrenzt.

Dazu Ausschnitte aus einer Positionsbestimmung ,lesbischen Feminismus':

„Und denen, die sagen, wie wir es wagen können, [lesbischen, S.H.] Feminismus zu definieren, entgegne ich – *wenn wir nicht definieren, was Feminismus bedeutet, was bedeutet denn dann Feminismus?*" (Raymond 1989, 83, Hervorhebung S.H.)

Raymonds Formulierung legt nahe, daß nur „wir", diejenigen also, für die sie spricht, die sie – dem im ersten Kapitel entwickelten Verständnis von Repräsentation als dem Zugleich von Delegation und Darstellung folgend – vertritt und zugleich darstellt, definieren können, was lesbischer Feminismus ist. Das bedeutet auch, daß es letzlich nur *eine* Definition von Feminismus gibt: nämlich die, wie „wir" ihn definieren. Raymond erkennt zwar implizit den frei flottierenden Charakter des Signifikanten „lesbischer Feminismus" an:

„Sie [die Bewegung lesbischer Feminismus, S.H.] stellte sogar die Definition von Feminismus selbst in Frage, wo er sich als die Gleichheit von Frauen mit Männern verstand" (ebda., 79).

Anders gesagt, Raymond als Sprecherin 'des' lesbischen Feminismus tritt in den „Kampf um Bedeutung", in die Auseinandersetzung um das, was der Signifikant bezeichnen könnte, ein, und akzeptiert insofern, daß die Identität ,lesbischen Feminismus' relational und gerade nicht absolut abgeschlossen ist – ansonsten bestünde für Raymond überhaupt nicht die Notwendigkeit, ihre Definition zu verteidigen. Dennoch versucht sie eine Schließung des Feldes dessen, was Lesbianismus bedeuten könnte und nimmt dabei auch eine Grenzziehung vor, wer in diese Definition eingeschlossen ist. Gemäß ihrer eigenen *vision du division du monde*, kartographiert Raymond den sozialen Raum neu:

„Stattdessen realisierte sie [die Bewegung] eine Vision der Gleichheit von Frauen mit ihrem Selbst. *Sie definiert Gleichheit als das Gleichsein mit Frauen*, die sich für Frauen einsetzen, jenen, die für die Freiheit von Frauen leben, und jenen, die dafür gestorben sind; jenen, die für Frauen kämpfen und durch die Stärke von Frauen überleben; jenen, die Frauen lieben und die erkennen, daß ohne das

Bewußtsein und die Überzeugung, daß Frauen in ihrem Leben an erster Stelle stehen, alles andere schief in den Blick kommt" (ebda., Hervorhebung S.H.).[5]

Zwar reklamiert Raymond, mit ihrer Darstellung eine Bewegung zu repräsentieren, die „im Interesse aller Frauen" (ebda.) gearbeitet habe; die Grenze aber, *welche* Frauen zu dieser Bewegung gehören, ist wortreich und strikt gezogen. Raymonds Manifest kann folglich als Versuch gelesen werden, eine unter potentiell vielen möglichen Positionen zu hegemonialisieren. Sie benutzt dafür ein stark affektiv aufgeladenes rhetorisches Arsenal – 'für die Freiheit von Frauen leben und sterben' – und reduziert Politik im folgenden dann auf Besitzstandswahrung und Grenzverteidigung:

„Und die, die denken, daß es [lesbische Erotica, S.H.] in der Privatsphäre ihrer Schlafzimmer, wo sie es genießen, wo sie – insbesondere sexuell – darauf abfahren, akzeptierbar ist, *sind keine lesbischen Feministinnen*" (ebda., 83, Hervorhebung S.H.).

Raymonds Manifest ist ein Beispiel für den Versuch, den Fluß der Differenzen dauerhaft aufzuhalten, um sich als sedimentierte Praktik zu institutionalisieren und ein Zentrum zu konstruieren. Damit ist umschrieben, was bereits im ersten Kapitel als eine der Paradoxien lesbischer Identitätspolitik theoretisch entwickelt wurde: Politisch selbstbewußte „lesbische Identitäten" entstehen zwar aus dem Impuls des Einspruchs gegen soziale Repression und Marginalisierung bzw. gegen die Ablagerungen einer pathologischen Codierung lesbischen Begehrens und Lebens; im Anspruch, „lesbische Identität" verbindlich und bindend für andere definieren zu wollen und zu können, schlägt das Motiv, „nicht dermaßen regiert zu werden" (WK, 12), allerdings um in eine – wenn man so will – feministische Version der von Foucault als *Pastoralmacht* bezeichneten Machtform. So ist Raymonds Manifest über weite Strecken von einer Predigt kaum zu unterscheiden, in der sie dazu anhält, zu den 'wahren' Wurzeln des lesbischen Feminismus zurückzukehren, wozu ja bereits der Titel auffordert: „Zurück zur Politisierung des Lesbianismus". Oder an anderer Stelle:

„Als lesbische Feministinnen fühlen und handeln wir im Interesse von Frauen als Frauen [...] Lesbischer Feminismus ist eine Lebensart, eine Art, für unser tiefstes Selbst und andere Frauen zu leben" (Raymond 1989, 83).

---

5 Auf die Implikationen der tautologischen Motive (Gleichheit als das Gleichsein mit Frauen) im lesbisch-feministischen Diskurs gehe ich im Abschnitt III. 5 genauer ein.

Sorge wird von Raymond nicht nur dafür getragen, was politisch getan wird, sondern auch für das, was und wie gedacht, gefühlt, und wer wie begehrt werden darf:

„ ... möchte ich einige der allgemein anerkannten Werte des lesbischen Feminismus betonen, die uns erlauben, wieder *wir* zu sagen. Als lesbische Feministinnen haben wir ein klares und präsentes Bewußtsein, daß die 'boys' und auch einige 'girls' uns nicht mögen werden, und daß wir uns wohl auch einigen Ärger einhandeln werden. Als lesbische Feministinnen sind wir radikal anders, als die Hetero-Gesellschaft uns haben will. Es ist ... ein echter Unterschied. Zum Beispiel ist lesbische Sexualität *anders*, da sie auf dem lesbischen Vorstellungsvermögen beruht. Es ist nicht dieselbe alte Sexualität, der sich Frauen in der Hetero-Realität unterwerfen müssen. Es ist nicht Pornographie, nicht 'butch' und 'femme', und es ist nicht Fesselung und Herrschaft" (ebda., 82f; Hervorhebung im Original).

Eine wichtige Aufgabe lesbischer Feministinnen, das zumindest legen Janice Raymonds Ausführungen nahe, ist also die „pastorale Sorge" (Foucault), die Aufgabe, sich um jedes einzelne Mitglied in seinen innersten und individuellsten Regungen zu sorgen und es dazu anzuhalten, darüber auch ein Geständnis abzulegen.[6] Die politische Problemstellung aber, daran erinnert Foucault, ist die der Relation zwischen den Einzelnen und den Vielen im Rahmen der BürgerInnengemeinschaft und nicht das individuelle Leben der Einzelnen (vgl. PPC, 67).

Wenn aber die politische Anforderung genau darin besteht, Fixierungen zu ermöglichen – ansonsten wäre das Fließen der Differenzen unmöglich, da gerade, um sich zu unterscheiden, um fixierte Bedeutungen immer wieder aufzubrechen, es *eine* Bedeutung geben muß –, ist die politisch entscheidende Frage, wie Bedeutung festgestellt werden kann, ohne die Differenz dauerhaft stillzulegen bzw. die Kontingenz einer fixierten Bedeutung zu negieren. Mehr noch: Wenn es nicht darum geht, Identitäten 'aufzulösen' oder 'abzuschaffen' – da dies ja auch, wie wir gesehen haben, die Tilgung von Differenz einschließen würde –, der Charakter sozialer Identitäten aber dennoch offen und unvollständig ist, ist zu fragen, wie soziale Identitäten in einem demokra-

---

6 Nach Treusch-Dieter sind dabei zwei Machtmechanismen im Spiel: einer, der auf die Bejahung per Diskursivierung zielt; ein zweiter, der die Verneinung induziert – eine Verneinung, deren Effekt zugleich Verdrängung und die Bejahung ihrer Befreiung ist (vgl. Treusch-Dieter 1990a, 130). Die Durchsetzung der neuen Norm „Lesbianismus" in der Frauenbewegung analysiert Treusch-Dieter ebenfalls nach dem Muster der „Predigt". Sie schreibt: „Es war eine Predigt mit allen, was dazugehört: mit Dogma, Konversion, Bekenntnis, Abschwörung, Botschaft und Heil, mit den Trägerinnen der Heils-Botschaft, den Vollkommenen, denen die Unvollkommenen, Unzulänglichen, die zu Kontrollierenden, schwach im Glauben Seienden und schließlich Verdammten gegenüberstehen" (Treusch-Dieter 1990b, 155).

tischen Horizont artikuliert werden können. Wenn jede Position, wie Stuart Hall schreibt, strategisch und arbiträr ist, insofern es keine permanente Äquivalenz zwischen dem partikularen Satz, den wir schließen, und seiner 'wahren' Bedeutung als solcher gibt, wenn sich Bedeutung kontinuierlich über die vorgenommene arbiträre Schließung hinaus entfaltet – was ja Bedingung der Möglichkeit jeglicher Schließung überhaupt ist –, dann ist jede Position immer schon entweder über- oder unterbestimmt – entweder ein Überschuß oder ein *supplement*. Es gibt immer etwas, das übrig bleibt, ein 'left over' (vgl. Hall 1989, 74). Die Frage ist mithin nicht, ob wir 'für' oder 'gegen' Identitäten sind – zweifellos stellt sich diese Alternative nicht –, sondern in welcher Art und Weise das *left over* ins Spiel gebracht werden kann, um die *Logik* des 'Identitätsspiels' zu verwirren. Wenn es einen politischen Imperativ gibt, den *error of identity* (Spivak) zu begehen, d.h. eine politisch diskriminierte und hegemonalisierte Gruppe zu mobilisieren und zu repräsentieren – und ohne Zweifel existiert dieser Imperativ! – und dies immer den Fehler des *Verkennens*, anders gesagt: die Unvermeidlichkeit essentialisierender Argumentationen einschließt, bleibt die Frage, *wie* wir Identitäten benutzen. „Wenn es stimmt", argumentiert Judith Butler, „daß 'Lesben' und 'schwule Männer' traditionell als unmögliche Identitäten, als Klassifikationsfehler, als unnatürliche Katastrophen innerhalb juridisch-medizinischer Diskurse, oder, was auf das gleiche hinausläuft, genau das Paradigma dessen sind, was klassifiziert, reguliert und kontrolliert werden muß, dann sind es womöglich gerade diese Schauplätze der Störung, des Fehlers, der Verwirrung und der Beunruhigung *(trouble)*, die Ausgangspunkte des Widerstandes gegen genau diese Formen der Klassifikation und gegen Identität als solche sein könnten" (Butler 1991a, 16; Übersetzung S.H.).

Es sei an dieser Stelle noch einmal an meine Ausgangsfrage erinnert: Wie kann im Namen der Legitimierung einer sozial aufgezwungenen Differenz gesprochen werden, ohne dadurch die historisch spezifischen Mechanismen disziplinierender Differenzierung erneut zu stabilisieren? Was sind die politischen Einsätze, die bei dem Versuch auf dem Spiel stehen, eine Identitätskategorie – zugleich Instrument regulativer Regime der Normalisierung *und* persönlich, sozial und politisch (potentieller) Ort des Einspruchs gegen die vielfältigen Formen von Normalisierung – zu reartikulieren? Ausgangspunkt der folgenden Genealogie lesbischer Identitätspolitik ist die These, daß jedes Unternehmen, die Identitätskategorie „lesbisch" abschließend zu definieren, zwangsläufig eine Zersplitterung derjenigen Gruppe oder Bewegung hervorrufen wird, die durch diesen Namen nicht nur aufgerufen, sondern allererst konstituiert wurde. Denn jede Identität konstituiert sich auch durch das, was aus ihr ausgeschlossen wird. Jede Konstruktion eines *wir* ist nur möglich durch die gleichzeitige Definition eines *ihr*, durch eine Grenzziehung. Es wird deshalb immer ein „konstitutives Außen" (Jacques Derrida) geben, daß paradoxerweise die Möglichkeitsbedingung der Konstitution der Identität eines Kollektivs ist. Die politische Aufgabe besteht dann darin, Formen zu finden, wie die Grenzziehungen reflektiert und dynamisiert werden können. Wenn Identitäten, wie ja im ersten Kapitel bereits deutlich geworden, keinesfalls *simpliciter* gegebene soziale Tatsachen sind, sondern ständig umkämpfte Schauplätze, auf denen Kämpfe um die Positionierung in Geschichte, um Grenzziehungen zwischen *wir-* und *ihr-*Gruppen und um die Macht, die soziale Welt in den eigenen Begriffen definieren zu können, stattfinden, dann scheint es aus einer soziologischen Perspektive sinnvoll zu sein, kollektive Identitäten nicht als Ausdruck substantiell gegebener Unterschiede zu begreifen, sondern gerade diejenigen Prozesse in den Blick zu nehmen, in denen und durch die Identitäten konstruiert werden. Und weiter: Wenn diese Prozesse notwendigerweise immer auch Machtprozesse sind, ermöglicht eine solche Perspektive auch die Untersuchung von Machtrelationen *innerhalb* von Identitäts-Bewegungen. Denn Macht, darauf hat Foucault aufmerksam gemacht, ist nicht etwas, das gleichsam wie ein Gut besessen werden kann, sondern ein komplexes Netz von Relationen, das in allen gesellschaftlichen Sphären – so auch in Identitäts-Bewegungen – zirkuliert. Die Geschichte „lesbischen Feminismus" bzw. von „Lesbianismus" kann dementsprechend als eine Serie von Kämpfen um das Zeichen gelesen werden: Verschiedene Akteure und Akteurinnen versuchen jeweils partielle Artikulationen des Zeichens „Lesbe" bzw. „Lesbianismus", in denen bestimmte Elemente aus dem diskursiven Reservoir (z.B. Repräsentationen von Geschlecht und Sexualität) kontingent miteinander verbunden, d.h. zu Momenten einer „diskursiven Formation" (Michel Pêcheux) werden. Durch die Tilgung der Partikularität der eigenen Artikulationen in diesem „Klassenkampf in der Sprache" (Stuart Hall) werden jedoch nicht nur Machtverhältnisse in Frage gestellt, es werden ebenso neue Machtrelationen konstruiert.

Bevor in den folgenden Abschnitten die diskursiven Kämpfe um das Zeichen „Lesbianismus" analysiert werden, zwei weitere Randbemerkungen zu den Bedingungen der Möglichkeit eines 'selbstbewußten' lesbischen Sprechens: Voraussetzung eines eigenmächtigen lesbischen Diskurses sind, wie im zweiten Kapitel deutlich geworden, die Diskurse der modernen Recodierung der Geschlechterdifferenz, die Diskursivierung der Sexualität und die Organisation von Geschlecht und Sexualität – mit dem Körper als „stummem Diener" (Linda Nicholson) – im Modus der Identität. Um hörbar sprechen zu können, müssen lesbische Frauen sich paradoxerweise in den hegemonialen Termini von Geschlecht und Sexualität, die in sich aber Produkte des modernen Willens zum Wissen sind, artikulieren. Das ist die Bedingung, die erfüllt sein muß, um in der „Ordnung des Diskurses" erscheinen zu können. Diese Diskurse haben Lesben aber bereits marginalisiert bzw. als deviante Subjekte positioniert. Bedingung lesbischer Sichtbarkeit ist mithin gerade die Fixierung am Rand; der Anspruch sichtbar zu sein, bestätigt somit womöglich eher die hegemoniale Dichotomie von heterosexuellem Zentrum und homosexueller Peripherie, als sie wirkungsvoll in Frage zu stellen.

Zur Debatte steht damit nicht die Frage, ob der lesbisch-feministische Diskurs ein ideologischer ist, ob er 'wahr' oder 'falsch' ist, sondern ob er in seinem Versuch der Kritik am Zentrum (Patriarchat, Heterosexualität) tatsächlich in der Lage ist, das Zentrum erfolgreich zu dezentrieren oder nicht vielmehr die hegemoniale Strategie wiederholt und dadurch die Institution Heterosexualität erneut im Zentrum festschreibt.

Mehr noch: Wenn Unterdrückung nicht einfach nach dem Muster funktioniert, einige auf der Basis einer *gegebenen* Identität zu benachteiligen und zu diskriminieren, sondern gerade Identitäten selbst zu kreieren bzw. zu verweigern, ist die entscheidende Frage dann nicht, ob und wenn ja wie eine Identität reklamiert werden kann, die in der Matrix der Intelligibilität nicht existiert? Die beständig geäußerte Forderung lesbischer Frauen nach 'mehr Sichtbarkeit' könnte in diesem Sinne verstanden werden als Spur, die genau darauf verweist, daß Lesben nur in der „Domäne des Undenkbaren und Unbenennbaren" als *abjected beings* existieren (vgl. Butler 1991a, 20). Das wäre eine Erklärung dafür, warum Lesben selten explizit juristisch diskriminiert wurden (im Unterschied zu schwulen Männern), da sie nicht einmal in der Matrix der Intelligibilität, die das Reale und das Benennbare reguliert, vertreten sind (vgl. ebda.). Wie können Lesben sich dann innerhalb eines politischen Diskurses artikulieren, wenn sie in diesem nicht existieren?

3. Kämpfe um das Zeichen

Von zentraler Bedeutung für die Reartikulation von „Lesbianismus" ist das, was Volosinov die „soziale Multi-Akzentualität des Zeichens" nannte. Jedes Wort, so Volosinov, ist „eine kleine Arena, in der sich verschiedengerichtete soziale Akzente überschneiden und bekämpfen". Jegliches Zeichen, so Volosinov weiter, hat zwei Gesichter: Ein Schimpfwort etwa kann auch ein Begriff des Stolzes werden. Die „innere dialektische Qualität des Zeichens" wird allerdings nur in Zeiten sozialer Krisen oder revolutionärer Veränderungen sichtbar (vgl. Volosinov 1975, 94ff).

Die Recodierung des Signifikats „Lesbe" von 'pathologisch' in 'politisch' demonstriert die „Multi-Akzentualität" des Zeichens. Indem Feministinnen lesbische Existenz als politische Wahl begriffen, verschoben sie die Fragen sexueller Orientierung und Identität vom diskursiven Feld der Natur- bzw. Sexualwissenschaft auf das der Politik. Die Bedeutung lesbischer Existenz als sexuelle Veranlagung, die Anfang der siebziger Jahre öffentliche Meinung sowie Sexualforschung dominierte und sich politisch als Forderung nach Minderheitenschutz artikulierte[7], wurde durch die Idee des „politischen Lesbianismus" radikal in Frage gestellt. Diese politische Codierung „lesbischer Identität" in den siebziger Jahren – folgt man der Überlegung Volosinovs, nach der die dialektische Qualität des Zeichens nur in Zeiten sozialer Krisen oder revolutionärer Veränderungen sichtbar werden kann – war vor allem das Resultat der Verschiebungen und Veränderungen im klassisch modernen Geschlechtergefüge sowie des sich verändernden Umgangs mit Sexualität. Im Kontext des Neuen Feminismus erlebte das Schimpfwort „Lesbe" eine Neubewertung als Kampfbegriff gegen normierte Weiblichkeitsbilder, die etablierte Geschlechtsrollenverteilung und reduzierte Sexualitätsvorstellungen. Als Anti-Begriff verdeutlichte der Begriff „Lesbe", daß Heterosexualität eine Zwangskategorie und im Interesse aller Frauen veränderungsbedürftig sei. Gleichzeitig diente der Begriff in der Frauenbewegung als Identitätskategorie mit mobilisierender, aber auch grenzziehender Wirkung. Je stärker also die geschlechtlichen und sexuellen sozialen Arrangements in Frage gestellt wurden und je weniger die sedimentierten sozialen Praktiken in der Lage waren, ihre Reproduktion sicherzustellen, umso dringender wurden Akte politischer Intervention und Identifikation. Das führte zu einer Politisierung und damit Öffnung geschlechtlicher und sexueller Identitäten.

Die Erkenntnis, daß Identitäten Effekte artikulatorischer Praxen sind, zeigt sich mithin in solchen diskursiven Verschiebungen. Letztlich versäumten es lesbische Feministinnen jedoch, den artikulierten und damit begrenzten Charakter der eigenen kollektiven Selbstkonzepte anzuerkennen.

Dazu werde ich zwei zeitlich weit auseinanderliegende Positionsbestimmungen lesbischer Identität analysieren. In beiden Manifesten wird das Zeichen „Lesbianismus" neu artikuliert. Der Bedeutungskampf dreht sich vordergründig nicht um den Begriff selbst, denn er gehört in das Vokabular beider Gruppierungen. In Frage steht demnach nicht, ob es überhaupt möglich ist, ihn zu verwenden. Gekämpft wird vielmehr um die *semantische Flexion*, die dem Wort gegeben werden kann – und damit um die Zugehörigkeit des Begriffs in die eine oder die andere „diskursive Formation". Schließlich wird darum gekämpft, wer die legitimen Trägerinnen des Begriffs sind.

Der erste Auszug entstammt einem Text, der als das Gründungsmanifest des „politischen Lesbianismus" angesehen werden kann. Verfaßt wurde es von den *Radicalesbians,* einer us-amerikanischen feministischen Grup-

---

[7] Vgl. hierzu z.B. Schäfer 1971. Schäfer versuchte, weibliche Homosexualität zu entpathologisieren, beharrte jedoch auf der Vorstellung einer unverschuldeten angeborenen sexuellen Veranlagung als Begründung für ihre Forderung nach Toleranz gegenüber 'sexuell anders Lebenden'. Für eine ausführliche Analyse der Schriften von Schäfer vgl. Hark 1992b.

pierung, anläßlich der sogenannten *Lavender Menace*-Aktion in New York während des zweiten *Congress to Unite Women* im Mai 1970.[8] Das Manifest entstand im Rahmen vielfältiger politischer Aktionen, die zum Ziel hatten, Lesbianismus zu einem Anliegen der feministischen Bewegung zu machen. Die deutsche Übersetzung erschien erstmals in der ersten Nummer des *Frauen Offensive Journals* Dezember 1974. Wieder abgedruckt wurde es 1975 in der Textsammlung *Frauenliebe*, herausgegeben vom *Lesbischen Aktionszentrum Westberlin*.

Der zweite Text ist ein Auszug aus einem 1990 in Frankfurt am Main verfaßten Positionspapiers zur Gründung eines lesbisch-schwulen Kulturhauses, das sich explizit gegen die Kooperation mit Feministinnen wendet. Zwischen diesen beiden Positionsbestimmungen lesbischer Identität liegen, wie gesagt, rund zwanzig Jahre lesbenbewegter Praxis und Reflexion. Es geht also nicht darum, daß die beiden Positionen unmittelbar miteinander konkurrieren. Wendet sich die erste Position gegen die nicht konkret benannte Tradition homophober Fremdbeschreibungen, so setzt sich das Frankfurter Papier allerdings sehr wohl mit einer lesbischen Selbstbeschreibung – dem feministischen Entwurf lesbischer Identität, wie er in dem Papier der *Radicalesbians* entworfen wurde – auseinander:

---

8 Dieser Gruppe gehörte federführend Rita Mae Brown an. Für die Geschichte der Gruppe *Radicalesbians* vgl. Echols 1989, 210-220.

Radicalesbians: Frauen, die sich mit Frauen identifizieren:	Positionspapier zum Lesbisch-Schwulen Kulturhaus Frankfurt:
„Der Selbsthaß ... entfremdet die Frau von ihrem Selbst .... Sie versucht dem zu entfliehen, indem sie sich mit ihrem Unterdrücker identifiziert, durch ihn lebt, und ihren Status und ihre Identität über sein Ego, seine Macht ... bezieht. [...] Nur Frauen können einander ein neues Gefühl ihrer selbst geben. Diese Identität müssen wir mit Bezug auf uns und *nicht in Hinsicht auf die Männer* entwickeln. Dieses Bewußtsein ist eine revolutionäre Kraft, aus der alles andere folgen wird, denn unsere Revolution ist eine organische Revolution [...] Zusammen müssen wir unser *authentisches Selbst finden*, es bestärken und ihm Gültigkeit verschaffen. [...] Wir fangen an, von uns selbst auszugehen und finden unser Zentrum in uns selbst. Das Gefühl der Entfremdung, des Abgeschnittenseins, hinter einem verschlossenen Fenster zu stehen, der Unfähigkeit, das zu verwirklichen, was, wie wir wissen, in unserem Inneren ist, läßt nach. Wir fühlen ein Wirklich-Sein, fühlen, daß wir endlich mit uns im Einklang stehen. Mit diesem wirklichen Selbst, diesem Bewußtsein beginnen wir eine Revolution, *um allen aufgezwungenen Identifikationen ein Ende zu machen und ein Maximum an menschlicher Selbstverwirklichung zu erreichen.*"	„Wir sind nicht mehr bereit, noch länger darauf zu warten, daß uns in einem Frauenprojekt oder Frauenkulturhaus adäquater Raum zugesagt wird ... *In der Zusammenarbeit mit den Schwulen* haben wir erfahren, daß es möglich ist, die gesamte Energie auf die Sache zu konzentrieren, da wir gleichen oder ähnlichen Repressalien ausgesetzt sind. ... 'Lesbisch-Sein' geht doch nicht im Feminismus auf. Die Erfahrung von Lesben zeigt, daß ihre Bedürfnisse, ihre Erfahrungen und ihre spezifischen Repressionen nicht sichtbar sind in feministischer Theorie und Praxis. Lesbische Frauen werden auf besondere Art und Weise diskriminiert, pathologisiert und stigmatisiert, d.h. aufgrund unserer sexuellen Orientierung werden wir zutiefst abgelehnt und *tragen ein tendenziell auszurottendes Merkmal in uns*. Und hier sehen wir die gemeinsame Ebene in der Zusammenarbeit mit den schwulen Männern. ... Wir streben deshalb die räumliche und ideologische Distanz [vom Feminismus, S.H.] an, um über die *Betonung unserer Andersartigkeit uns gegen die negativen Auswirkungen der gesellschaftlichen Stigmatisierung zu immunisieren*. So haben wir die Chance, *unsere so notwendige eigenständige Kultur und Tradition zu entwickeln, zu suchen und zu finden.*"
(In: *Frauenliebe* 1975 [engl. 1970], 13-18, Hervorhebung S.H.)	(ca. 1990, zitiert nach Gutheil 1994, 79f, Hervorhebung S.H.)

Obwohl inhaltlich in den beiden Manifesten offensichtlich konträre Positionen vertreten werden, sind die Analogien auf der Ebene, wie die jeweilige Argumentation entfaltet wird, nicht zu übersehen. Beide Manifeste operieren mit den gleichen rhetorischen Mitteln der Adressierung bzw. Nicht-Adressierung sowie Thematisierung bzw. De-Thematisierung. Die Fragen, die gestellt werden müssen, sind folglich, wer spricht zu wem über welches Anliegen, wer wird eingeschlossen in die Rede und wer ausgeschlossen, was wird thematisiert und was nicht?

• In beiden Aussagen wird zunächst eine Grenzziehung vorgenommen. Im Manifest der *Radicalesbians* verläuft die Grenzlinie zwischen den Geschlechtern: „Nur Frauen können einander ein neues Gefühl ihrer selbst geben. Diese Identität müssen wir mit Bezug auf uns und nicht in Hinsicht auf die Männer entwickeln." Im Papier der Frankfurter Gruppe ist dagegen die sexuelle Orientierung die entscheidende Dimension: „In der Zusammenarbeit mit den Schwulen haben wir erfahren, daß es möglich ist, die gesamte Energie auf die Sache zu konzentrieren, da wir gleichen oder ähnlichen Repressalien ausgesetzt sind ... 'Lesbisch-Sein' geht doch nicht im Feminismus auf." Damit ist jeweils auch definiert, wer diejenigen sind, die dazugehören: Im ersten Dokument potentiell alle Frauen, gleich ob lesbisch oder heterosexuell lebend, da beide fundamental von Sexismus betroffen sind, und im zweiten Manifest potentiell alle Lesben und Schwulen, da sie gleichermaßen von Homophobie betroffen sind. Es geht mithin nicht nur um die inhaltlich richtige Definition; ebenso entscheidend scheint die Frage der Positionierung und der Definition der *in-group* sowie der *out-group* zu sein. Denn es sind die Grenzen, die die Gemeinschaft definieren, unabhängig vom Inhalt innerhalb dieser Grenzen, auch wenn, worauf Zygmunt Bauman hinweist, die Designer und Grenzkontrolleure auf der gegenteiligen Ordnung von Kausalität insistieren.

• Die Willkür von Bezeichnendem und Bezeichnetem wird auch an den politischen Konsequenzen deutlich, die jeweils aus der Erkenntnis des lesbischen „wirklichen Selbst" bzw. des „nicht auszurottenden Merkmals" (sprich: sexuelle Orientierung), das „gegen Stigmatisierung immunisiert" werden muß, gezogen werden: Im Manifest der *Radicalesbians* begründet das „wirkliche Selbst" die Strategie der Abgrenzung von Männern, während die Behauptung der 'Andersartigkeit' im lesbisch-schwulen Positionspapier gerade zur Begründung *für* die Zusammenarbeit mit (schwulen) Männern wird. Das heißt zwar nicht, daß der Inhalt radikal beliebig wäre, aber es verweist auf die Kontingenz und damit Begrenztheit jeder Identitätsbestimmung. Diese ist radikal abhängig von den politischen und kulturellen Kontexten, in denen sie erzeugt wird, und verweist gerade nicht auf das authentische Selbst, das entfremdet und unentdeckt im Inneren der Individuen schlummert, sondern auf das, was als das jeweilige soziale oder politische Gegenüber konstruiert wurde: einerseits Sexismus, mit den Männern als den hauptsächlichen Agenten sexi-

stischer Repression, andererseits Homophobie, die nach der Meinung der Frankfurterinnen kurioserweise insbesondere vom Feminismus auszugehen scheint.
- In beiden Fällen fungiert dabei der „Sex" – einmal als „authentisches Selbst" euphemistisch umschrieben, das andere Mal als „sexuelle Orientierung" in positivistisch-sexualwissenschaftlicher Manier explizit benannt – als der imaginäre Punkt, von dem „wir erwarten, daß er uns offenbart, was wir sind, und uns befreit „von dem, was uns definiert" (WW, 185). Durch den „Sex" soll jeder „Zugang zu seiner Selbsterkennung haben" (ebda.). Im feministisch-lesbischen bzw. lesbisch-schwulen Diskurs wird daraus: „unser authentisches Selbst finden" bzw. „unsere so notwendige eigenständige Kultur und Tradition zu entwickeln, zu suchen und zu finden". Der entfremdeten Wirklichkeit steht das sich-selbst-entdeckende, sich-selbst-findende lesbisch-feministische bzw. lesbisch-schwule Selbst gegenüber. Geschichte schrumpft auf ein Entfremdungskontinuum, dem ein Sich-Offenbarendes gegenübersteht (vgl. Treusch-Dieter 1990a, 134).
- Beide Manifeste kreisen um zwei Begriffe: Unterdrückung und Entfremdung.[9] Sie rekurrieren damit implizit auf die im zweiten Kapitel im Anschluß an C.B. Macphersons Analyse des „possessiven Individualismus" entwickelten Überlegungen. In beiden Texten wird behauptet, daß ein wirkliches Selbst existiert und daß es für dieses Selbst – sofern eigenständige Räume existieren – eine angemessene Identität gäbe bzw. sie entwickelt werden könnte. Das lesbische Individuum wird in beiden Manifesten als wesensmäßig in einem Besitzverhältnis mit sich selbst existierend entworfen. Sein 'Besitztum' ist im ersten Fall das „authentische Selbst" und im zweiten das „nicht auszurottende Merkmal sexuelle Orientierung". Und das, was dafür angemessen ist, ist die Identität, die diesem 'Besitztum' wahrhaft entspräche. Beide zeichnen damit ein Bild des Verhältnisses von Individuum und Gesellschaft, in der das Individuum von der Gesellschaft determiniert, fremdbestimmt und es an der Realisierung seiner ihm angemessenen Identität gehindert wird. Macht funktioniert repressiv, das innere Selbst bleibt *im Prinzip* davon unangetastet und kann dementsprechend befreit werden.

Das aber heißt, daß Identität – auch wenn sie erst in der Zukunft der eigenen Räume oder nach der „organischen Revolution" entwickelt bzw. gefunden werden kann – im eigentlichen Sinne bereits existiert. Das Politische wird damit nicht als *radikal* instituierender Prozeß verstanden, es scheint lediglich der Hervorbringung von etwas zu dienen, was gleichsam an einem anderen Ort bereits existiert: Der politische 'Ursprung' ist getilgt. Der performative Akt, der in und durch diese Manifeste ausgeführt wird, nämlich „lesbische Identität" in einer ganz bestimmten Version erst zu erzeugen, wird durch den

---

9 Auf das Motiv der Entfremdung gehe ich in Abschnitt III.6 noch einmal genauer ein.

Rekurs auf etwas gleichsam 'Vorgeschichtliches' ausgelöscht. „Lesbische Identität" wird damit in einen ontologischen statt einen politischen Rahmen gesetzt und die Verbindung zwischen Bezeichnetem und Bezeichnendem als essentielle behandelt. Es entsteht die Vorstellung, daß das *Sosein* von Identität abgestreift werden könne und darunter das *bloße Dasein*, das Ding selbst, zum Vorschein käme, dem man dann eine neue Form, seine neue, 'wahre' Identität, überstreifen könne. Das aber kann nur gelingen durch den Rekurs auf die 'bessere Wahrheit' bzw. 'angemessenere Wirklichkeit'. Durch den Zwang, die Position der 'Wahrheit Sprechenden' einzunehmen, wird auch das Identitäts-Wissen der marginalisierten Gruppe in eine Relation zur Macht eingespannt, wird zu einem neuen *Regime des Wissens*.

• Auch auf der Ebene der Verknüpfung von Adressierung und Thematisierung finden sich analoge rhetorische Strategien. Zwar haben die Agenten der Repression nach zwanzig Jahren neu-feministischer Bewegung das Geschlecht gewechselt: Zu Beginn der feministischen Revolte bildeten eindeutig die Männer das feindliche Gegenüber. Diese werden von den Frauen aus dem Zentrum ihrer Welt hinauskatapultiert; stattdessen erhält die Relation Frau-Frau politische und persönliche Brisanz. Zwanzig Jahre später besetzen längst nicht mehr die Männer den Platz im symbolischen (und zu bekämpfenden) Zentrum. Nun sind es gerade diejenigen, nämlich die Feministinnen selbst, die sich diesen Platz mühevoll erkämpft hatten. Feministinnen, die sich damit in der paradoxen Situation wiederfinden, sich selbst als an der Peripherie positioniert zu begreifen und zugleich als Repräsentantinnen eines Zentrums kritisiert zu werden.

Im Frankfurter Positionspapier für ein lesbisch-schwules Kulturhaus wird die Grenze neu gezogen. Die Lesben positionieren sich im Horizont von Sexualität und definieren schwule Männer als ihre Bündnispartner. Bei den feministischen Sachwalterinnen des Geschlechts sehen sie nicht länger einen Platz für sich. „Lesbische Identität", die in der symbolischen Ordnung feministischer Theorie und Praxis eine privilegierte Position einnahm, findet sich am ressourcenarmen Rand wieder, und lesbische Frauen fordern erneut ihre Sichtbarkeit ein: Wendet sich hier die 'lesbische Speerspitze' gegen die eigene 'Gefolgschaft', deren Anhängsel sie womöglich doch immer nur gewesen ist? Und ist es dann nicht nur der erneute Aufstand der Peripherie gegen das Zentrum?

Das Manifest der *Radicalesbians* dient der Herstellung eines gemeinsamen Bezugsrahmens von heterosexuellen und lesbischen Feministinnen, indem Lesbischsein als die ultimative Form der Diskriminierung und Unterdrückung von Frauen dargestellt wird, zugleich aber die radikalste Form der Überschreitung und des Widerstandes gegen Sexismus darstellt.[10] Sexualität wird als die basale Struktur der Kontrolle von Männern über Frauen bestimmt, es ist insbesondere die Anforderung, heterosexuell zu leben, die Frauen zurückweisen müssen, um „ein Maximum an menschlicher Selbstverwirklichung" zu erreichen. Die Frage der sexuellen Präferenz wird damit zur gemeinsamen Basis zwischen heterosexuellen und lesbischen Frauen und rückt ins Zentrum politischer Handlungsmöglichkeiten.

„Lesbianismus" erfährt in diesem Kontext seine Aufwertung als Kernstück radikaler feministischer Strategie. Die Forderung nach der Politisierung des Privaten ist umgeschlagen in die Maxime, daß das Private – in diesem Fall also die Verweigerung von Heterosexualität – die radikalste politische Strategie sei. Die radikalfeministische Theorie hat in „lesbischer Identität" ihre symbolische Speerspitze gefunden.

Im frühen Manifest der *Radicalesbians* wird der Grundstein gelegt für ein Verständnis von feministischem Lesbianismus, das im wesentlichen dessen Definition für die nächsten zwanzig Jahre bestimmen sollte. In den späten Siebzigern und den Achtzigern wurde der Begriff „frauenidentifizierte Frau" zur hegemonialen Bestimmung „lesbischer Identität". Noch in dem bereits diskutierten Text von Janice Raymond aus dem Jahre 1989 ist diese Bestimmung virulent. Sie definiert Feminismus als das „Gleichsein von Frauen mit ihrem Selbst". Das Bild, das Raymond von lesbischen Radikalfeministinnen zeichnet, ist ein Bild heroischer Kämpferinnen, die „für Frauen lebten und starben". Das Motiv der lesbischen Avantgarde, die „die Revolution leben", ist bei Raymond, die zwar betont, daß sie das „Goldene Zeitalter des lesbischen Feminismus" nicht romantisieren möchte, vollends zum lesbischen Gründungsmythos geworden.[11]

Dennoch möchte ich behaupten, daß im Feminismus nicht die Lesben akzeptiert wurden, sondern das „magische Zeichen" (Katie King) „Lesbe", das politisch, sexuell und kulturell korrekte Wesen, die Trägerin *des* lesbischfeministischen Bewußtseins. Die Positionierung 'der' Lesben als Avantgarde wurde im Verlauf der Geschichte des Neuen Feminismus zwar immer akzeptabler, hatte aber wenig damit zu tun, daß lesbische Frauen sichtbarer wurden. Den Kampf um das Zeichen „Lesbe" hatte der Radikalfeminismus

---

10 Im Gedächtnis der feministischen Bewegung ist die Tatsache, daß sowohl lesbische wie heterosexuelle Frauen diesen Diskurs erzeugt haben, wenig präsent. Das feministische Gedächtnis hat diesen Konflikt als einen, der ausschließlich zwischen lesbischen und heterosexuell lebenden Frauen ausgetragen wurde, aufbewahrt. Tatsächlich waren eben nie alle Lesben radikalfeministisch und umgekehrt haben viele heterosexuell lebende Frauen an der Idee eines politischen Lesbianismus mitgewirkt; die Trennlinie markiert also eine politische Fraktionierung und verläuft auf jeden Fall quer zur jeweiligen Lebensform bzw. sexuellen Präferenz.
11 Die Strategie der Mythologisierung wird in Abschnitt III.4. noch einmal genauer diskutiert.

zunächst zwar für sich entscheiden, d.h. eine stabile diskursive Formation, ein Ensemble sozialer Praxen und Institutionen, zentriert um eine Definition „lesbischer Identität" im Horizont von „Geschlecht", ausbilden können. Der Versuch jedoch, die Artikulation „lesbischer Identität" als „Frauenidentifikation" dauerhaft zu stabilisieren, kann nur durch permanente Grenzziehung und wiederholte Gesten der Exklusion gelingen. Die Hegemonie von Geschlecht als Deutungshorizont „lesbischer Identität" hatte nicht nur die Abgrenzung gegenüber allen Männern – und damit auch gegenüber schwulen Männern – zur Folge; ausgegrenzt wurden auch Deutungen „lesbischer Identität" im Horizont von Sexualität und damit derjenigen Lesben, deren Selbstverständnis um diese Definition zentriert war und blieb.

4. Magisches Zeichen

Wie konnte nun die Artikulation als „Frauenidentifiziertheit" und ihre Stabilisierung gelingen? Im Zentrum des folgenden Abschnitts steht daher die Untersuchung derjenigen diskursiven Praktiken, durch die „Lesbianismus" zu einem privilegierten Signifikanten feministischer bzw. lesbisch-feministischer Theorie und Praxis werden konnte. Zwischen einzelnen Texten und Ereignissen – Klassiker der feministischen Theorie, Flugblätter, Selbstverständigungstexte, Positionspapiere, aber auch Demonstrationen, politische Aktionen, Konferenzen usw. – entsteht ein Dialog, der geographische, kulturelle und politische Kontexte überschreitet und verbindet. Durch Iterationen und sich wechselseitig verstärkende Resonanzen gehen bestimmte Signifikanten aus diesem Dialog als privilegierte Signifikanten hervor. Diesen Dialog hat Katie King „Konversationen" genannt.[12] Konversationen sind zugleich lokal und historisch situiert *und* transzendieren ihre geographische und historische Raum-/Zeit-Gebundenheit. In einer solchen „Konversation" dienen bestimmte Signifikanten der Konstruktion von Geschichte(n) und politischen Identitäten. Sie werden zu „magischen Zeichen". Komplexe Bedeutungssysteme – etwa verschiedene feministische Theorien – konvergieren in einem einzigen Zeichen. Ähnlich den Lacanschen *points de capiton* binden magische Zeichen raum-zeitliche Fragmente zusammen, stiften Identität zwischen Heterogenem.

---

12 Kings Analysen des us-amerikanischen Feminismus waren für meine Diskursanalysen sehr inspirierend. Vgl. King 1986.

Die verschiedenen SprecherInnen bzw. TeilnehmerInnen an einer Konversation greifen auf diese privilegierten Signifikanten zurück, um eine aktuelle Situation oder eine politische Position zu erklären, als ob sich die gegenwärtige Situation, wenn nicht zwingend, so doch mit einer gewissen Kohärenz aus diesem Ereignis entwickelt hätte.[13] Mit anderen Worten, zunächst historisch und geographisch lokal situierte Zeichen reisen gleichsam im semiotischen Universum umher – sie werden zu universalen Zeichen – und transportieren ihre spezifische Bedeutung in andere geographische und historische Kontexte, in denen sie zugleich neu be- und umgeschrieben werden. Dadurch werden sie gewissermaßen hegemonialisiert, indem ihnen neue Deutungen eingeschrieben werden, und entfalten zugleich selbst hegemoniale Effekte, indem sie die eigenen Geschichten und Kontexte, in die sie hineingestellt werden, tendenziell unsichtbar machen.[14]

Die Umschreibungen erscheinen jedoch nicht als *interessierte* Geschichten ihrer jeweiligen ProduzentInnen, sondern als die 'wahre' Geschichte, wie sie 'immer schon gewesen sein wird'. Es sind diese 'Ursprungs-' oder 'Gründungsgeschichten', die das bisher Erzählte fremd erscheinen lassen und den 'Ursprung' neu ein- und beschreiben, ohne jedoch den Prozeß der Umschrift sichtbar zu machen. Insoweit aber die 'wirkliche' Geschichte 'neu' aussieht,

---

13 Ein Beispiel dafür in der lesbisch-schwulen Geschichte wären etwa die Ereignisse in der New Yorker lesbisch-schwulen Bar *Stonewall Inn* in der *Christopher Street*. Im Juni des Jahres 1969 widersetzten sich die BesucherInnen dieser Bar militant den damals üblichen Razzien der New Yorker Polizei. Es kam zu einer mehrtägigen Straßenschlacht. Die sogenannten *Stonewall riots* gelten mittlerweile nahezu weltweit als *der* Beginn schwullesbischer Emanzipationsbewegungen. *Stonewall* wird, unabhängig davon, welches Wissen von diesen Ereignissen jeweils präsent ist, jährlich in vielen Städten der westlichen Welt, aber auch z.B. in Istanbul (Türkei) oder St. Petersburg (Russland), durch Paraden, Demonstrationen und Feste gefeiert.
Für die Geschichte der feministischen Bewegung in der BRD wäre ein solches Ereignis etwa der Tomatenwurf der 'Genossin Sigrid Rüger' gegen den Vorstandstisch des SDS während dessen Frankfurter Kongress' 1968. Verschiedentlich wird der Tomatenwurf fälschlich auch Helge Sander zugeschrieben, die die' Rede des Aktionsrates zur Befreiung der Frau' hielt.

14 Auch hierfür sind die *Stonewall riots* ein paradigmatisches Beispiel. *Stonewall* oder auch *Christopher Street Day*, wie die vornehmliche Bezeichnung in der Bundesrepublik ist, konnte seine hegemonialen Effekte in der Weise entfalten, daß die lokale(n) Geschichte(n) der Konflikte und Kämpfe von Lesben und Schwulen tendenziell unsichtbar wurden: Erinnert wird eben nicht etwa an die Gründung der ersten lesbischen und schwulen Emanzipationsgruppen in der BRD, sondern an ein Ereignis in New York. Besonders deutlich wird dies m.E. in einem Land wie der Türkei, deren politische und kulturelle Traditionen im Umgang mit Homosexualität völlig verschieden von denen der USA sind. Zwar werden die Erzählungen der *Stonewall*-Ereignisse nicht bruchlos in andere Kontexte übertragen, sondern immer in der spezifischen Neuerzählung verdichtet und verschoben, dennoch bleibt zu fragen, wann und warum welche Ereignisse hegemoniale Effekte zeitigen. Eine politische Ökonomie der politischen Zeichen wäre eine neue, noch ausstehende Untersuchung.

enthält die Verschiebung, die die Modifikation offeriert, ein Moment ideologischer Ambiguität. Sie ist das Mittel, durch das eine neue politische Position und Identität konstruiert wird.

Jeder diskursive Prozeß ist daher immer schon in ideologische Verhältnisse eingeschrieben.[15] Deshalb sind die Konversationen neben den geographischen und historischen Besonderheiten ebenso markiert durch die spezifischen ideologischen und rhetorischen Strategien der beteiligten SprecherInnen. Das umfaßt Strategien, um Ideologie theoretisch zu beschreiben, sowie Strategien, um spezifisch feministische Ideologien zu konstruieren und feministische Praxis in Ideologie zu begründen.

Was aber ist die *Magie*, die in den Zeichen steckt und die gerade ihre Attraktivität ausmacht? Die Magie der Zeichen, schreibt Katie King, besteht in dem Versprechen von Nähe, Zugehörigkeit zu einer Gemeinschaft, ein spezifisches Wissen, persönliche und politische Veränderung (ebda., 84); im Falle des magischen Zeichens „Lesbianismus" also: Zugehörigkeit zur Gemeinschaft lesbischer Feministinnen, Wissen um Heterosexismus und Frauenunterdrückung, die Chance persönlicher wie politischer Veränderung, das 'Ende' des Patriarchats. Folglich werden auch die Trägerinnen dieses Namens privilegiert durch die Identifikation mit einem magischen Zeichen. Magische Zeichen wirken gleichsam osmotisch: Sie implizieren, daß ein Subjekt durch Assoziation mit dem Zeichen etwa 'alles über Heterosexismus' wissen wird und folglich der 'Mühsal' politischer wie theoretischer Analyse der *Institution* Heterosexualität und deren politischer Effekte enthoben ist.[16]

Ich werde im folgenden drei diskursive Strategien analysieren, durch die „lesbische Identität" zum magischen Zeichen feministischer Theorie und Praxis werden konnte: Zunächst soll anhand der Rekonstruktion der Konversation über einen zentralen Slogan lesbisch-feministischer Theorie gezeigt werden, wie *Gründungsgeschichten* geschrieben werden, die der Konstruktion politischer Identitäten dienen. Die zweite Strategie habe ich *Emblematisierung* genannt: Ein lokales Ereignis wird in einen neuen Bedeutungs-

---

15 Pêcheux hat diesen Vorgang den Akt des „Vergessens" genannt: Die Stellung einer diskursiven Formation – nichts anderes ist eine 'Gründungsgeschichte' ja – innerhalb eines komplexen Ganzen bliebe den einzelnen SprecherInnen verborgen. Aufgrund des Vergessens erschienen ihnen die Bedeutungen offensichtlich und natürlich. SprecherInnen „vergäßen", daß ihr Sprechen lediglich eine Funktion der diskursiven Formation ist und hielten sich fälschlicherweise für die UrheberInnen ihrer eigenen Diskurse. So wie das Kleinkind sich mit seinem imaginären Spiegelbild identifiziert, so identifiziert sich das sprechende Subjekt mit der diskursiven Formation, die es beherrscht.

16 Ein Beispiel für die osmotische Wirkung des magischen Zeichens „Lesbianismus" ist Adrienne Richs Idee des „lesbischen Kontinuums", eine transkulturelle und transhistorische Kontinuität der „lesbischen Erfahrung", zu der alle Frauen Zugang haben. Im lesbischen Kontinuum können alle Frauen sich als Lesben begreifen, da „Lesbischsein eine zutiefst weibliche Erfahrung" ist (Rich 1983, 160).

zusammenhang gestellt und wird zugleich zum privilegierten Signifikanten in diesem und für diesen Zusammenhang. Die dritte Strategie ist die Strategie der *Mythologisierung* politischer Geschichte. Der politische 'Ursprung' ist getilgt, die erzählte Version der Geschichte wird als die einzig 'wahre' verhandelt und es wird zudem der Anspruch erhoben, das aus dieser Version verbindliche Normen abgeleitet werden können.

Gründungsgeschichten. Feminismus ist die Theorie, war Lesbianismus die Praxis?

Die Geschichte der Konversation, die durch das Ti-Grace Atkinson zugeschriebene Diktum „Feminismus ist die Theorie und Lesbischsein die Praxis!" ausgelöst wurde, ist ein entscheidendes Beispiel für die fortgesetzte, interessierte Umschrift von Geschichte. Verstanden wird dieses Diktum gewöhnlich als Ausdruck der essentiellen Verbindung zwischen Feminismus und Lesbianismus und des Anspruchs, Feminismus finde seine angemessene Praxis im Lesbianismus, also die Privilegierung von Lesbianismus als avantgardistische, radikale Praxis des Feminismus. Wenngleich diese Position heute in dieser Radikalität nur noch begrenzte Gültigkeit hat, so läßt sich auf jeden Fall behaupten, daß Lesbianismus nicht mehr unabhängig von Feminismus verstanden wird.

Das im Kontext der Neuen Frauenbewegung in der BRD zeitweilig hegemoniale Verständnis von Lesbianismus als radikale politische Praxis des Feminismus verbirgt jedoch die komplexe politische Geschichte seiner Herkunft. Längst nicht mehr sichtbar ist der enorme Aufwand, der nötig war, um Lesbianismus für Feministinnen politisch salonfähig zu machen. Dadurch wurde eine neue politische Positionierung – das Muster einer Identität, die Persönliches und Politisches erfolgreich verbindet – generiert. Die „Multi-Akzentualität" des Zeichens „Lesbianismus" wurde nach einem „kurzen Sommer der Anarchie" (Enzensberger) tendenziell erfolgreich getilgt.

Dennoch sind die Reste anderer Bedeutungen sowie die Spuren der Kämpfe um die möglichen Signifikate des Signifikanten „Lesbianismus" als das „konstitutive Außen" des stillgestellten Zeichens präsent, ja diese Überreste und Spuren sind nachgerade die Möglichkeitsbedingung, um Lesbianismus überhaupt als *politischen* Identitätsentwurf verstehen zu können. Diese anderen, möglichen Bedeutungen bilden das Feld der Diskursivität, das die fixierten Bedeutungen untergräbt. Im folgenden soll deshalb die Geschichte der Konstruktion von Lesbianismus analysiert werden – eine Geschichte, die als Modellfall politischer Identität des Feminismus keineswegs geradlinig und im Ergebnis bereits determiniert verlief. Der (Rezeptions-)Geschichte des für die Auseinandersetzung zwischen Feminismus und Lesbianismus zentralen Slogans „Feminismus ist die Theorie, Lesbisch-sein die Praxis!" folgend, soll gezeigt werden, wie unentschieden dieser Prozeß zunächst gewesen ist, bevor er sich dann eher zufällig für eine bestimmte Richtung entscheiden sollte.

Auf zwei Begriffe soll dabei besondere Aufmerksamkeit gelegt werden: Den Begriff der *Praxis* und den Begriff *Lesbianismus* selbst. Der Begriff der Praxis wird dabei meist gebraucht, um zu erklären, was Lesbianismus ist. In den verschiedenen Versionen dieses Satzes werden von den beteiligten Sprecherinnen jedoch jeweils radikal verschiedene Definitionen dessen erzeugt, *was* Lesbianismus für eine Praxis ist, *ohne* daß auf die semantischen Verschiebungen in und zwischen den einzelnen Versionen eingegangen wird. Man könnte diese Verschiebungen als einfaches Rezeptions- bzw. Übersetzungsproblem behandeln, das weder politisch noch für die Selbstentwürfe lesbischer Frauen von Bedeutung ist. Wenn aber die Identität derjenigen, die bezeichnet werden, immer ein Effekt des Akts der Bezeichnung ist und jede Bezeichnung sich nur etablieren kann, indem sie andere Bedeutungen – und damit Möglichkeiten von Identität – ausschließt, handelt es sich hier nicht nur um ein Rezeptions-, oder Übersetzungsproblem. Politisch entscheidend ist vielmehr die Frage danach, welche Version „lesbischer" Identität sichtbar wird bzw. werden kann und welche Versionen genau dadurch unsichtbar gemacht werden.

Doch zurück zur (Rezeptions-)Geschichte des in Rede stehenden Satzes. Tatsächlich äußerte sich Ti-Grace Atkinson nicht eindeutig in dem in der Bewegung tradierten Sinne, daß Lesbisch-sein feministische Praxis ist; ihre Sicht auf die Verbindung zwischen Feminismus und Lesbianismus ist von zahlreichen Widersprüchen geprägt; das Spektrum reicht von der Idee, daß Lesbianismus eine einzigartige *strategische* Bedeutung für den Feminismus hat, bis zu drastisch vorgetragenen Verwerfungen genau derselben Idee.[17]

Behauptet sie in einem Text, die Funktion von Lesbianismus für den Feminismus sei der Rolle der kommunistischen Partei für die Gewerkschaftsbewegung vergleichbar (vgl. Atkinson 1978, 130), so vertritt sie in einem anderen Text ebenso vehement, Lesbianismus sei als Idee zu sehr verquickt mit männlicher Vorherrschaft, als daß lesbische Frauen erwünschte

---

17 Ich beziehe mich im folgenden auf Ti-Grace Atkinsons Buch *Amazonen Odyssee*, dessen deutsche Ausgabe 1978 erschien. Dieser Band enthält, nach Atkinsons eigener Aussage im Vorwort, nur einen kleinen Teil ihrer Reden und Essays aus den Jahren 1967-1972. Dennoch böte, so Atkinson, die Auswahl einen guten Überblick über ihre Arbeit in diesem Zeitraum (vgl. Atkinson 1978, 11).
An dieser Stelle eine Anmerkung zu dem Folgenden: Es solll nicht der Eindruck erweckt werden, daß es tatsächlich eine 'ursprüngliche', d.h. 'wahre' Version dieser Atkinsonschen Aussage gäbe. Es geht mir nicht darum zu argumentieren, die von mir analysierten Texte seien Ideologie und einzig meine Analyse offenbare die 'Wahrheit'. Vielmehr geht es darum zu zeigen, wie 'Wahrheit' eingesetzt wird – auch von Atkinson selbst, die ja je nach Publikum recht verschiedene Positionen vertrat.

Rekrutinnen der feministischen Bewegung sein könnten.[18] Atkinson schreibt: „Doch es bleibt dabei, Lesbianismus ist als Konzept und als Aktivität total abhängig von der männlichen Vorherrschaft. Allein diese Tatsache müßte eine Feministin nervös machen" (Atkinson 1978, 73).

Ungeachtet der Position, die Atkinson gerade selbst einnahm, immer betrachtete sie Feminismus und Lesbianismus jedoch als getrennte Phänomene. Zum wahrscheinlich ersten Mal sprach Ti-Grace Atkinson 1970 vor der New Yorker Gruppe der US-amerikanischen Bürgerrechtsorganisation homosexueller Frauen, *Daughters of Bilitis (DOB)*, über die mögliche Beziehung zwischen Feminismus und Lesbianismus.[19] In dieser Rede bestimmt Atkinson Feminismus als politische Theorie und Lesbianismus als persönliche sexuelle Präferenz. Der Akzent liegt auf Feminismus als der politisch verändernden Kraft und nicht auf lesbischer Praxis, die ohne revolutionäres Bewußtsein gelebt werde. In diesem Text formulierte Atkinson den Satz folgendermaßen: „Feminism is *a* theory; lesbianism is *a* practice" („Feminismus ist *eine* Theorie; Lesbianismus ist *eine* Praxis."). Eine sinngemäße, zweite Version findet sich in einer Rede, die Atkinson im gleichen Jahr vor einem studentischen, stärker feministisch orientierten Publikum hielt: „Lesbianismus sagt etwas über die sexuelle Praxis aus, Feminismus etwas über Politik" (Atkinson 1978, 71).

In diesen Texten Ti-Grace Atkinsons finden wir also die erste Bestimmung dessen, was lesbische Praxis ist: Lesbianismus ist hier definiert als *sexuelle Praxis*, als persönliche sexuelle Präferenz bestimmter Frauen ohne politisch transformierenden Gehalt. Atkinson nimmt damit eine eindeutige Grenzziehung vor: Feminismus ist revolutionär, eine Theorie, die das Potential besitzt, den Klassenunterschied zwischen Männern und Frauen beseitigen zu können (vgl. ebda., 74); dagegen verstärkt Lesbianismus, definiert als

---

18 Alice Echols kommt in ihrer Rekonstruktion der Geschichte des radikalen Feminismus in den USA zwischen 1967 und 1975 zu einer ähnlichen Einschätzung von Atkinsons Position. Vgl. dies. 1989, 211.

19 Diese Rede ist in *Amazonen Odyssee* nicht abgedruckt. Auszugsweise zitiert findet sie sich in Abbott/Love 1972, 117. Vor *Daughters of Bilitis (DOB)*, einer Organisation, die bereits seit den fünfziger Jahren existierte und deren Selbstverständnis um eine Konzeption von Homosexualität als angeborenem Trieb organisiert war und deren politische Strategien dementsprechend auf Schutz vor Diskriminierung und rechtliche Anerkennung zielten, vertrat Atkinson eine Position, die stark zwischen Feminismus und Lesbianismus unterscheidet. In *Amazonen Odyssee* finden sich nur diejenigen Texte, die auf ein eher feministisches Publikum zugeschnitten waren. Zwar stellt Atkinson auch in diesen Texten keine eindeutige Verbindung zwischen Feminismus und Lesbianismus her, dennoch attestiert sie eine größere Nähe zwischen beiden. Hintergrund dafür ist auch, daß sich DOB zu Beginn sehr skeptisch gegenüber den ersten radikalfeministischen Gruppen verhielt und umgekehrt die feministischen Gruppen, vor allem die *National Organization for Women (NOW)*, einzelne Lesben sowie *DOB* als Organisation bewußt aus ihrem Spektrum ausgrenzten. Vgl. hierzu auch King 1986, 87 und Echols 1989, 207ff.

sexuelle Praxis, gerade dieses Zweiklassensystem, da er genau auf der Existenz von zwei Geschlechtern – und damit auf Sexualität basiert (ebda.).

Diese Aussagen müssen vor dem Hintergrund der Thematisierung von Sexualität und Geschlecht in den ersten Jahren der Frauenbewegung gesehen werden – das gilt für die USA und die BRD gleichermaßen.[20] Das Geschlechterverhältnis wurde analog zum Klassenverhältnis gedacht; Befreiung bedeutete deshalb die Abschaffung dieser Klassen, sprich der Geschlechter. Sexualität galt als der zentrale Brückenkopf der Aufrechterhaltung des Geschlechtsklassensystems und männlicher Vorherrschaft. Der „Koitus dient als Modellfall für Sexualpolitik auf intimster Basis", schrieb etwa Kate Millett in ihrem zum feministischen Klassiker gewordenen Werk *Sexual Politics* bereits 1969 (deutsch erstmals 1971). Vom Phallus als Sinnbild männlicher Macht zur Verweigerung der generell als männlich identifizierten Sexualität war es dann nicht mehr weit. Und das schloß zunächst auch lesbische Sexualität ein. Denn für viele – so auch für Atkinson – ließ sich Frauenbefreiung und Sexualität nicht miteinander vereinbaren:

„... der Lesbianismus begründet sich ideologisch auf der Prämisse der Unterdrückung durch Männer: Lesben akzeptieren qua Definition, daß Menschen hauptsächlich sexuelle Wesen sind. Wenn das richtig ist, müssen wir eingestehen, daß Frauen in bestimmter Hinsicht unterlegen *sind*. ‚Sexualität' basiert auf den *Unterschieden* zwischen den Geschlechtern. Geschlechtsverkehr ist das Bindeglied zwischen diesen beiden Klassen, und Geschlechtsverkehr wird, was nicht überrascht, nicht im Interesse der Frauen ausgeführt" (Atkinson 1978, 73; Hervorhebung im Original).

Wenn aber Lesbianismus als *sexuelle* Praxis reaktionär ist, wie kann er dann strategisch von Nutzen sein für den feministischen Kampf? Atkinson ‚löst' dieses Problem, indem sie zwischen „politischem" Lesbianismus und „sexuellem" Lesbianismus unterscheidet:

„Und dann gibt es Frauen, die *keine sexuellen Beziehungen* zu anderen Frauen haben, die aber ihr Leben völlig an ihrer Verpflichtung gegenüber dieser Bewegung ausgerichtet haben. Diese Frauen sind *Lesben in einem politischen Sinn"* (ebda., 128, Hervorhebung S.H.).

---

20 Für die Thematisierung von Sexualität in der sogenannten Frühphase der Neuen Frauenbewegung vgl. Treusch-Dieter 1990b, 140ff. Kramer weist explizit auf den Einfluß hin, die die us-amerikanischen Diskussionen und Texte für die ersten feministischen Gruppen in der BRD hatte (vgl. Kramer 1994, 75).

Nur der politische Lesbianismus, gereinigt von Sexualität, kann eine strategische Rolle für den feministischen Kampf einnehmen und enthält das Schlüsselprinzip für eine erfolgreiche feministische Revolution (vgl. ebda., 128). Damit bereitet Atkinson eine zweite Grenzziehung mit weitreichenden Effekten vor: Die semantische Recodierung von Lesbianismus als asexueller politischer Strategie produziert nicht nur eine neue Bedeutung, sondern Ein- und Ausschlüsse; neu geregelt wurde dadurch, wer fortan 'zu Recht' diesen Namen tragen durfte.

1971 veröffentlicht Anne Koedt in einer Anthologie mit dem Titel *Notes from the Third Year* ebenfalls einen Beitrag zum Thema *Lesbianism and Feminism*, dem sie das 'Atkinsonsche Diktum' in einer leicht veränderten Fassung als Epigraph voranstellt.[21] Koedt benutzt statt des unbestimmten Artikels *a* den bestimmten Artikel *the*. Hier heißt es nun: „Feminism is *the* theory; lesbianism is *the* practice." Vorsichtig merkt sie allerdings an, daß der Satz Atkinson lediglich *zugeschrieben (attributed)* wird. Die semantische Differenz zwischen Feminismus und Lesbianismus ist in der Koedtschen Version geringer geworden, jedoch hatte sich Lesbianismus noch nicht vollständig als avantgardistische Position der feministischen Bewegung etablieren können. In ihrem Text beschäftigt sich Koedt intensiv mit der Frage, ob und wenn in welcher Weise Lesbianismus eine radikale Praxis des Feminismus sein könne. Was bei Atkinson durchaus noch eine offene Frage war – ob nämlich Lesbianismus und Feminismus zusammengehören – und von lesbischen Frauen selbst zu diesem Zeitpunkt (1971) noch nicht vehement reklamiert wurde, nimmt Koedt hier bereits als eine Position auf, deren Ansprüche diskutiert und geprüft werden müssen. Sie kommt zu einer skeptischen, ja negativen Einschätzung und verwirft die Idee von Lesbianismus als revolutionärer Praxis feministischer Theorie:

„Deshalb ist die Behauptung falsch, 'Feminismus ist die Theorie, weibliche Homosexualität die Praxis.' Einerseits reicht die Behauptung nicht aus, um daraus auf ihren [der Lesben, S.H.] radikalen Feminismus zu schließen, andererseits liegt darin auch die falsche Annahme, daß ein Leben ohne Männer gleichbedeutend ist mit dem Kampf für eine radikale feministische Veränderung. [...] Alles in allem ... steckt im Lesbisch-Sein keine *Zauberkraft*, die den politischen Beweis für hohe feministische Motive erbringen würde" (Koedt 1972, 117 und 122, Hervorhebung S.H.).

Obwohl Koedt also die Idee von Lesbianismus als radikaler feministischer Praxis mit schneidenden Worten verwirft („steckt im Lesbisch-Sein keine

---

21 Dieser Text wurde in der Textsammlung *Frauen gemeinsam sind stark. Texte und Materialien des Women's Liberation Movement in den USA*, Frankfurt 1972, abgedruckt. Ich zitiere nach dieser Ausgabe.

Zauberkraft"), ist es gerade die von ihr bestrittene Losung „Feminism is *the* theory; lesbianism is *the* practice", die als ihre eigene Position überliefert wird, und dazu führte, daß auch Anne Koedt als Vordenkerin der 'lesbischen Revolte' in die Geschichte eingehen sollte.

Zusammen mit dem Text *Lesbianism and Feminism*, übersetzt als „Lesbische Bewegung und Feminismus", von Anne Koedt fand die sogenannte Atkinsonsche Parole bereits 1972 Eingang in die Diskussionen der bundesdeutschen Frauenbewegung: In der Anthologie mit Texten aus der US-amerikanischen Frauenbewegung, *Frauen gemeinsam sind stark. Texte unter Materialien der Women's Liberation Movement in den USA*, herausgegeben vom Arbeitskollektiv der sozialistischen Frauen Frankfurt, findet sich folgende Version: „Feminismus ist *die* Theorie; Lesbisch-sein *die* Praxis." Aus dem *„attributed* to Ti-Grace Atkinson" in *Notes from the Third Year* ist ein *„gewidmet* Ti-Grace Atkinson" geworden, was nahelegt, daß der Satz in dieser Bedeutung tatsächlich die Position Atkinsons zusammenfaßt bzw. wiedergibt. Auch in dieser Version zum Thema Lesbianismus lassen sich mehrere semantische Flexionen ausmachen. Es finden sich drei Versionen lesbischer Praxis: In der vorangestellten Widmung ist lesbische Praxis eine Form von Sein (Lesbisch-sein die Praxis), im Titel von Koedts Text ist aus *lesbianism* eine Bewegung geworden und im Text wird es mit „weibliche Homosexualität" übersetzt.

Die disparaten Übersetzungen des Wortes *lesbianism* deuten darauf hin, daß im bundesdeutschen feministischen Kontext offensichtlich zunächst wenig Klarheit darüber herrschte, wie die Vokabel *lesbianism* übersetzt und gedeutet werden sollte.[22] Ist es nun eine sexuelle Praxis, eine Bewegung, eine Lebensform oder eine politische Strategie? Und mit welcher dieser Praxen kann und will Feminismus etwas zu tun haben? Klar scheint einzig, daß Lesbianismus bereits aus den diskursiven Formationen der Sexualwissenschaft oder Kriminologie herausgelöst war: Die Orte, an denen weibliche Homosexualität diskutiert wurde, waren nicht mehr allein medizinische Labors, kriminologische Seminare oder psychiatrische Praxen.

Welche Wirkung von speziell diesem Text ausging, ließ sich nicht rekonstruieren; dafür sollte ein anderer Text Koedts, der für das frühe Selbstverständnis der feministischen Bewegung von zentraler Bedeutung war, gerade im Lichte des von ihr vehement verworfenen Satzes „Feminismus ist die Theorie, Lesbischsein die Praxis" gedeutet werden. Der Aufsatz „Der Mythos des vaginalen Orgasmus", der in hektographierten Fassungen ab 1968 in der

---

22 Zur Übersetzung eines anderen Textes „Lesbischer Feminismus – Der Aufbau einer neuen Gesellschaft" in der dritten Nummer der *Frauenzeitung* vom März 1974 merkt Susanne, die Übersetzerin, an, daß sie bisher keine gute Übersetzung für das Wort *lesbianism* gefunden habe, und bittet um Vorschläge (vgl. Frauenzeitung Nr. 3, 1974, 9).

BRD kursierte, endete mit folgender Passage zu „Lesbischer Liebe", die in (mindestens) zwei verschiedenen Übersetzungen existiert:

Lesbische Liebe:	Lesbische Liebe und Bisexualität:
Männer fürchten nicht nur, daß sie für Frauen sexuell überflüssig werden können, sondern sie haben auch große Angst davor, daß Frauen auch auf einer vollen, menschlichen Basis die Gesellschaft von anderen Frauen suchen mögen.	Neben den rein anatomischen Gründen, warum Frauen andere Frauen gleichermaßen als Liebhaberinnen suchen könnten, fürchten Männer auch, daß Frauen die Gesellschaft anderer Frauen auf einer breiten, menschlichen Basis vorziehen könnten.
Die Anerkennung der Clitoris als das wichtigste sexuelle Organ der Frau würde die heterosexuelle (verschiedengeschlechtliche) Institution bedrohen.	Die Etablierung des clitoralen Orgasmus als Tatsache würde die heterosexuelle Institution (Ehe) bedrohen. Denn es würde bedeuten, daß sexuelle Befriedigung sowohl von Männern als auch von Frauen gegeben werden kann.
Der Unterdrücker fürchtet immer die Einigkeit der Unterdrückten. Der Mann fürchtet nun das Entkommen der Frau aus seiner psychologischen Gewalt, die er noch immer aufrechterhalten will. Männer neigen mehr dazu, die Rache von Seiten der Frau zu fürchten, als sich für die Zukunft freie Verbindungen zwischen Individuen vorzustellen.	So bleibt Heterosexualität kein Muß, sondern wird zur freien Wahl. Auf diese Weise würde die ganze Frage der menschlichen sexuellen Beziehungen über die Begrenzungen des augenblicklichen männlich-weiblichen Rollensystems sich öffnen können.
(Zitiert nach der mir vorliegenden hektographierten Fassung, o.J.)	(Zitiert nach: Autonome Frauen. Schlüsseltexte der Neuen Frauenbewegung seit 1968, (Hg.) Ann Anders, Frankfurt 1988, 88)

Zunächst finden wir in beiden Versionen dieser Passage eine weitere Definition lesbischer Praxis als 'Liebe', was als Überschreitung der 'sexuellen' Definition von Lesbianismus in Richtung des 'politischen' Lesbianismus gelesen werden kann. Die zehn Jahre später von Adrienne Rich formulierte Idee des „lesbischen Kontinuums", d.h. *alle* Formen weib-weiblicher Bindungen, unabhängig davon ob sie sexuellen bzw. genitalen Kontakt einschließen, auf einem Kontinuum anzuordnen, ist hier bereits angedacht. Auffallend ist, daß in beiden Versionen „Männer" den Gegenpol zu „lesbischer Liebe" bilden. Sie sind diejenigen, die etwas zu fürchten haben, nämlich, daß sie für Frauen „sexuell" und auf einer „menschlichen Basis" überflüssig werden könnten. Nur darauf scheint das revolutionäre Potential von Lesbianismus gegründet zu sein.

Diese Überlegung rekurriert auf eine der Thesen Ti-Grace Atkinsons, und zwar, daß Lesbianismus eine strategische Bedeutung für Feminismus haben könne, weil Männer Lesbianismus fürchten. Unterschiede gibt es jedoch in den beiden Fassungen hinsichtlich der Eindeutigkeit, in der „lesbische Liebe" als feministische Strategie verhandelt wird. Die erste (vermutlich frühere) Fassung ist zurückhaltender im Wortlaut, was darauf schließen läßt, daß „lesbische Liebe" hier noch nicht notwendig als feministische Strategie verstanden wurde. Es ist lediglich die Rede davon, daß „Frauen auch auf einer vollen menschlichen Basis die Gesellschaft von anderen Frauen suchen mögen". Die Unbestimmtheit des Begriffs 'Liebe' wiederholt sich in dieser, was die Charakterisierung der Art der Bindungen zwischen Frauen angeht, recht kryptischen Formulierung. In der zweiten Fassung heißt es dann schon eindeutiger, daß Frauen sich „andere Frauen gleichermaßen als Liebhaberinnen suchen könnten". Und während in der ersten Fassung noch mehr als vorsichtig von der *möglichen* Bedrohung von Heterosexualität die Rede ist, wird in der zweiten Fassung forsch das Thema der „freien Wahl" aufgeworfen: Heterosexualität ist „kein Muß", was nahelegt, daß Frauen, wenn sie wollten, gleichsam zwanglos zu lesbischer Sexualität (und Bisexualität) übergehen könnten. Auch wenn alles vorsichtig im Konjunktiv formuliert ist, ist in Verbindung damit, daß dies die größte Furcht der Männer sei, dann der Schritt zu Lesbianismus als politischer Strategie nicht mehr weit.

Die Unterschiede in den Übersetzungen lassen sich m.E. auch hier nicht als Übersetzungsfrage verhandeln. Vielmehr spiegeln die beiden Fassungen des Textes „Der Mythos vom vaginalen Orgasmus" die Entwicklung des Diskurses der bundesdeutschen Frauenbewegung. Die ab 1968 kursierende hektographierte Fassung formuliert das Thema der lesbischen Liebe noch nicht offensiv, im Mittelpunkt steht eher die Forderung an Männer, sich von der Koedtschen These des Mythos vom vaginalen Orgasmus überzeugen zu lassen. Lesbische Frauen waren noch nicht laut geworden in den ersten feministischen Gruppen, die Idee von Lesbianismus als politischer Strategie existierte noch nicht, konnte dementsprechend auch nicht formuliert werden. Die zweite Fassung verrät eine offensivere Haltung zum Thema. Der Blick ist nicht so klar auf Männer gerichtet; Frauen können auch ohne sie, scheint die Botschaft zu sein.

Auf die Schlüsselfunktion des Koedtschen Textes für die Entwicklung der Diskussionen in der Frauenbewegung weist auch Helgard Kramer hin: „Die Konfliktkonstellation zwischen (Bewegungs-)Lesben und Heteros ab Mitte der 70er Jahre", schreibt Kramer, „hatte mit Ann Koedts Behauptung zu tun, daß die Männer in aller Welt nichts mehr fürchteten, als daß Frauen von der für sie unbefriedigenden vaginalen, von Männerwünschen diktierten Sexualität zwanglos zur klitoridalen, lesbischen übergehen könnten" (1994, 73). Von hier aus lag es dann nicht mehr fern, Ann Koedt als Wegbereiterin der „lesbischen Revolte" zu vereindeutigen.

Anläßlich des „Lesbenpfingsttreffens" in Berlin melden sich erstmals 1974 selbst-identifizierte Lesben in der Debatte über das Verhältnis von Feminismus und Lesbianismus zu Wort. In einer erneut veränderten Fassung diente das mittlerweile bereits mehrmals semantisch gewendete Diktum Atkinsons als Motto des Treffens. Hier heißt es nun: „Feminismus die Theorie, Lesbischsein die Praxis?". Auch hier wieder die Bestimmung lesbischer Praxis als Form von *Sein*, was die weitere Richtung der Debatte anzeigt, welche lesbische Praxis für den Feminismus relevant sein sollte.

Das Fragezeichen signalisiert einerseits, daß 1974 für den Feminismus in der Bundesrepublik noch nicht ausgemacht war, welche Rolle Lesben darin spielen sollen, und vor allem, welchen Platz Lesben sich selbst darin gaben. Andererseits deutet es auf die Bemühungen hin, Lesbianismus als privilegierten feministischen Bedeutungsträger, als „magisches Zeichen" des Feminismus zu konstruieren. Obwohl hier noch erkennbar ist, daß Feministinnen und Lesben zwei verschiedene Gruppierungen darstellen, selbst wenn einzelne Frauen und Gruppen zu beiden Bewegungen gehören, ist die Konvergenzbewegung doch unübersehbar. Wenn man so will, deutet sich dies bereits auf der Ebene der Satzzeichen an: Das Semikolon ist zugunsten eines Kommas gewichen, was Feminismus und Lesbianismus näher zusammenrücken läßt.

Ähnlich den kontrovers geführten Auseinandersetzungen über die Rolle der Lesben im US-amerikanischen Feminismus sind auch die Debatten zum Stellenwert von Lesbianismus für den bundesdeutschen Feminismus über einen langen Zeitraum hinweg nicht eindeutig, von teils vorsichtigen Annäherungen, aber auch immer wieder rigiden wechselseitigen Ab- und Ausgrenzungen bestimmt. Unklar scheint auch noch immer, welche Art von Praxis Lesbianismus nun eigentlich ist oder sein soll und welche davon feministisch relevant ist.

Dazu ein letztes Beispiel: In der dritten Ausgabe der ersten bundesdeutschen feministischen Zeitung *Frauenzeitung*[23] vom März 1974 resümmiert Susanne ihre feministischen „Amerikaerfahrungen" folgendermaßen:

„Als ich in die USA fuhr, hatte ich nicht die Absicht, mich mit lesbischem Feminismus zu befassen ... Doch drüben angekommen wurde ich sofort und intensiv mit den lesbischen Feministinnen konfrontiert. Es ist klar, daß lesbische Feministinnen ihre Energie ungeteilt auf die Frauenbewegung richten können. Im Gegensatz zu den heterosexuellen Frauen stehen sie nicht in dem Dilemma, mit und für Frauen arbeiten und leben zu wollen, ihre sexuellen Bedürfnisse aber mit Männern zu befriedigen. Arbeit, Liebe und Sexualität sind nicht getrennt. [...] Ein Amazonenstaat ist auch nicht mein Ziel, aber lesbischer Feminismus stellt meiner Ansicht nach für Feministinnen im Augenblick die überzeugendste Lebensweise dar" (Susanne, in: Frauenzeitung Nr. 3, 1974, 9).

In Susannes Bericht scheint das Projekt, Lesbianismus als magisches Zeichen des Feminismus zu reartikulieren, vollendet zu sein: Lesbischer Feminismus ist die „überzeugendste Lebensweise für Feministinnen", „lesbische Feministinnen können ihre Energien ungeteilt auf die Frauenbewegung richten" und, ganz wichtig, „Arbeit, Liebe und Sexualität sind nicht getrennt". Die bis dahin zwischen sexueller Praxis, politischer Strategie und Form von Sein schwankenden Bestimmungen von Lesbianismus sind hier in einer Bestimmung zusammengefaßt. Wo Atkinson und Koedt noch strikt sexuelle Praxis und politische Strategie trennten, wird in Susannes Darstellung diese Unterscheidung verwischt. Und wo Atkinson und Koedt entschieden hatten, daß Lesbianismus als sexuelle Praxis das Patriarchat stütze, ist es bei Susanne zu einem Teil genau der Lebensform geworden, die das Patriarchat stürzen kann.

Davon war der Feminismus in der BRD allerdings noch weit entfernt. So hatte Susanne nicht vorgehabt, sich mit lesbischem Feminismus auseinanderzusetzen. Diese Variante feministischer Strategie scheint also in ihren feministischen Zusammenhängen in der BRD noch kein maßgebliches Thema gewesen zu sein. Obwohl sie lesbischen Feminismus als die für Feministinnen überzeugendste Lebensweise anerkennt, wird nicht deutlich, ob es auch für sie persönlich eine Alternative war; ein Amazonenstaat ist jedenfalls nicht ihr Ziel. Trotz der Begeisterung für das Projekt des

---

23 Die *Frauenzeitung – Frauen gemeinsam sind stark* war das erste bundesweite Printmedium der neu entstehenden feministischen Gruppen in der BRD. Die Redaktion und Herausgabe wurde wechselweise von einzelnen Städtegruppen oder Frauenzentren, die auch als Verteilerinnen fungierten, übernommen. Die erste Nummer, mit dem Themenschwerpunkt § 218 erschien im Herbst 1973 und wurde in Frankfurt gemacht. Die zitierte Ausgabe Nr. 3 hatte den Schwerpunkt Amerika und war von der Münchner Frauengruppe redaktionell betreut worden.

„politischen Lesbianismus" drückt ihre Darstellung Distanz und Skepsis aus. In den USA war der Zenit der Auseinandersetzungen zwischen Lesben und Feministinnen 1974 bereits überschritten, symbolisch hatte zu diesem Zeitpunkt lesbischer Feminismus dort bereits die Position der Avantgarde eingenommen. *Daughters of Bilitis* als Sachwalterinnen der Definition von „lesbischer Identität" als „sexueller Orientierung" hatte sich aufgelöst und der „politische Lesbianismus", der sexuelle Praxis nicht zwingend einschloß, war zum hegemonialen Konzept geworden. Semiotisch gesprochen waren die radikalen Feministinnen in den USA erfolgreich in der Desartikulation einer hegemonialen diskursiven Formation – nämlich „Lesbianismus" als sexuelle Abweichung zu betrachten, die bestenfalls auch gesetzlich toleriert werden sollte – und hatten den flottierenden Signifikanten „Lesbianismus" in einer neuen diskursiven Struktur – „politischer Lesbianismus" – artikuliert.

An der weiteren bundesdeutschen Geschichte des Atkinsonschen Diktums zeigt sich, daß dies sich auch im hiesigen Feminismus wiederholt:

„Wir wollen keine Trennung mehr zwischen politisch und privat. Frauenbewegung ist für uns beides. Wir empfinden es als unüberwindbaren Widerspruch, mit unserem Kopf und unseren intellektuellen Kräften in der Frauenbewegung zu sein, unsere Emotionen, Energien und unseren Körper aber Männern zuzuwenden. Jeder Mann – auch der noch so liberalste und verständnisvollste – repräsentiert für uns diese patriarchalische Gesellschaft, die uns Frauen unterdrückt, fremdbestimmt, funktionalisiert, zerstört. Wir können uns nur selber finden und stark werden, wenn wir uns den Männern und damit der uns in dieser Gesellschaft zugedachten Frauenrolle verweigern, wenn wir uns voll auf Frauen beziehen und uns dadurch auch mit uns selber auseinandersetzen: sowohl mit unseren faszinierenden und schönen Seiten als auch mit den tiefliegenden Problemen, die Folge unserer Fremdbestimmung sind. Heben wir die Trennung zwischen Kopf und Bauch in der Frauenbeziehung auf, dann können wir uns voll für die Frauenbewegung einsetzen, müssen keine energieschluckenden Kompromisse schließen, können uns selber und damit auch die Bewegung radikalisieren. Ausdruck findet diese Konsequenz in dem *bekannten Schlagwort*: FEMINISMUS IST DIE THEORIE UND LESBIANISMUS DIE PRAXIS" (Frauenbeziehung – Frauenliebe 1978, 10, Hervorhebung S.H. Großschreibung im Original).

Aus dem trennenden Semikolon und der unverbundenen Reihung durch *eine* in der 'ursprünglichen' Version wurde im Verlauf der Bewegungs-Konversation ein verbindendes *und* sowie ein bestimmtes und definitives *die*, womit eine Kausalität hergestellt war: Lesbianismus hatte sich zumindest symbolisch als die revolutionäre Praxis feministischer Theorie durchgesetzt. Zwei voneinander unterschiedene Bedeutungssysteme – Feminismus und Lesbianismus – sind schließlich in dem einen privilegierten Signifikanten „lesbische Identität" konvergiert.

Zusammengefaßt: Die Geschichte zeigt, wie politisch um Bedeutungen gerungen wird; sowohl Feminismus als auch Lesbianismus sind zunächst noch für neue Bedeutungen offene Begriffe. Mit Volosinov gesprochen: Die „Multi-Akzentualität" des Zeichens ist sichtbar. Die in Frage stehende mögliche Verbindung zwischen Feminismus und Lesbianismus wird zunächst abwägend und im Ausgang keineswegs bereits absehbar diskutiert. Atkinsons eigene Position dazu ist, wie wir gesehen haben, schillernd und amorph, variiert auch, je nachdem vor welchem Publikum sie spricht.

Im Verlauf der Konversation über die mögliche Verbindung zwischen Feminismus und Lesbianismus wird diese zunehmend eindeutiger beantwortet, bis dahin, daß in einigen feministischen Strömungen Feminismus und Lesbianismus deckungsgleich werden. Atkinsons Satz wird tendenziell in sein Gegenteil verkehrt und Atkinson selbst taucht aus diesem Umdeutungsprozeß als eine ganz bestimmte Person auf: eine „Amazone" der feministisch-lesbischen Revolution. Die Rezeption ihrer Texte wird auf eine bestimmte Lesart engggeführt, sie wird zur eindeutigen Vordenkerin einer lesbisch-feministischen Revolutionstheorie gemacht. Eine ähnlich enggeführte Rezeption erfährt auch die Position Anne Koedts. Auch sie hatte das Verhältnis zwischen Feminismus und Lesbianismus eher vorsichtig verhandelt und die Antwort offengelassen. Die Skepsis ihrer Position ist im Verlauf der Rezeption und Diskussion ihrer Thesen zum vaginalen Orgasmus jedoch verschwunden.

Dieses Beispiel einer 'Gründungsgeschichte' lesbischer Bewegung zeigt, wie Bewegungen sich diskursiv selbst konstituieren, indem sie sich eine eigene Geschichte geben, orientiert an eigenen Interessen der Selbstdefinition, der sozialen Positionierung und Grenzziehung und getragen von einem bestimmten Engagement, einer Position oder Überzeugung. Beabsichtigt ist mit den 'Gründungsgeschichten' eine politisch und historisch kohärente Rekonstruktion der Geschichte: Die verschiedenen Rezipientinnen des Ti-Grace Atkinson zugeschriebenen bzw. gewidmeten Satzes hatten ihre Geschichte bereits 'erfunden', in die dieser Satz 'eingepaßt' wurde, um dann, als Banner der Lesbenbewegung, wiederum 'in die Geschichte einzugehen' und zugleich 'aus ihr hervorgegangen' zu sein.

Emblematisierung. Die „konzentrierte Wut aller Frauen am Explosionspunkt"

Effekt der wesentlich durch Atkinson ausgelösten „Konversation" zur möglichen Verbindung zwischen Feminismus und Lesbianismus ist ein komplett neuer Untergrund für die feministischen Diskurse über und das Verständnis von Lesbianismus. War die Position der feministischen Gruppen zu Lesbianismus in den ersten Jahren (1968-1974) noch sehr vorurteilsbeladen, waren Lesben – zumindest sofern sie sich öffentlich zu ihrem lesbischen Leben bekannten – in den Gruppen nicht akzeptiert[24], änderte sich ab 1974 diese Haltung radikal. Besonders ein Ereignis – der von den feministischen Gruppen als „Hexenprozeß" charakterisierte Strafprozeß in Itzehoe gegen Marion Ihns und Judy Andersen, die angeklagt waren, Denny Petersen gegen Bezahlung beauftragt zu haben, den Ehemann von Marion Ihns zu ermorden – hatte einen entscheidenden Einfluß auf diese Positionsveränderung. Für die feministischen Gruppen in der BRD hatte der Prozeß eine stark emblematische Wirkung. Die Frauenbewegung stellte die den beiden Frauen angelastete Straftat sowie den Prozeß in den Kontext der „Tyrannei des Mannes in unserer Gesellschaft" (Kate Millett) und deutete beides vor dem Hintergrund feministischer Sexismuskritik. „Lesbische Liebe" erhielt einen privilegierten Platz in der feministischen Kritik an der herrschenden Sexualität; innerhalb des Feminismus wurde sie nicht länger tabuisiert, sondern zum Paradigma der unterdrückten Situation der Frau überhaupt erhoben.

Was allerdings womöglich nur als feministische Kampagne gegen die bundesdeutsche Medienöffentlichkeit und Justiz begann, hatte weitreichende Konsequenzen auch innerhalb der Bewegung. Aus der Solidarisierungs-Kampagne zwischen feministischen und lesbischen Gruppen ging „Lesbianismus" als „magisches Zeichen" des Feminismus hervor und sollte fortan innerhalb der Frauenbewegung seine ebensosehr mobilisierenden wie spalterischen Effekte entfalten. Wie der Prozeß in Itzehoe zum Emblem des Feminismus werden konnte und dadurch Feminismus und Lesbianismus weiter konvergierten, ist das Thema dieses Abschnitts.

Zunächst jedoch zu den soziokulturellen und diskursiven Kontexten, in denen der Prozeß angesiedelt ist: Das Jahr 1974 kann als der Umschlagspunkt im Verhältnis Feminismus/Lesbianismus angesehen werden. Ähnlich der Haltung der ersten feministischen Organisationen in den USA, die auf die Seriosität ihres Images bedacht waren und deshalb lesbische Frauen offensiv ausgrenzten, hatte sich in den ersten Jahren der Frauenbewegung auch in der BRD Feministinnen noch von dem Verdacht, lesbisch zu sein distanziert. Das Thema der Frauenliebe war innerhalb der Frauenbewegung ebenso tabuisiert und stigmatisiert wie in der Gesellschaft. Im Frankfurter Weiberrat etwa kam das Thema erstmals im Frühjahr 1972, also vier Jahre nach dessen Gründung, auf. Eine der Frankfurter Weiberrätinnen berichtet über die Situation, wie sie sich 1972 darstellte, im ersten Frauenjahrbuch:

„Nachdem sich im Verlauf eines halben Jahres immer hartnäckiger das Gerücht durchgesetzt hatte, es gäbe im Weiberrat so etwas wie 'Lesbierinnen', konnten die

---

24 Vgl. hierzu z.B. die Berichte im Frauenjahrbuch 1975 (Frankfurt), 200ff oder in Linnhoff 1976, 32ff.

vier betroffenen Frauen im Frühjahr 1972 zum ersten Mal den Mut aufbringen, sich im Weiberrat zu ihrem Lesbischsein zu stellen. Sie verlangten im Plenum eine Diskussion, bei der sie darauf hinweisen, daß offenbar bei vielen Weiberratsfrauen die finstersten Vorurteile über Lesbierinnen bestünden. [...] Die wirkliche Auseinandersetzung mit der besonderen Unterdrückung der Lesben war damals noch genauso unerlaubt wie es ein Jahr zuvor die Beschäftigung mit der allgemeinen Unterdrückung der Frauen gewesen war" (Frauenjahrbuch 1975, 43).

Und eine namenlos bleibende „Frau aus dem Rheinland" berichtet von den Erfahrungen, die sie zur gleichen Zeit in ihrer lokalen Frauengruppe machte:

„Bisher wußte niemand in unserer Gruppe der 'Aktion 218', daß ich schwul bin. [...] Das änderte sich im März 72. [...] Zum ersten Mal wurde mir klar, daß die Liebe unter Frauen ihren Ort in der Gesamt-Frauenbewegung haben muß. Hier wären sie nicht isoliert und nur auf ihr Problem konzentriert, sondern müßten ihre Arbeit mit anderen Betroffenen und für sich selbst in die gemeinsame Arbeit für die Befreiung der Sexualität der Frau hineinstellen. Ich faßte also ... den Mut, das Thema der homosexuellen Frau in die Gruppendiskussion einzubringen. Natürlich hatte ich Angst. Ich schlug vor, einen Arbeitskreis innerhalb der 'Aktion 218' zu gründen, in dem lesbische Frauen ihre eigene Problematik angehen und verändern könnten. Die Reaktion der Gesamtgruppe auf diesen Vorschlag schwankte zwischen betretenem Schweigen, spöttischem Lächeln und offener Ablehnung. 'Eine solche Gruppe hat innerhalb der Aktion nichts zu suchen.' [...] Schwulsein ist eben auch unter Genossinnen immer noch pervers" (ebda., 200-203).

Zwei Jahre später hatte sich diese Situation radikal verändert. Immer vehementer thematisierten lesbische Frauen sich selbst, ihre Situation und Positionierung in der Gesellschaft und – vor allem – im Feminismus.
Eine kurze Chronologie: 1972 hatte sich die Frauengruppe der *Homosexuelle Aktion Westberlin* (HAW) gegründet und erste öffentliche Protestaktionen durchgeführt, z.B. im Februar 1973 eine Flugblattaktion gegen eine Artikelserie zum Thema „Die Verbrechen der lesbischen Frauen" in der BILD-Zeitung, aber auch bereits im Gründungsjahr 1972 ein Flugblatt mit der Forderung nach ersatzloser Streichung des § 218 herausgegeben. In dieser Zeit entstand auch der Fernsehfilm „Und wir nehmen uns unser Recht", in dem Frauen aus der HAW-Frauengruppe vor der Kamera über ihr lesbisches Leben, die Aktivitäten der Gruppe und ihre Konflikte in und mit der Gesellschaft berichteten. Der Film wurde im Januar 1974 in der ARD ausgestrahlt und löste eine Vielzahl von Zuschriften und Anfragen nach weiteren Lesbengruppen, nach Büchern und Informationsmaterial aus.
In der dritten Nummer der *Frauenzeitung*, der sogenannten „Amerikanummer", erscheint im März 1974 die deutsche Übersetzung einer Rede Jean O'Learys zum Thema „Lesbischer Feminismus – Der Aufbau einer neuen Gesellschaft". An Pfingsten 1974 findet das erste autonome „Lesbenpfingst-

treffen" statt[25], und im Mai tritt die erste Frauenrockband unter dem Namen *Flying Lesbians* auf dem Frauenfest in Berlin auf. In Berlin wird ein autonomes Lesbenzentrum sowie die Gruppe *L 74*, die die noch heute erscheinende Zeitschrift für lesbische Frauen *UKZ – unsere kleine zeitung* herausgibt, gegründet, und im Dezember 1974 erscheint in der ersten Nummer des *Frauen Offensive Journals* das Manifest der *Radicalesbians* „Frauen, die sich mit Frauen identifizieren".

Aber auch andere AkteurInnen und Institutionen beteiligen sich an dem Kampf um den Signifikanten „Lesbianismus": Bereits 1971 publizierte Siegrid Schäfer im Hamburger Institut für Sexualforschung die erste größere sozialwissenschaftliche Studie zur Situation lesbischer Frauen: *sappho 70. Zur Situation der lesbischen Frau heute.*[26] Schäfer besetzt den Signifikanten mit dem Repertoire der stark von der Studentenbewegung beeinflußten und der sexuellen Emanzipation verpflichteten Sexualwissenschaft, wie sie Anfang der siebziger Jahre vor allem in Hamburg und Frankfurt entstanden war. Ihre Arbeiten setzen sich von der bis dahin hegemonialen, psychopathologischen Perspektive auf weibliche Homosexualität ab. Schäfer fragt nicht danach, warum Frauen homosexuell werden; die gleichgeschlechtliche Objektwahl wird vielmehr als gegeben hingenommen und statt dessen die Probleme, die durch diese Wahl entstehen, in den Vordergrund gerückt. Dem sich im feministischen Diskurs abzeichnenden Motiv der „freien Wahl" von Hetero- und Homosexualität ist die Position Schäfers diametral entgegen gesetzt. Obwohl sie versucht, Fragen nach den Ursachen von Homosexualität zu dezentrieren, kann sich Schäfer der feministischen Wendung, das „eigene Selbst" frei wählen zu können, nicht anschließen. Sie kommentiert: „wie auch immer Homosexualität entsteht, ganz sicher ist sie keine beliebige Entscheidung" (vgl. Schäfer 1979, 72).

Während also die sich progressiv verstehende Sexualwissenschaft noch immer die Antwort auf die Frage „Lesbierinnen. Was sind das für Frauen?" (Schäfer 1979) in den lesbischen Frauen selbst findet, d.h. in ihrem zwar anderen, dennoch zu akzeptierenden „Triebschicksal", war im feministischen Kontext Jill Johnstons Aufruf zur lesbischen Revolution im Persönlichen und Politischen längst gesprochen und vom *Spiegel* bundesweit verkündet: „Es wird keine wirkliche politische Revolution geben, ehe nicht alle Frauen

---

25 In den Jahren 1972 und 1973 waren die Treffen von der *Homosexuellen Aktion Westberlin* als gemeinsame Treffen von Lesben und Schwulen organisiert worden. Vgl. Dokumentation des „Lesbenpfingsttreffens 1989" in Frankfurt *So wars!*, Das Lesbenpfingsttreffen – Rückblick auf eine Tradition, 61-67.
26 Diese Studie, ebenso wie die folgenden Arbeiten von Schäfer (1976; 1977; 1979), war geprägt von der Problemstellung des Hamburger Instituts: Ob der sexuelle Liberalisierungsprozeß, der sich, so die Sexualforscher Schmidt und Schorsch, seit Mitte der sechziger Jahre manifestierte, auch ein Prozeß der Emanzipation sei (vgl. dies. 1976, 15-29).

lesbisch sind", zitiert das Nachrichtenmagazin vom 2. 9. 1974 die selbsternannte Amazone der radikallesbischen Revolution.[27]

In der weiteren bundesdeutschen Öffentlichkeit, zieht man deren Printmedien als Spiegel der 'öffentlichen Meinung' zu Rate, fand zunächst eine andere Position noch stärkere Resonanz. Im Vorfeld des Prozesses in Itzehoe lancierte die BILD-Zeitung 1973 jene bereits angesprochene Artikelserie zum Thema „Die Verbrechen der lesbischen Frauen", die sie während des Prozesses fortsetzte. Lesbische Frauen, zitiert BILD den Kriminologen Hans von Hentig aus seinem 1959 erschienen Buch *Die Kriminalität der lesbischen Frau*, „schrecken vor nichts zurück", ihre Leidenschaft könne zu den „grausamsten Konflikten" führen, zu „verlassenen Kindern, zerrissenen Ehen, zu aller Art Unglück, Tötung, Selbsttötung und Mord".

Deutlich wird auch hier, mit welcher Vehemenz um den Signifikanten „Lesbianismus" gekämpft wird. Die bis Anfang der siebziger Jahre stabile diskursive Formation, nach der Homosexualität ein abnormales „sexuelles Syndrom" (Giese 1968, 121) darstellt, ist nicht länger in der Lage, sich erfolgreich zu reproduzieren.[28] Das führt zur (Re-)Politisierung und Öffnung der sozialen Identität „Lesbe". Die Polysemie der Signifikate desartikuliert die hegemoniale Formation; der Signifikant „Lesbianismus" kann flottieren und innerhalb verschiedener neuer diskursiver Strukturen artikuliert werden.[29]

Das ist der Kontext, in dem der Prozeß gegen Marion Ihns und Judy Andersen stattfand. Aufgeschreckt durch die spätestens seit Anfang der sechziger Jahre sich anbahnenden Verschiebungen und Veränderungen im Geschlechter- und Sexualgefüge, reagiert die Gesellschaft der 'NormalbürgerInnen' mit dem Willen, das 'Andersartige' eindeutig zu klassifizieren – lesbische Frauen tragen „eine betont männliche Kleidung" und „männlich kurzgeschorenes Haar", haben eine „rauhe tiefe Stimme", Busen ist „kaum vorhanden"[30] – und damit territorial in *bestimmten* Frauen einzukörpern. Insofern bot der Prozeß in Itzehoe eine produktive Projektionsfläche. Hier schien

---

27 Vgl. *Spiegel*-Artikel vom 2. 9. 1974: „Lustbetonte, liebe Stimmung", 60-67, 60. Vgl. hierzu auch Hark 1987 sowie Treusch-Dieter 1990a.
Landweer weist darauf hin, daß Johnstons Position, vor allem artikuliert in ihrem Buch *Lesben Nation. Die feministische Lösung* (1976), zwar nicht repräsentativ für lesbische Identitätspolitik überhaupt sei, sich daran dennoch bestimmte Probleme dieser Politik verdeutlichen lassen. Landweer legt den Akzent auf Johnstons Biologismus und Separatismus. Mir geht es dagegen weniger um die inhaltliche als um die strategische Dimension im Kampf um die Besetzung des Signifikanten „Lesbianismus". Vgl. Landweer 1990, 43ff.
28 In diesen Kontext gehört z.B. auch, daß die weltweit richtungsweisende *Amerikanische Psychiatrische Vereinigung* Homosexualität 1974 von der Krankheitsliste streicht. Für die seit den sechziger Jahren zu verzeichnende Erweiterung des Diskurses über Homosexualität und die sich dadurch verschiebenden Koordinaten in der Bewertung von Homo- und Heterosexualität vgl. Pollak 1982, 55-77 sowie Treusch-Dieter 1990b, 153f.
29 Vgl. hierzu auch Kapitel I.6. sowie Kapitel III.3.
30 Zitate aus BILD sowie Giese 1968, 131.

sich sowohl der Schrecken der NormalbürgerInnen als auch die feministische Sexismuskritik der Frauenbewegung zu bewahrheiten.

Im August 1974 beginnt dann der Prozeß, der bis zum Oktober des Jahres andauern sollte und von den bundesdeutschen Medien quer durch alle politischen Lager zum Sensationsprozeß des Jahres gemacht und weidlich für eine Demagogisierung lesbischer Frauen ausgenützt wird.[31] Im Mittelpunkt der Berichterstattung, wie auch über weite Strecken der gerichtlichen Verhandlung, stand deshalb nicht die Untersuchung der Beteiligung der beiden Frauen an der Planung und Durchführung der Tat, sondern das angebliche Tatmotiv: „Lesbische Liebe".[32] Am 1. Oktober 1974 wurden beide Frauen zu lebenslangen Haftstrafen verurteilt.

Für die bundesdeutsche Lesben- und Frauenbewegung hatte der Prozeß gegen Marion Ihns und Judy Andersen in Itzehoe eine Art Initialzündung. Zahlreiche Frauengruppen in der BRD solidarisierten sich in vielfältigen Protestkampagnen mit den beiden Frauen. So fand im September 1974 während der Verhandlung im Gerichtssaal eine Aktion gegen die Prozeßführung sowie die Berichterstattung statt. Etwa 20 Frauen aus Berlin und Hamburg standen auf, zeigten ihre Parole „Gegen geile Presse – für lesbische Liebe", die sie auf ihre T-Shirts geschrieben hatten und äußerten lautstark ihren Protest. In Frankfurt zogen Frauen mit der Parole „Die Mordanklage ist Vorwand, am Pranger steht die lesbische Liebe" durch die Innenstadt. Thema der bundesweiten Kampagnen war vor allem die nach Meinung der feministischen Gruppen alle Frauen betreffende Situation, in der sie auch Marion Ihns und Judy Andersen sahen: Gewalt von Männern und Schutzlosigkeit gegenüber einer patriarchalen Gesellschaft und ihrer Justiz:

„Diese beiden Frauen erlebten die Ausweglosigkeit ihrer Situation stellvertretend für Millionen von Frauen, die unter offener Brutalität und psychischen Folterungen ihrer Männer leiden. Die keine finanziellen oder anderen Möglichkeiten haben, der Bedrängnis und der Not zu begegnen, wie sich scheiden zu lassen, oder auch ohne Scheidung den Mann zu verlassen. Denn ein Arrangement mit dem Ehemann kann es in solchen Situationen nicht geben, wenn der Mann die Frau, mit der er verheiratet ist, nur als sein Eigentum betrachtet und behandelt" (Flugblatt Frankfurt 1974).[33]

---

31 Berichte über den Prozeß finden sich u.a. in Schwarzer 1981, 67ff; Anders 1988, 27f; Weiland 1994, 11ff.
32 144 Journalistinnen kritisierten die „unangemessene sensationelle Berichterstattung", woraufhin der *Deutsche Presserat* die Berichterstattung generell rügte.
33 Alle folgenden Flugblätter zitiert aus: *Lesben in/und Bewegung. Materialien zur Lesbenbewegung*, Berlin 1989.

Die Protestaktionen sowohl im Gerichtssaal als auch in anderen Städten hatten eine nachgerade katalytische Wirkung, was die Thematisierung „lesbischer Liebe" anging: Itzehoe wurde zum Paradigma der Konstruktion lesbischer Identität als „magischem Zeichen" des Feminismus:

„Weil die beiden angeklagten Frauen eine lesbische Beziehung hatten, müssen sie über jeden 'normalen' Mordprozeß hinaus ihre elende Jugend, jede Vergewaltigung, ihre miesen Beziehungen zu miesen Männern, ihre Gefühle zueinander bis ins kleinste Detail vor den Augen und Ohren der ganzen Nation ausbreiten. Weil sie eine lesbische Beziehung haben, weden sie geiler Neugier und hämischem Voyeurismus ausgesetzt. Sie werden an den Pranger gestellt. Der Mordprozeß gerät zum Vorwand, um über die lesbische Beziehung zu Gericht zu sitzen. Der Mordprozeß wird zum Hexenprozeß" (Flugblatt Frankfurt 1974).

Das feministische Urteil lautete dementsprechend „Notwehr" und gefordert wurde ein Freispruch für die beiden Frauen: „Lebenslänglich für Notwehr" war ein Flugblatt des Frauenzentrums in Frankfurt betitelt, ebenso wie ein weiteres, gemeinsames Flugblatt verschiedener bundesdeutscher Frauengruppen und -zentren mit der Forderung nach Freispruch endete.

Ebensowenig wie die kritisierte Presse sind auch die feministischen Gruppen an den Aussagen der beiden angeklagten Frauen interessiert.[34] Ihns und Andersen werden vielmehr zu Ikonen stilisiert und zu Märtyrerinnen eines gewalttätigen, frauenfeindlichen Systems gemacht, von dem sie sich nur noch durch die Anstiftung zum Mord des Ehemanns zu befreien wußten:

„Marion und Judy konnten sich als Frauen dieses ständigen Drucks nicht anders entledigen, als Herrn Ihns umzubringen. Sie sahen für sich keine anderen Mittel" (Flugblatt Frankfurt 1974).

„Das Gericht hat selbstverständlich nie berücksichtigt, ob vielleicht diese Gesellschaft, indem sie Menschen zur Heterosexualität zwingt, und zwar fast AUSWEGLOS zwingt, nachgerade zur GEGENGEWALT auffordert" (Flugblatt 1974, Hervorhebung im Original).

„Ihr Recht, sich von diesem Terror zu befreien, ließ sie zur Gewalt greifen. Diese Gewalt war Notwehr" (Flugblatt Frankfurt 1974).

---

34 Beziehungsweise Aussagen der beiden Angeklagten gegenüber der Presse werden als „fremdbestimmt" und von der Presse erzwungen gewertet. So schreibt Alice Schwarzer z.B., daß *Quick* Marion Ihns dazu brachte, alle Frauen vor Lesbierinnen zu warnen. Vgl. Schwarzer 1981, 60.

In den feministischen Kampagnen zu diesem Prozeß wirkte zum ersten Mal in der Geschichte der Neuen Frauenbewegung der neu entstandene Untergrund der Gemeinsamkeit zwischen Feministinnen und Lesben, der zugleich in den feministischen Aktionen weiter verfestigt wurde. Wie sieht dieser gemeinsame Grund aus?

Auffallend ist zunächst, daß in allen Flugblättern zwischen homosexuellen bzw. lesbischen Frauen und anderen Frauen, die sich im übrigen nicht näher definieren, unterschieden wird:

„Wir meinen, daß man auf diese Weise alle homosexuellen Frauen zu Schreckbildern machen will" (Flugblatt Frankfurt 1974).

Da ist von „wir Frauen" oder „wir, die Frauen aus dem Frauenzentrum" die Rede, die von der Geschichte „dieser beiden Frauen" (sprich: Ihns und Andersen) etwas gelernt haben. Es wird immer wieder klar unterschieden in „wir" und „homosexuelle Frauen". Das „wir" spricht über die „homosexuellen Frauen", ist also nicht identisch mit diesen. Die Situation lesbischer Frauen aber wird konsequent vor dem Hintergrund einer patriarchalen, sexistischen Gesellschaft gesehen, sie ist zugleich ultimativer Ausdruck einer frauenverachtenden Kultur *und* wird bereits als möglicher Ausweg aus der unterdrückten Lage gesehen, in der alle Frauen sich befinden:

„Wehren wir uns gegen die sexuelle Unterdrückung der Frau! Schluß mit dem Zwang zur Heterosexualität! Freispruch für die weibliche Homosexualität!" (Flugblatt 1974)

Versuchten die NormalbürgerInnen 'das' Lesbische in bestimmten Frauen einzukörpern, kann der Einsatz der Frauenbewegung in Itzehoe dagegen gelesen werden als Versuch, 'das' Lesbische aus den Frauen 'auszukörpern' und als politisches Emblem allgemein (sprich: für alle Frauen) verfügbar zu machen. Die an der „Konversation" beteiligten Sprecherinnen stellen dieses Ereignis in einen feministischen Bedeutungszusammenhang, der auch um Geltung mit der als patriarchal qualifizierten Deutung des verhandelten Mordfalls streitet. In der Folge entsteht der „Mordprozeß in Itzehoe" neu. Steht im in der öffentlichen Meinung die „lesbische Liebe" am Pranger, geht es im feministischen Diskurs um die „Tyrannei des Mannes". Jetzt stehen nicht mehr zwei Individuen vor Gericht, sondern alle Frauen, die sich mit dem Mut der Verzweifelten gegen die Vorherrschaft der Männer zur Wehr setzen. Das lokale Ereignis ist zum Emblem sexistischer Unterdrückung und des verzweifelten Widerstandes gegen Sexismus geworden, zum Symbol der „konzentrierten Wut aller Frauen am Explosionspunkt".

Die mit der semantischen Vereindeutigung der These Atkinsons eingeleitete feministische Recodierung von Lesbianismus als politischer Strategie findet im Kontext der Verschiebungen in den Geschlechter- und Sexualarrangements mit der feministischen Diskursivierung des Prozesses in Itzehoe einen vorläufigen Höhepunkt: „Lesbianismus" ist zum feministischen „magischen Zeichen" geworden, dessen osmotische Wirkung sich jetzt voll entfalten kann. Zwar wird zwischen „wir Frauen" und den „homosexuellen Frauen" weiterhin klar unterschieden, die Emblematisierung des Ereignisses ermöglicht es jedoch *allen* Frauen, sich dem Zeichen zu assoziieren, es sich gewissermaßen ans Revers zu heften. Denn letztlich wird am Fall von Marion Ihns und Judy Andersen lediglich

„*allen Frauen* demonstriert, was Männer für weiblich halten, was Männer aus weiblicher Sexualität machen und welche Strafe darauf steht, wenn Frauen auf diese Sexualität pfeifen" (Flugblatt Frankfurt 1974, Hervorhebung im Original).

Zwei Monate nach der Urteilsfindung in Itzehoe veröffentlicht der Verlag *Frauen Offensive* in seinem *Journal* im Dezember 1974 das Manifest, das bereits vier Jahre zuvor in den USA zum Auftakt der Recodierung von Lesbianismus und der lesbischen Revolte im Feminismus geworden war: „Frauen, die sich mit Frauen identifizieren". Die Verschiebungen im Diskurs zu Lesbianismus, die schließlich dazu geführt hatten, daß Lesbianismus und Feminismus in dem privilegierten Signifikanten „Lesbianismus" konvergierten, wurden von dem Manifest zitiert und gebündelt. Diese Schrift war ja in gewisser Weise – wenn auch an einem anderen Ort und in einem anderen historisch-politischen Kontext – der Ausgangspunkt dieser Verschiebungen gewesen, und wurde nun gleichsam wie von einem Resonanzkörper iterativ aufgenommen:

„Eine Lesbierin ist die konzentrierte Wut aller Frauen am Explosionspunkt. Sie ist eine Frau, die häufig schon in einem frühen Alter entsprechend ihrem inneren Wunsch handelt, ein vollständigerer und freierer Mensch zu sein, als ihr die Gesellschaft manchmal schon zu diesem Zeitpunkt, sicherlich aber später, erlaubt. Ihre Bedürfnisse und Handlungen bringen sie durch Jahre hinweg in einen schmerzlichen Konflikt mit Menschen, Situationen, dem Prinzip des Kampfs aller gegen alle, mit allem, was sie umgibt und meistens auch mit sich selbst. Möglicherweise ist sie sich der politischen Implikationen dessen, was für sie als eine persönliche Notwendigkeit begonnen hatte, nicht ganz bewußt; aber auf irgendeiner Ebene war es ihr nicht möglich, die Grenzen der Unterdrückung zu akzeptieren, die ihr im Zusammenhang mit dieser wesentlichsten Rolle der Gesellschaft aufgezwungen wurden, der weiblichen Rolle. Der innere Aufruhr, den sie erfährt, führt gewöhnlich zu einem Schuldgefühl, das dem Maß entspricht, in dem sie fühlt, nicht die gesellschaftlichen Erwartungen zu erfüllen, und/oder dazu, daß sie das, was der Rest der Gesellschaft mehr oder weniger akzeptiert, infragestellt und analysiert. [...] Sie ist gefangen zwischen dem Akzeptieren des Bildes, das die Gesellschaft von ihr hat – in diesem Fall kann sie sich selbst nicht akzeptieren – und dem Verständnis dessen, was diese sexistische Gesellschaft ihr angetan hat und warum dies funktionabel und notwendig für diese Gesellschaft ist" (*Radicalesbians* 1975, 13).

Hier kam auf den „Explosionspunkt", was die bundesdeutsche Frauenbewegung in der Rhetorik ihrer Flugblätter zum „Hexenprozeß in Itzehoe" bereits vorbereitet hatte. „Die Lesbierin" ist zur metaphorischen Figur, zum Inbegriff der entfremdeten und unterdrückten Situation aller Frauen im Patriarchat geworden. Metaphrastisch verdichtet das Manifest „Frauen, die sich mit Frauen identifizieren" die Topoi, die in der feministischen Ikonisierung von Ihns und Andersen eine zentrale Rolle spielten. Immer wieder hatten auch die feministischen Flugblätter von der Einsamkeit der beiden Frauen in ihrer Kindheit und Jugendzeit, von der physischen und psychischen Gewalt, von der „Realität der Illusionen" und von den Konflikten zwischen eigenen Wünschen und gesellschaftlicher Moral gesprochen. Ganz gleich, wie die beiden Frauen subjektiv ihre Geschichte sahen, entstieg dem diskursiven Dickicht der Konversation über das Verhältnis zwischen Lesbianismus und Feminismus „die Lesbierin" als Lichtgestalt der feministischen Revolte:

„Die von uns, die sich da hindurchgearbeitet haben, finden sich am anderen Ende einer Reise durch die Nacht, die Jahrzehnte gedauert haben kann. Die Perspektive, die wir durch diese Reise gewonnen haben, die Selbstbefreiung, den inneren Frieden, die wirkliche Liebe zu sich selbst und zu allen Frauen ist etwas, das mit allen Frauen geteilt werden sollte, weil wir alle Frauen sind" (ebda.).

Gleich dem Lacanschen Spiegel, der dem Kind ein Idealbild von Geschlossenheit zurückwirft, spiegelt das Manifest der *Radicalesbians* der Frauenbewegung eine Identität, die zu versprechen schien, was das Ziel der feministischen Wünsche war: Aufhebung von Entfremdung, Fragmentierung und Unterdrückung und die Realisierung einer authentischen Lebensweise. Doch, ebenfalls gleich dem Verkennen des Kleinkindes im Spiegelstadium, das das Spiegelbild als Abbild der eigenen Identität annimmt, v/erkannte die Frauenbewegung die Herkunft dieser Identität aus den Verschiebungen im Diskurs und suchte sie fortan *in* den Frauen selbst.

Mythologisierung. Das „Goldene Zeitalter" lesbischen Feminismus'

Lesbischer Feminismus entstand aus den diskursiven Anstrengungen radikalfeministischer Gruppen in der neuen Frauenbewegung. Sie initiierten Verschiebungen im feministischen Diskurs und recodierten „lesbische Identität" im Horizont von Geschlecht in einer Weise neu, daß Lesbianismus für den Feminismus nicht nur akzeptabel wurde, sondern gar zum Modell feministischer Identität überhaupt aufstieg. Was als Kampf um Anerkennung im Feminismus begann, von den ersten feministischen Theoretikerinnen skeptisch aufgenommen und tendenziell ablehend beurteilt worden war, war im Gefolge der feministischen Sexismuskritik, die ihren „Modellfall" laut Millett im „Koitus" gefunden hatte, zum Modellfall politischer Strategie geworden. Denn, so analysiert Treusch-Dieter, „Lesbischsein ist, *weil* es die sexuelle Alternative zur 'Zwangsheterosexualität' ist, auch die politische Alternative und damit, da die Macht von oben bis unten homogen als reine 'Unterdrückungsmacht' wirkt, die politische Alternative zum 'Patriarchat'" (Treusch-Dieter 1990b, 153).

Sichtbar sind in den Diskursverschiebungen zunächst noch die instituierenden Akte – und damit die politische Dimension dieser Identität –, durch die Lesbianismus zur Modellidentität des Feminismus werden konnte, sowie die umfangreichen Interventionen, um Lesbianismus und Feminismus kompatibel zu machen. In der Konsequenz versäumte es die feministische Bewegung jedoch, die konstruierte und fragile 'Natur' dieser Identität anzuerkennen; was blieb, war die Ausgestaltung und Auspolsterung „lesbischer Identität", die Überwachung der Identitätsgrenze. Anders gesagt, durch die redundante Iteration des feministisch-lesbischen Mantras: „Lesbische Liebe rüttelt an den Grundfesten der Gesellschaft, an Ehe und Familie, vor allem aber an der ungebrochenen Vorherrschaft der Männer und ihren Wahnvorstellungen über Frauen" wie es bereits in einem der ersten Flugblätter zum Prozeß gegen Ihns und Andersen formuliert worden war, war eine sedimentierte und mythologisierte Gewißheit – ein *Identitätsbrocken* – geworden: „Lesbischsein, bewußt und politisch gelebt, bedroht die männliche Vorherrschaft im Kern", verkündete z.B. ein Flugblatt für eine Demo während der Berliner Lesbenwoche 1987.

Was aber ist der Preis der Reformulierung „lesbischer Identität", wenn die Konsolidierung jeglicher Identität immer eine Reihe von Differenzierungen und Ausschlüssen erfordert? Mehr noch: Wenn, um politisch erfolgreich zu sein, d.h. um die soziale Welt in den eigenen Begriffen definieren zu können, auch diejenigen, die 'im Namen' einer verfemten Gruppe sprechen, den Einsatz der 'Wahrheit' wagen müssen, essentialisierende Argumentationen also, die eine bestimmte *Form* von Identität als die einzig mögliche behandeln und damit die eigene Partikularität negieren, unvermeidlich scheinen, muß gefragt werden, wie die Akte, durch die eine Version einer Identität instituiert wurde, sichtbar bleiben. Wird dagegen ein Entwurf „lesbischer Identität" an die Stelle des Wirklichen gesetzt und damit dessen kulturelle Hegemonie gefestigt und ausgedehnt, werden davon abweichende Entwürfe ausgeschlossen und tendenziell unmöglich. Zwar ist zweifellos der Gebrauch einer bestimmten Version von Identität zu einem bestimmten Zeitpunkt politisch sinnvoll, das bedeutet jedoch nicht, daß der zukünftige politische Gebrauch dieser Version vorausgesehen bzw. kontrolliert werden könnte. Der womöglich nur strategisch intendierte Einsatz „lesbischer Identität" im Kampf gegen „Zwangsheterosexualität" und „männliche Tyrannei" produzierte dagegen totalisierende und autoritäre Effekte, die die proklamierten, emanzipatorischen Vorstellungen untergruben. Denn die 'eigene' Ausgestaltung lesbischer Identität ist keinesfalls frei von Macht, sondern immer schon eingespannt in die komplexe Matrix der Relationen von Macht und Wissen.

Wie „lesbische Identität" mythologisiert wurde, soll uns daher im Folgenden beschäftigen.

Die Privilegierung von „Lesbianismus" als feministischer Strategie lebt von der Dichotomie „Zwangssystem Patriarchat"/"revolutionäre lesbische Kämpferin". Das „Lesbentum" hatte ja schon 1974 der *Spiegel*, in Anlehnung an die Parolen der selbsternannten Amazone Jill Johnston, zu „Ziel und Waffe im Kampf der Geschlechter" erklärt (Spiegel, 2.9.74, 66). Denn in einer Gesellschaft, in der Männer das Machtmonopol halten wollten und Frauen durch den legalisierten Dienst im Bett ihren Unterhalt suchen müßten, sei Heterosexualität keine freiwillige Angelegenheit (ebda.). Das Echo dieser – in seiner militärischen Metaphorik ebenso überzogenen wie analytisch flachen – Programmatik ist fast zwanzig Jahre später noch nicht verklungen. So beschreibt z.B. Constanze Ohms in der Einleitung zu einer Anthologie zum Thema „Gewalt in lesbischen Beziehungen" das Patriarchat folgendermaßen:

„Das Patriarchat ist wie eine Schmarotzerpflanze. Die meisten Männer leben von Frauen, ihrer Energie, Fürsorge, Produktivkraft, Reproduktionsfähigkeit und Liebe. Das Verhältnis zwischen Frau und Mann kann als moderne Form von Sklaverei bezeichnet werden" (Ohms 1993, 9).

Ohms Text lebt von der Spannung, die zwischen Patriarchat und Lesbianismus aufgebaut wird.[35] Ersteres ist wie eine „Schmarotzerpflanze", der die „zarte Pflanze Sapphistrie" gegenübersteht. Das Patriarchat ist eine Form der „Sklaverei", deren „Ketten" nur die „stolzen", „aufrechten", „kämpferischen", „liebenswürdigen" und „liebenswerten" Lesben sprengen können. Denn les-

---

35 Alle folgenden Zitate aus: Ohms 1993.

bischer Feminismus, wie Janice Raymond schreibt, „war die größte Herausforderung für die Hetero-Realität" (1989, 79). Es werde von daher auch keine wirkliche Revolution geben, ehe nicht alle Frauen lesbisch sind, propagierte wiederum Jill Johnston in ihrem Buch *Lesben Nation. Die feministische Lösung* (1976), um auch damit ein ebenfalls nicht mehr verhallendes Echo auszulösen:

„Eine Lesbe zu sein in einer durch und durch frauenverachtenden, zwangsheterosexuell organisierten Männergesellschaft ist für uns der Versuch, unsere Träume davon, was FRAU-SEIN heißen könnte, ein Stück lebendig werden zu lassen. Wir Lesben lehnen die herrschende Zwangsheterosexualität ab. Wir Lesben kämpfen gegen den Sexismus als Wurzel und Vorbild aler anderen Formen von Unterdrückung und Ausbeutung und suchen nach Wegen, ihre menschenverachtende, zerstörerische Ökonomie zu überwinden und uns, wo es geht, zu entziehen" (Flugblatt Berlin Lesbendemo 1987).

Im „Goldenen Zeitalter" des lesbischen Feminismus'[36], erinnert uns Raymond an den Mythos des lesbischen Feminismus' weiter, gab es noch eine „Vision der Gleichheit von Frauen mit ihrem Selbst, wir kämpften für andere Frauen, lebten für die Freiheit von Frauen, wir starben für sie", und wir erkannten, daß „Frauen in unserem Leben an erster Stelle stehen", egal was passiert. „Wir schreckten vor nichts zurück", weder vor dem Patriarchat, noch vor anderen Frauen, die es vielleicht gewagt hätten, an „unserem Goldenen Zeitalter" rumzumäkeln. Ja, „wir sprachen sogar von Zwangsmutterschaft und Zwangsheterosexualität" und entlarvten damit die finstersten Praktiken des Heteropatriarchats. Wir waren die Radikalsten, denn unser *wir* war ideologisch getestet und zudem gut bewacht. Das glaubten wir zumindest. „Dann aber passierte etwas. Frauen – häufig sogar andere Lesben – fingen an, die Dinge anders zu definieren". Andere Frauen, die sich auch Lesben nannten, traten auf und sprachen in fremden Zungen, sie benutzten unsere Worte und meinten damit etwas ganz anderes als wir. Und das war der Anfang vom Ende: das Reich der Amazonen ging unter, das Goldene Zeitalter war verloren! Uns wurde sogar das Recht genommen, „einen Satz in der ersten Person Plural" zu bilden! Wir hatten die Macht verloren, *wir* zu sagen; zu definieren, wie es wirklich ist. Wir durften nicht mehr für alle kämpfen und nicht für alle sprechen. Das Zeitalter der „Tyrannei der Toleranz" war angebrochen und alles sollte als „Unterschiedlichkeit durchgehen". Differenz war das neue Schlagwort und unsere wohlbehütete Einheit und Gemeinsamkeit nichts mehr wert.

---

36 Das folgende ist angelehnt an den Text von Raymond 1989. Zitate sind gekennzeichnet.

Ein (vorläufiges) Ende fand dieser Diskurs 1990 mit Lena Laps Programmatik für die neue „radikalfeministische Lesbenzeitschrift" *IHRSINN:* „Wir sind die Lesben, auf die wir gewartet haben" (Laps 1990, 22). Das Ende lesbischer Selbstfindung und -benennung auf dem langen und steinigen Weg zur revolutionären Spitze feministischer Bewegung schien mit dieser Gegenwartsvision eingeläutet. Ein Ende, das sich einerseits von den Anfängen des lesbischen Aufbruchs in den frühen Siebzigern nicht allzu weit entfernt hat, durch das andererseits eine radikale Verschiebung angezeigt ist. Zwar ist Lesbischsein noch immer die radikalere Variante des Feministinseins, konnten jedoch 1974 noch *alle* Frauen lesbisch werden, also eine, wenn man will: radikal konstruktivistische Sicht, die Simone de Beauvoirs Diktum „man werde nicht als Frau geboren, sondern dazu gemacht" sozusagen lesbischexistentialistisch radikalisierte: 'frau wird nicht als Lesbe geboren, sondern kann sich dazu machen', so wissen *wir* heute ganz genau, wer zu diesem Namen gehört: „*Wir* sind die Lesben, auf die *wir* gewartet haben". Laps' Programmatik verspricht viel: da gibt es nicht nur ein *wir*, dieses *wir* hat auch noch eine offensichtlich klare Identität, die Grundlage dafür ist, daß *wir* wissen, auf wen *wir* warten. Der Kreis hat sich geschlossen: Ging es zu Beginn der diskursiven Recodierung von Lesbianismus im Zeichen des Feminismus darum, es gleichsam aus bestimmten Frauen auszukörpern und für alle verfügbar zu machen, so ist es nun wieder, sicher verwahrt, in (womöglich allerdings ganz) anderen Frauen feministisch eingekörpert: Die Befreiung vom „Heteropatriarchat" endete im selbstgewählten Identitätsghetto:

„Die Bewegung, lesbischer Feminismus genannt, ... arbeitete im Interesse aller Frauen. Als lesbische Feministinnen sind wir radikal anders, als die Hetero-Gesellschaft uns haben will. [...] Als lesbische Feministinnen fühlen und handeln wir im Interesse von Frauen als Frauen. [...] Wir fühlen und handeln für alle Frauen, weil wir Frauen sind, und auch wenn wir die letzten wären, die sich dazu bekennen, würden wir immer noch für Frauen dasein. [...] Lesbischer Feminismus ist eine Lebensart, eine Art, für unser tiefstes Selbst und andere Frauen zu leben" (Raymond 1989, 79ff).

5. Tautologische Radikalität

Die Vehemenz, mit der Raymond ihren Entwurf lesbischer Identität als den einzig richtigen verteidigt, die geradezu inflationäre Verwendung des Identitäts-Begriffs und die Vehemenz, mit der viele lesbisch-feministische Texte auf der Notwendigkeit einer klar umrissenen und fixierten Identität bestehen, verweisen jedoch genau auf den prekären Status der Identität sowie auf das instabile Bündnis zwischen Identität und Politik. Statt das Wissen um die Konstruiertheit und damit Kontingenz eines jeweils historisch spezifischen Entwurfs lesbischer Identität offensiv und reflexiv in die eigene Politik aufzunehmen, wird um diesen Entwurf ein gut bewachter Zaun gezogen und der Heterogenität von Identitätsentwürfen mit oft rabiaten Strategien zu Leibe gerückt:

„Und die, die denken, daß es [lesbische Erotica, S.H.] in der Privatsphäre ihrer Schlafzimmer, wo sie es genießen, wo sie – insbesondere sexuell – darauf abfahren, akzeptierbar ist, *sind keine lesbischen Feministinnen*" (Raymond 1989, 83, Hervorhebung S.H.).

„In einer Gesellschaft, in der diese Heterosexualität 'normal' ist, kann die Selbstdefinition von Frauen 'ich bin heterosexuell' nicht ohne weiteres akzeptiert werden. [...] Die Frauenbewegung (und damit wir selber) fordert von uns, die Trennung von privatem und öffentlichem Leben aufzuheben, und uns aus der Unterdrückung zu befreien. [...] Die Frauenbewegung ist der Freiraum, in dem dies nicht nur geduldet, sondern sogar gefordert wird, der Ort für ein lesbisches, asexuelles und bisexuelles 'coming out'. [...] Das heißt für uns Frauen aber auch, daß wir uns entscheiden müssen, für oder gegen Heterosexualität, für oder gegen das Lesbischsein [...] Dieser Prozeß läuft nicht ohne Widersprüche, Konflikte und Leid ab. Vielleicht wird auch klarer, warum Abgrenzungen nötig sind und woher die Aggressionen kommen" (Autorinnengruppe 1980, 59).

Ebenso gewiß, wie *wir* wissen, daß *wir* diejenigen sind, auf die *wir* gewartet haben, ist aber damit Identität als Voraussetzung politischen Handelns definitiv zu einem tautologischen Ende gekommen. Was einst als Signal zur Revolution begann, schreibt sich ein in das Feld der Macht; übriggeblieben von der Revolte ist Disziplinierung und Kontrolle nach innen und ein konkretistischer, Politik lähmender Identitätsbrocken. Denn wird „lesbische Identität" als das 'ganz Andere' der Heterosexualität begriffen, gerät die konstituierende Macht der Matrix von Hetero- und Homosexualität aus dem analytischen wie politischen Blick.[37] Noch in der schärfsten Abkehr von Heterosexualität als totalitärem Zwang wird diese selbstverständlich vorausgesetzt; lesbische Identitätspolitik trägt auf diese Weise zur Naturalisierung eines Herrschaftszusammenhanges bei, den sie ihrer Intention nach 'mit aller Macht' denunziert und bekämpft. Der Essentialismus der Sexualwissenschaft, der Neuropsychologie und Neurobiologie, der Hormonforschung, der Genetik und der Psychoanalyse, die den Grund von Homosexualität mal im Trieb,

---

37 Vgl. hierzu auch Butler 1991b, 189.

mal in den Hormonen, neuerdings in der Größe des Hypothalamus[38] oder in den Genen, und dann wiederum in einer Verwirrung der Geschlechtsidentität finden, wird durch einen Essentialismus der Politik ersetzt: Die Essenz „lesbischer Identität", gleich wie lesbische Frauen sich je individuell thematisieren, *ist* ihre politische Radikalität im Kampf gegen patriarchale Unterdrückung.

An der Reifizierung der Identitätskategorie „lesbisch" sind demnach auch lesbisch-feministische Diskurse beteiligt. Die immer wieder neuen Bestrebungen, die Essenz „lesbischer Identität" bzw. Subjektivität verbindlich zu definieren, erweisen sich damit letztlich als Baustein im Projekt der Normalisierung der Geschlechterhierarchie, dabei die ohnehin schon offensichtliche Evidenz normativer Heterosexualität erneut reproduzierend. Fraglich ist aber, ob das Bedürfnis nach Uniformität, vollständiger Autonomie und Authentizität tatsächlich der beste Weg ist, Heterosexismus zu konfrontieren, denn die enormen Anstrengungen, die Kategorie „lesbisch" intakt zu halten, verweisen letztlich genau auf ihre Instabilität und das Fehlen von festen Grundlagen. Der Versuch dagegen, sich *dauerhaft* und *eindeutig* in das System kultureller Repräsentationen einzuschreiben, produziert Machtwirkungen, die das „Projekt der Befreiung" radikal in Frage stellen.

Slavoj Zizek (1993) hat darüber hinaus auf den immanent autoritären Charakter dieses Prozesses der Fixierung, der ja ein Prozeß der *Positivierung* der Identität ist, hingewiesen. Identität werde autoritär, würde in einer Art perspektivischer Illusion übersehen, daß Identität nichts als die Einschreibung der reinen Differenz, die Äußerung eines Mangels sei, und angenommen wird, Identität ließe sich *essentiell* bestimmen. Es sei keineswegs zufällig, so Zizek weiter, daß die prägnantesten Beispiele für den Autoritarismus der Identität *Tautologien* sind (vgl. Zizek 1993, 101); Behauptungen also, die die Identität des Subjekts mit sich selbst beinhalten:

„*Wir* sind die Lesben, auf die *wir* gewartet haben" (Laps 1990, 22, Hervorhebung S.H.).

„Wir meinen mit Lesben die *Frauen, die ihren Lebens- und Liebesmittelpunkt ausschließlich auf Frauen richten*" (Janz et.al. 1994, 87, Hervorhebung S.H.).

---

38 Vielleicht nicht zufällig ist es ein schwuler Neurobiologe und Aktivist, Simon LeVay, der, mit dem Hinweis auf die neurobiologische Ursache männlicher Homosexualität (schwule Männer sollen im Vergleich zu heterosexuellen Männern einen kleineren Hypothalamus haben), auf die Macht der Wissenschaft setzt, um für Toleranz für eine deshalb nicht „therapierbare" Gruppe zu werben.

Feministische Lesben „erklären die *Frauenliebe zum Ausgangs- und Zielpunkt ihres Alltags und ihrer Theorien*" (Laps 1994, 239, Hervorhebung S.H.).

„Stattdessen realisierte sie [die Bewegung lesbischer Feministinnen, S.H.] eine Vision der *Gleichheit von Frauen mit ihrem Selbst*. Sie definiert *Gleichheit als das Gleichsein* mit Frauen, die sich für Frauen einsetzen ..." (Raymond 1989, 79, Hervorhebung S.H.).

Insbesondere Raymonds Definition ist in mehrfacher Hinsicht bemerkenswert:
• Raymond beschreibt „Gleichheit" als „Gleichheit von Frauen mit ihrem Selbst". Das impliziert, daß Frauen Zugang zu diesem „Selbst" haben können, um dann identisch mit diesem zu werden. Der Unterschied zwischen Form und Materie, zwischen *Sosein* und *Dasein* ist kollabiert. An der Wurzel von Identität findet sich nicht, wie Freud und Lacan vermuteten, der Mangel, sondern im Fall feministischer bzw. lesbischer Identität das „Selbst" von Frauen, das zudem für alle Frauen identisch zu sein scheint: „Gleichheit ist das Gleichsein mit Frauen, die sich für Frauen einsetzen". Unverkennbar hören wir hier das enthistorisierte Echo der *Radicalesbians:* „Lesbierinnen" sind „Frauen, die sich mit Frauen identifizieren".
• Gesellschaft kann in dieser Perspektive nur als Entfremdungszusammenhang gesehen werden, in dem Frauen daran gehindert werden, identisch mit diesem Selbst zu leben. Das impliziert, daß gesellschaftliche Veränderung nur als radikaler Umsturz des Bestehenden gedacht werden kann. In der Konsequenz darf es nichts zwischen Frauen und ihrem Selbst geben.[39]
• Mit dieser Verschiebung von „Gleichheit" zu „Gleichsein" nimmt Raymond Feminismus letztlich aus dem Horizont des Kampfes um demokratische Rechte heraus und situiert ihn in einem Horizont der *Seinsbestimmung*. Entscheidend ist nun nicht mehr, wie Gesellschaft überhaupt vorstellbar ist – und das heißt auch, wie die eigene Partikularität im Verhältnis zu anderen Partikularitäten gesehen wird –, sondern daß Frauen sich diesem Selbst gegenüber politisch und privat 'angemessen' verhalten. Damit findet sich Raymond (unversehens?) in der von Macpherson beschriebenen Tradition politischer Theorie, die die Angemessenheit von Identität und den Rechten des Individuums auf der Idee des Eigentums am Körper begründete.[40]

Betrachten wir diese Problematik abschließend noch einmal von der Perspektive, daß Identität sich immer über den Ausschluß von Anderem herstellt: Wird „Lesbischsein" definiert in Termini von In- und Exklusion, wer dazugehört und wer nicht, wiederholt sich der Fehler, Identität durch

---

39 Zu den Entfremdungsmotiven vgl. ausführlicher den folgenden Abschnitt III.6.
40 Zu Macpherson vgl. Kapitel II.2.

dieselben Mittel der Ausschließung zu konstruieren, die sie gleichzeitig versucht anzuprangern. Das Paradox, daß das Ausgeschlossene gerade durch seine Ausschließung vorausgesetzt und für die Konstruktion von Identität erforderlich ist, wird verkannt. Denn Identität ist immer von dem, was aus ihr ausgeschlossen wird, auch abhängig. Drehen Lesben nun ihre Ausschließung um, definieren Lesbischsein als einen Akt der Verabschiedung von/der Heterosexualität, setzen sie diese jedoch zugleich auch voraus; d.h. Lesbischsein erfordert die Heterosexualität, auch wenn diese als Zwangsheterosexualität angeprangert wird.[41] Die Dualität bleibt bestehen, denn eine Aufhebung der Dualität würde die Aufhebung der eigenen Identität bedeuten, und gerade an der wird festgehalten. Identität ist zum Selbstzweck, zum alleinigen Inhalt politischen Handelns geworden. Im Beharren auf der Notwendigkeit, ein politisches Subjekt zu fixieren, erwies sich lesbische Identität damit vielerorts als ein ähnliches Zwangskonstrukt wie diejenige Zwangsbedeutung von 'Frau', die Lesben glaubten, verlassen zu haben. Da die Notwendigkeit eines homogenen Subjektes als Basis politischen Handelns unzweifelhaft festzustehen scheint, muß dieses immer wieder erst hergestellt werden. Das lesbische *wir* mag zwar bestimmten Zwecken dienen, verleugnet darin jedoch zugleich die innere Vielschichtigkeit und Unbestimmtheit dieses *wir* und kann sich nur unter Ausschluß eines Teils der Frauen konstituieren, die es zu repräsentieren sucht und vorgibt.

Die Selbstbenennung fungiert hier weder als Mittel der Selbsterkenntnis noch als Mittel der Erkenntnis gesellschaftlicher Zwänge und Herrschaftsoktrois. Als Ausweg bleibt nur das Versprechen von Wahrheit, von Orten außerhalb der Gesellschaft, jenseits des Patriarchates, jenseits der Zwangsheterosexualität, auf jeden Fall in einem Zeitalter, das nicht in unsere Zeitrechnung gehört und zu dem die Wege mehr als dunkel sind.

6. Strategischer Essentialismus?

Zu Beginn dieses Kapitels hatte ich die These formuliert, daß der Rekurs auf essentialisierende, identitätspolitische Strategien nicht nur den Versuch der Stillstellung der instituierenden Dimension des Politischen beinhaltet, sondern auch die grundlegende Frage des Politischen, nämlich wie das „Zusammen- und Miteinander-Sein der *Verschiedenen*" (WP, 9) organisiert werden kann, durch die Idee einer exklusiven *Identitätsgemeinschaft* ersetzt.

---

41 Vgl. hierzu auch Butler 1991, 188f.

Im letzten Abschnitt dieses Kapitels möchte ich diese These noch einmal von einer anderen Perspektive her aufnehmen und fragen, ob essentialisierende Strategien auch anders verstanden werden können, d.h. im Hinblick auf die Überlegung, wie das Wissen um Kontingenz aufgenommen werden kann. Dazu werde ich ein weiteres Motiv des lesbisch-feministischen Diskurses untersuchen, das offensichtlich als essentialistisches Motiv betrachtet werden kann: Das Motiv des durch Entfremdung negierten „authentischen Kerns" lesbischer Identität.

„*... what is behind the curtain?*" Quer durch die von mir in den vorhergehenden Abschnitten analysierten Texte taucht ein Motiv immer wieder und in verschiedenen Variationen auf: „Lesbische Identität" muß *entwickelt* werden, sie muß *entworfen, geschaffen* und *erfunden*, vor allem aber *gefunden* werden. Sie ist nicht einfach 'da', sondern Ergebnis eines komplexen kulturellen und symbolischen Erzeugungsprozesses, in dem sie „sicht-, fühl- und hörbar" gemacht wird:

„Nur Frauen können einander ein neues Gefühl ihrer selbst geben. Diese Identität müssen wir mit Bezug auf uns und nicht in Hinsicht auf die Männer *entwickeln*. ... Zusammen müssen wir unser *authentisches Selbst finden*" (Frauenliebe 1975, 17, Hervorhebung S.H.).

„Was wir wollen, müssen wir uns *selbst erfinden*" (Kuckuc 1975, 9).

„... uns endlich unsere *eigene Identität* zu *schaffen* und auch zu leben" (Autorinnengruppe 1980, 59, Hervorhebung S.H.).

„IHRSINN will danach fragen, wie wir Sinn, Worte und Werte für *Lesbenleben (er)finden* können" (IHRSINN 1/90, 5, Hervorhebung S.H.).

„Unsere vorherrschende Erfahrung gesellschaftlicher Nicht-Existenz und Nicht-Verortung nehmen wir als Chance wahr, ... uns eine *eigene Identität zu entwerfen und zu schaffen*. Identitätschaffen hat mit Benennen, Sichtbar-/Hörbar-/Fühlbarmachen, mit Be-Zeichnen und Symbolen zu tun ..." (Laps 1990, 25; Hervorhebung S.H.).

„Ziel unseres Kongresses zur lesbisch-feministischen Identität ist es:
– uns eine Lobby zu schaffen, die uns eine *kollektive Identitätsbildung ermöglicht*;
– unseren Standort zu bestimmen;
– Eigen-Macht zu entwickeln;
– die patriarchalen hierarchischen Strukturen in uns und außerhalb von uns sichtbar zu machen, um sie überwinden zu können;

- auszubrechen aus der Unterdrückung unserer Sinnlichkeit – hin zu unserer Sinnfindung;
- unsere eigene Lust zu akzeptieren und damit unsere Versklavung an 'dumpfe Körperlichkeit' zu überwinden;
- eine *umfassende Grundlage für die eigene Wertschätzung zu schaffen*;
- Freude, Fröhlichkeit und Spaß auszuleben,

indem wir
- eine machtvolle/selbstbestimmte Frauengeschichte aufzeigen,
- Material und Einsichten aufdecken, die uns zu uns gemäßen Mythen und Meditationsformen/Gebeten und Riten inspirieren"

(Flugblatt Köln 1990, Hervorhebung S.H.).

Die Begrifflichkeit, die zwischen „authentisches Selbst finden" und „Frauengeschichte aufzeigen" einerseits und „kollektive Identitätsbildung ermöglichen" bzw. „Identität entwerfen" andererseits changiert, verweist auf die Verwirrung, die mit dem Begriff der Identität einhergeht. Offensichtlich scheint den Autorinnen klar zu sein, daß Identität nicht einfach existiert, es muß etwas dafür getan werden, damit sie existieren wird. Unklar bleibt jedoch, wie diese Aktivität aussieht und damit, ob Identität eine zu entdeckende Substanz oder eine hergestellte Entität ist. Dennoch könnte argumentiert werden, daß Spuren von Kontingenz im Diskurs aufgehoben sind: Die Tätigkeit des „Erfindens" wird zumindest in einigen Texten als radikal instituierend begriffen. Der Zwang, die Position der 'Wahrheit Sprechenden' einzunehmen, um politisch erfolgreich zu sein, wirkt jedoch dahingehend, daß die 'Künstlichkeit' von Identität ignoriert und auf deren unterdrückte 'authentische Wirklichkeit' abgehoben wird, bzw. die neu entworfene Wirklichkeit als die authentische, eigentlich wirkliche Wirklichkeit behandelt wird.

Was daher in den politischen Positionsbestimmungen lesbischer Identität meist fehlt, ist die Anerkennung der komplexen und komplizierten Prozesse und Praktiken der Identitätsbildung selbst, denn Identität, soviel sollte aus dem Vorhergehenden deutlich geworden sein, ist nicht die Erscheinung eines Wesens oder einer Substanz, die unterhalb gesellschaftlicher Entfremdung authentisch geborgen werden könnte.

Genau dies scheint der lesbische Diskurs jedoch zu versprechen. Denn dort, wo es Unterdrückung gibt, gibt es auch 'etwas', das unterdrückt wird, das nicht in seinem eigentlichen Sein erscheinen kann. Wesen und Erscheinung fallen auseinander, genauer: das Wesen ist durch Ideologie verschleiert. Noch anders gesagt, der Prozeß des Sichtbarmachens ist ein Prozeß der Emanzipation, in dem vollkommene Transparenz angestrebt wird: die Abschaffung aller Beziehungen von Repräsentation[42], einen Zustand, in dem die Differenz

---

42 Vgl. hierzu Pieterse 1992 sowie Laclau 1992.

zwischen der 'Essenz' des Lesbischen und ihrem Ausdruck aufgehoben wäre: die „Gleichheit von Frauen mit ihrem Selbst" (Raymond, a.a.O.).

Sich damit in die Tradition klassisch moderner Emanzipationsdiskurse stellend, geht also auch der lesbisch-feministische Diskurs mehrheitlich davon aus, daß lesbische Identität unterdrückt und von ihrem „wirklichen Sein", ihrem Wesen *an sich* entfremdet ist. Bevor sich das „authentische Selbst" oder die „potentiell-wirkliche Identität von Lesben" entfalten kann, muß demnach zunächst die Befreiung von Unterdrückung und Entfremdung realisiert werden. Nahegelegt wird, daß es so etwas wie eine lesbische Essenz gibt, die hinter dem Vorhang gesellschaftlicher Verhältnisse bzw. „aufgezwungener Identifikationen" auf uns wartet, etwas, das bisher nicht angemessen repräsentiert und deswegen unsichtbar war, gleichsam eine ontologische Essenz des Lesbischen, die aus den Fängen gesellschaftlicher Fremdbestimmung befreit werden muß:

„... und finden unser Zentrum in uns selbst. Das Gefühl der Entfremdung, des Abgeschnittenseins, hinter einem verschlossenen Fenster zu stehen, der Unfähigkeit, das zu verwirklichen, was, wie wir wissen, in unserem Inneren ist, läßt nach. Wir fühlen ein Wirklich-Sein, daß wir endlich mit uns im Einklang stehen" (Frauenliebe 1975, 17f).

„[Lesbische] Wirklichkeit ist immer da, Teil der Realität und außerhalb, wie wir, Hintergrund zum Vordergrund, *hinter der Bühne der Realität ...*" (Büchner 1990, 9; Hervorhebung S.H.).

Soziale Praktiken innerhalb essentialistischer Diskurse scheinen also von der Vorstellung einer gemeinsamen und geteilten Konzeption sozialer Identität geprägt zu sein. Diese Identität wird tendenziell betrachtet als fixiert, einzigartig, ungeteilt und ahistorisch. Identität ist das, was unter der Oberfläche verborgen liegt. Essentialistische Argumente tendieren dazu, zu behaupten, daß die Essenz oder der wahre Charakter einer Identität verdeckt wurde durch Kräfte, die dieser Essenz extern sind, d.h. durch Kräfte der Unterdrückung. Sich abzuwenden von diesen entfremdeten Oberflächen, um den wahren Kern der Essenz zu bergen, wird deshalb nicht nur als eine Möglichkeit unter anderen betrachtet, sondern als Strategie von entscheidender Bedeutung. Eine solche Befreiung der wahren Identität, individuell wie kollektiv, wird zum größten politischen Erfolg. Das schließt natürlich eine tiefgreifende Kritik dominanter Wertsysteme sowie die Konstruktion eines alternativen Wertesystems ein, das für diese Identität spezifisch ist. Denn die Rückkehr zu der wahren Identität kann nur durch eine totale Kritik aller Werte und Praktiken erreicht werden – eine fundamentale Transformation von der Sphäre der entfremdeten Erscheinungen zu der von Wahrheit, Güte und Glück. Es dominiert also die Perspektive, daß es eine direkte Verbindung gibt zwischen dem, was man 'eigentlich' ist, und dem, was man tut.[43]

Identitätspolitik gründet sich mithin auf zwei gleichermaßen problematische Prämissen: Es wird erstens eine kollektive Identität unterstellt, die prinzipiell die selbe ist für alle, denen diese Identität zugeschrieben wird, bzw. diejenigen, die sich mit dem gleichen Namen benennen. Zweitens die Idee, daß diese Identität intrinsisch verbunden ist mit bestimmten politischen Interessen. Identität wird dabei manchmal präsentiert als etwas, von dem nur die Staubschichten der Unterdrückung gewischt werden müßten. Manchmal ist sie allerdings auch vergleichbar einem Anliegen, das aktiv erst kreiert werden muß. In jedem Fall zeigen die oft harschen Formen, durch die eine politische Bewegung politisch bewußter Lesben hergestellt und Identität bei den als zur Identitätsgruppe zugehörig identifizierten Mitgliedern durchgesetzt wird, daß die Identität von Identitätspolitik nicht unmittelbar zur Verfügung steht.

Identitäts-Bewegungen benutzen allerdings oft sich einander widersprechende diskursive Strategien, die nicht immer um die Vorstellung einer Essenz, wie etwa eines fest umrissenen Lesbischseins, organisiert sind. Zwei sich einander scheinbar konträr gegenüberstehende Momente charakterisieren diese unterschiedlichen Strategien: Das erste essentielle Moment ist zentriert um die Idee der Befreiung und Wiederherstellung einer Essenz, die durch externe Kräfte unterdrückt und kolonisiert war. Das zweite Moment, das dem ersten zugleich widerspricht und es ergänzt, ist eins, in dem Essenzen neu überdacht werden. Hier wird gezeigt, daß die Singularität jeglicher Essenz tatsächlich eine Pluralität von Positionen eher verdeckt. Anstelle einer homogenen Vorstellung von „Lesbianismus" wird davon ausgegangen, daß es eine Pluralität lesbischer Lebensformen gibt, die allenfalls eine Art „Familienähnlichkeit" (Wittgenstein) teilen.[44] Durch diese Schwächung essentieller Ansprüche scheint jedoch die Stärke der Bewegung insgesamt in Frage gestellt.

---

43 Die Versuche einer feministischen bzw. lesbisch-feministischen Moral zeugen von dieser Verbindung.
44 Seit Mitte der Achtziger etwa ist die Vision einer Lesben-Nation abseits der männlich und heterosexuell dominierten Kultur ins Visier der Kritik geraten. Im Unterschied zur vorangegangenen Dekade scheint lesbische Kultur (nicht nur) ihr (politisches) Zentrum verloren zu haben. Die aktuelle Lesbenbewegung – sofern der Begriff Bewegung im Singular hier überhaupt noch sinnvoll ist – besteht aus einer Vielzahl von Projekten und Gruppen mit z.T. äußerst divergierenden politischen und kulturellen Selbstverständnissen sowie höchst unterschiedlichen Ansätzen, Interessen und Zielgruppen. Neu ist dabei vielleicht weniger die Vielfalt als die Tatsache des fehlenden hegemonialen Zentrums für diese unterschiedlichen Projekte und Gruppierungen. Die einst klare Verbindung zwischen Lesbianismus und Feminismus, in der letzteres quasi naturhaft aus ersterem erwuchs, ist längst nicht mehr so klar. Die Partikularisierung ist m.E. jedoch stärker ein Effekt der der Homogenisierung inhärenten Zersplitterung als der reflektierten Durcharbeitung der identitätspolitischen Problematik.

D.h. man findet zur gleichen Zeit verschiedene, einander widersprechende diskursive Strategien, die einerseits Lesben als eine Art Ethnie konstruieren, andererseits von der Pluralität und Nicht-Fixiertheit lesbischer Identität ausgehen. Wie kann nun dieses Nebeneinander konträrer Momente in den Diskursen sozialer Bewegungen analysiert werden? In Analogie zu Derridas Beschreibung der komplexen Verbindungen zwischen *Dekonstruktion* und *Metaphysik der Präsenz*, die einander nicht radikal äußerlich seien, sondern sich wechselseitig ermöglichen und ergänzen, *supplementieren* und *zugleich* die Bedingung der Unmöglichkeit des jeweils anderen beinhalten, hat Anna Marie Smith (1994) vorgeschlagen, die essentiellen und anti-essentiellen Momente in den Diskursen sozialer Bewegungen nicht als separate, aufeinander folgende Phasen, nicht als korrekt bzw. inkorrekt zu betrachten, sondern als *Supplemente* (vgl. Smith 1994, 173). Dekonstruktion, so Smith weiter, zeigt zwar die Unmöglichkeit reiner und vollständiger Essenzen, ersetzt diese aber niemals; vielmehr wird dadurch deutlich, daß das, was als Essenz zu funktionieren scheint, tatsächlich auf dem Terrain der Kontingenz und nicht der Notwendigkeit lokalisiert ist (ebda.).

Smiths Vorschlag folgend, können identitätspolitische Strategien dann beschrieben werden in der Form von Essenzbehauptungen und -ansprüchen sowie deren gleichzeitiger Anfechtung. Identitäten sind insofern Schauplätze des Streites und der Revision, Arenen der kontingenten *Artikulation* sozialer Antagonismen. Mit anderen Worten, wann immer eine lesbische Essenz behauptet wird, wird sie auch schon in Frage gestellt. Die strategische Behauptung einer Essenz kann politisch sinnvoll sein, denn sie erlaubt die Selbst-Benennung und die Benennung der anderen in der Kartographierung sozialer Antagonismen (Lesben vs. Heteras etc.). Essenz-Behauptungen sollten deshalb immer in dem speziellen Kontext der spezifischen Strategien gesehen werden, in dem sie gemacht werden. Denn die Effekte einer Essenz-Behauptung, sofern diese innerhalb einer widerständigen Strategie eingesetzt wird, können niemals im voraus bestimmt werden. Sie kann die Bedingung der Möglichkeit von Subversion sein oder gerade als deren Begrenzung funktionieren, abhängig vom jeweiligen Kontext.

Es geht also nicht um eine Zwei-Stufen-Theorie der Revolution; die verschiedenen oppositionellen Momente ersetzen einander nicht einfach. Das essentielle Moment und das Moment, in dem gezeigt wird, daß das essentielle Subjekt unmöglich ist, fungieren als Supplemente, paradoxerweise konstituieren sie die Grenzen jeder Strategie wie die Bedingung ihrer Möglichkeit. Die Infragestellung der Essentialität löscht die Arbeit dieser Strategie nicht aus, vielmehr eröffnet sie die Möglichkeit für lokale und komplexere Strategien. Schließlich erscheint keines der beiden Momente in Reinform und die Effekte essentieller Diskurse können nicht abstrakt bestimmt werden. Werden etwa essentialistisch fundierte Ansprüche im Kontext von Unterdrückung formuliert, ist der „lesbische Essentialismus" verständlich, denn es macht

Sinn, sich gerade um das Stigma herum zu organisieren und dieses in Frage zu stellen. Paradoxerweise verstärkt jedoch genau dies die in Frage stehende Identitätskategorie, auch wenn das Stigma zurückgewiesen wird. Die Erhaltung und Stärkung essentialisierter Identitäten wird Unterdrückung nicht beenden. Deshalb ist es notwendig, Raum zu kreieren für die Vorstellung, daß es kein Zentrum „lesbischer Identität" gibt und Identitäten nicht auf Ontologie, sondern auf Politik basieren – ja, daß Ontologie selbst ein Effekt von Politik ist.

Resümee

Umstrittene Bedeutungen erzählen uns, wie und wo wir interessiert sind und wie wir politisch positionieren und positioniert werden. Die Auslöschungen ebenso wie die Versionen historischer Erinnerung, die wir kreieren, konstruieren, wer wir sind, konstruieren unsere politischen Identitäten. Die Wiedereinschreibung unserer Geschichte, die eine bestimmte Konstruktion von Identität erfordert, verdunkelt die flüchtige, sich ständig verschiebende und umstrittene 'Natur' von Identität. Oft erscheint sie dann als real, 'entdeckt' und unveränderbar.

Auch lesbische Identität ist eine solche veränderliche Konstruktion. Es gibt nicht eine Form „lesbischer Identität", sondern viele „Lesbianismen". Das eine Wort situiert eine Vielzahl von Konstruktionen, alle umschrieben von einem spezifischen Moment, der ein politischer Moment ist, umschrieben von Zeit und Raum. Aber nur diesen spezifischen Moment 'historisch' zu nennen und die Konstruktion von „Lesbianismus" im Singular als unhistorisch zu kritisieren, heißt auch, der Konstruktion von Geschichte nicht Rechnung zu tragen, die permanente Wiedereinschreibung eines 'Ursprungs' nicht aufzunehmen. Dies reduziert die Komplexität von Bezeichnungsprozessen und Verantwortlichkeit. Auch die von mir erzählte Geschichte ist nicht 'die' wahre Geschichte, es ist nur eine von vielen. Geschichte(n) ist/sind immer interessierte Geschichte(n), und das gilt für alle.

IV. Politik ohne Geländer
Identitätspolitik neu denken

> „Denn Freiheit ist eigentlich der Sinn dessen, daß es so etwas wie Politik im Zusammenleben der Menschen überhaupt gibt."
> Hannah Arendt[1]

1. Einleitung

Eines der entscheidenden politischen Anliegen ist die Schaffung kollektiver Identität, die Schaffung eines *wir*. Der Prozeß der Konstitution von Identität ist dabei ebensowenig abschließbar wie unproblematisch. Es ist vielmehr ein Prozeß der konstanten Neuverhandlung und des Wettstreits, ein Prozeß, in dem verschiedene politische AkteurInnen konkurrierende Konzeptionen kultureller und politischer Identität artikulieren und zu etablieren suchen.

In dieser Generalität ist damit zunächst lediglich eine Dimension demokratisch verfaßter Gesellschaften thematisiert, deren Fundamente eben nicht konstant, sondern kontingent sind. Die dialektische Kehrseite dieses Prozesses ist jedoch die Tendenz, kontingente Grundlagen gegen Interventionen abzusichern, indem sie der „radikalen Unbestimmtheit (in) der Demokratie" (Claude Lefort) entzogen werden, und, in dem Versuch, die Macht des Benennens dauerhaft zu pachten, der Prozeß der Neuverhandlung gleichsam stillgelegt wird. Mit anderen Worten, in der politischen Arena geht es vor allem darum, die *Doxa* einer Gesellschaft zu bestimmen, Diskurse, die Ergebnis hegemonialer Kämpfe sind, auf Dauer zu stellen. Ignoriert wird dabei allerdings, daß konstitutiver Bestandteil jeder Hegemonie Antagonismen sind, die nicht nur Bedingung ihrer Existenz sind, sondern auch an die Begrenztheit der Totalität der *Doxa* erinnern.

Wenn also eine bestimmte Version einer politischen Identität nur durch ihr „konstitutives Außen" überhaupt intelligibel wird *und* zugleich *keine* Version einer politischen oder kulturellen Identität für sich den Status der Unhinterfragbarkeit reklamieren kann, dann ist zu fragen, wie das „konstitutive Außen" jeglicher Identitätskategorie, das gerade ihr demokratisches Potential darstellt, gegen die naturalisierenden und reifizierenden Akte der ‚Stillegung' ins Spiel gebracht werden kann. Um es im Hinblick auf die Problematik der Konstitution von Identitäten zu präzisieren: Wie können die Artikulationen

---

1   Arendt, Hannah 1994: Freiheit und Politik. In: dies.: *Zwischen Vergangenheit und Zukunft. Übungen im politischen Denken* Bd. I. München, 201.

einer historisch je spezifischen Version kollektiver Identität – diejenigen arbiträren Fixierungen also, die zwar Bedeutung und damit Differenz überhaupt erst ermöglichen, die jedoch immer, ihre Arbitrarität ignorierend, die Tendenz haben, zu versteinern – gewissermaßen *dynamisiert* werden? Wie also kann die „List der Macht" (Butler), die damit operiert, sich vor jeder Anfechtung abzuriegeln, überlistet werden? Es ist diese Möglichkeit der Infragestellung jeglichen Inhalts einer Identitätskategorie, die meiner Meinung nach im Zentrum des Projekts der radikaldemokratischen Reformulierung von Identitätspolitik steht.

Thema des folgenden Kapitels ist die Frage, wie Identitätspolitik reformuliert werden kann, um die als selbstverständlich erachtete Vorstellung von Identität als Voraussetzung politischen Handelns zu destabilisieren, *ohne* dabei auf Identität ganz zu verzichten. Im Zentrum dieser Reformulierung steht der Begriff der *Performativität*[2], der den für die Relation Identität/Politik entscheidenden Begriff der *Repräsentation* im Derridaschen Sinne *supplementieren* soll. D.h. der Begriff der Performativität soll den der Repräsentation weniger ersetzen, als vielmehr ergänzen und erweitern.

Ausgangspunkt hierfür ist die politische Theorie Hannah Arendts, die in ihrer phänomenologischen Konzeption der verschiedenen Tätigkeiten (Arbeiten, Herstellen, Handeln) Handeln als *performatives* Handeln beschreibt. Ich beginne daher mit einer Rekonstruktion derjenigen Aspekte der politischen Theorie Arendts, die für eine identitätskritische Politik produktiv gemacht werden können. Der Versuch Arendts performativen – und damit kontingenten – Begriff des Handelns insbesondere für feministische bzw. lesbische Politik produktiv zu machen, ist jedoch mit zwei Problemen konfrontiert: 1. Arendts Versuch, das Politische vor instrumenteller Vereinnahmung zu schützen, und die strikte Grenze, die sie zwischen privat/politisch zieht, führen letztlich einerseits zu einer inhaltlichen Entleerung des Politischen und andererseits zur impliziten Anerkennung *prinzipiell* unpolitischer Bereiche. 2. Auch Arendts Unterscheidung zwischen *konstativen* „Fakten der Existenz", wie etwa Geschlecht und Sexualität, und *performativ* generierten politischen Identitäten ist für feministische Politik nicht akzeptabel, da damit Arendts Abweisung der Möglichkeit der Politisierung von Geschlecht und Sexualität akzeptiert werden müßte.

---

2 Der Begriff der Performativität rekurriert auf die Sprechakttheorie John L. Austins. Austin unterscheidet zwischen konstativen, d.h. beschreibenden, feststellenden Sprechakten, und performativen Sprechakten, durch die eine Situation produziert oder verwandelt wird. Performative Sprechakte sind daher niemals 'wahr' oder 'falsch'. sondern sie 'gelingen' oder 'schlagen fehl'. Diese Unterscheidung ist für eine Theorie der Identitätspolitik, die sich auf den Begriff der Performativität stützt, von enscheidender Bedeutung. Vgl. ders. *Zur Theorie der Sprechakte.* Stuttgart 1972

Darüber hinaus muß ihr Begriff performativen, ereignishaften Handelns aus seiner phänomenologischen Umklammerung gelöst und historisiert werden. Erst, so meine These, innerhalb einer *genealogischen* Perspektive kann Arendts Begriff performativen Handelns seine identitätskritischen Effekte entfalten. Vor dem Hintergrund der Reformulierung des *Politischen* durch Ernesto Laclau und Chantal Mouffe als der *radikal instituierenden Dimension des Sozialen* soll dann der Begriff der Performativität um die Dimension der *Iterierbarkeit* (Derrida) erweitert werden. Denn, so Derrida, performative Äußerungen gelingen nur deshalb, weil sie „zitieren", und nicht weil Akteure intentional etwas neues produzieren, was vorher noch nicht existierte. Aber auch der Begriff der *Iterierbarkeit* muß machttheoretisch gewendet werden, um der Aufgabe, die versteinerten Identitätsbrocken zu zerbröseln, gerecht werden zu können. Mit diesem Instrumentarium können politische Identitäten dann als *performative Zeichen* reformuliert werden. Das ermöglicht es einerseits zu verstehen, warum Identitäten so 'mächtig' sind im politischen Feld, und andererseits *wie* ein Umgang mit Identität aussehen kann, der sich dieser Macht bewußt ist.

Bevor diese Thematik angegangen wird, möchte ich jedoch in einem Exkurs noch einmal einen Schritt zurückgehen und danach fragen, wie überhaupt nach 'der' Politik gefragt werden kann.

Exkurs: Nach der „Politik" fragen?

Der Begriff der Politik stellt eine Aporie dar. So sehr das Wort Politik zu den Kategorien des Alltagswissens gehört, fester Bestandteil unseres alltäglichen Sprachgebrauchs ist, so wenig wissen wir, was „das Politische" ist. Zwar gibt es kaum ein Phänomen der sozialen Wirklichkeit, das nicht mit Hilfe der Formulierung „Politik der ..." umschrieben und in Frage gestellt wird, dennoch verfügen wir nicht über das Rüstzeug, die 'richtigen' Fragen zu stellen, von den Antworten ganz zu schweigen.

In den Arenen von Politik und Sozialwissenschaften wird in dieses Vakuum hinein Konträres formuliert: Neben der – teils frohlockend, teils pessimistisch verkündeten – Diagnose vom „Ende der Politik" plädieren andere mit gleicher Vehemenz, den verzweifelten Unterton jedoch kaum verhehlen könnend, für ein „Mehr an Politik" (Bauman). Der *Begriff* der Politik wird dagegen selten befragt. Wenn jedoch zutrifft, daß die Diskursivierung einer Problematik Indiz dafür ist, daß diese nicht nur in Bewegung geraten ist, sondern im Begriff steht zu verschwinden, so stehen gerade Begriff, Ort und Subjekt des Politischen selbst zur Disposition.

Ist man also, „wenn man in unserer Zeit über Politik reden will" (WP, 13), dazu gezwungen, mit der Krise „des Politischen" zu beginnen? Was aber deutet die Rede von der Krise des Politischen an? Muß nicht vielmehr statt nach ihrer Krise nach der Politik selbst gefragt werden? „Politik", schreibt Ulrich Beck (1993), ist „niemals irgendwo abgelesen, abgelauscht, aus unwandelbaren Naturgesetzen abgeleitet, sondern immer erfunden worden. ... Die Geschichte des Politischen ist in diesem Sinne eine Geschichte der Erfindung des Politischen" (18). Die Schlußfolgerung, daß es Gesellschaften ohne Politik geben könnte, drängt sich durch Becks Feststellung auf. Denn wenn Politik erfunden wird, ist es auch möglich, daß sie nicht erfunden wird, bzw. ist es nicht zwingend notwendig, sie zu erfinden, um die Organisation von Gesellschaften zu gewährleisten. Soziologisch gesprochen ist also nicht klar, ob Politik eine notwendige Funktion in Gesellschaften ist, bzw. ob die Organisation menschlichen Zusammenlebens zwingend „politisch" genannt werden muß. Daß Politik alles das sei, womit Menschen ihr Zusammenleben organisieren, hat Hannah Arendt als eines der grundlegenden Vorurteile gegenüber der Politik benannt. Das Sprechen über Politik, so Arendt, müsse deshalb „mit den Vorurteilen beginnen, die wir alle gegen Politik hegen" (WP, 13). Dieses Vorurteil beruht nach Arendt auf einem grundlegenden Mißverständnis derjenigen Bestimmungen oder Definitionen des Politischen, die Politik als Mittel für einen höheren Zweck zu bestimmen versucht haben. Politik sei als eine für das menschliche Leben unabweisbare Notwendigkeit betrachtet worden, deren Aufgabe und Zweck „die Sicherung des Lebens im weitesten Sinne" sei (WP, 36). Gemeinsam ist all diesen Antworten – und das ist für Arendt das Mißverständnis gegenüber der Politik schlechthin –, daß sie es für selbstverständlich gehalten hätten, Politik habe es immer und überall dort gegeben, wo Menschen überhaupt in einem geschichtlich-zivilisatorischen Sinne zusammengelebt hätten. Arendt führt das auf ein Mißverständnis der Position Aristoteles' zurück, der zwar das Wesen des Menschen als *zóon politikón* bestimmte, damit jedoch nicht meinte, alle Menschen seien wesensmäßig politisch, es sei vielmehr lediglich eine Eigentümlichkeit des Menschen, in einer *polis* leben zu *können* (WP, 37). Denn „Politik entsteht in dem Zwischen-den-Menschen, also durchaus außerhalb des Menschen" (WP, 10). „Notwendig" aber, kommentiert Arendt, „– sei es im Sinne eines unabweisbaren Bedürfens der menschlichen Natur wie Hunger oder Liebe, sei es im Sinne einer unentbehrlichen Einrichtung menschlichen Zusammenlebens – ist das Politische nicht" (WP, 41).

Wenn es demnach Gesellschaften ohne Politik gibt, läßt sich der Inhalt des Politischen, seine Qualität, nicht über die Bestimmung seiner Funktion gewinnen. Damit ist eine ganze Tradition abendländischer politischer Theorie und politischer Praxis von Plato bis zum Proletariat und dessen EnkelInnen in Frage gestellt, die Politik begriffen hat als die Repräsentation von Interessen bzw. Gruppen, die außerhalb des politischen Raumes konstituiert sind und die den politischen Raum nur begriffen haben als den Ort, in dem Ansprüche (an den Staat, die Männer, ...) gestellt werden.

Welche Orientierungsmarken bieten uns nun zeitgenössische SoziologInnen für eine Neu-Erfindung des Politischen? Zygmunt Bauman etwa fordert in seiner Diskussion der neuen Werte der Postmoderne – Freiheit, Toleranz, Verschiedenheit – in seinem Buch *Moderne und Ambivalenz. Die Postmoderne oder: Mit Ambivalenz leben* (1992a), ein „Mehr an Politik": „Welche von der Postmoderne befürworteten Werte oder Mittel wir auch immer betrachten, sie alle verweisen auf die Politik, die Demokratie, die mündigen Staatsbürger als die einzigen Mittel ihrer Verwirklichung. Mit Politik sehen diese Werte und Mittel wie eine Chance zu einer besseren Gesellschaft aus; ohne Politik, völlig den Kräften des Marktes überlassen, sehen sie im besten Fall eher wie trügerische Schlagworte aus, im schlimmsten Fall wie Quellen neuer und noch unausgeloteter Gefahren. Die Postmoderne ist nicht das Ende der Politik, wie sie auch nicht ein Ende der Geschichte ist. Ganz im Gegenteil, alles, was an dem postmodernen Versprechen attraktiv ist, ruft nach mehr Politik ..." (339). An ähnlichen Werten wie Bauman orientiert, formuliert auch Alain Touraine als zukünftiges „Programm" linker Politik: individuelle Freiheit, kulturelle Diversität, Widerstand gegen alle Formen der Ausschließung (vgl. Touraine 1993, 10). Und Ulrich Beck formuliert ein politisches Programm des Skeptizismus, der Selbstbegrenzung, des Zweifels und der „wahrheitsunfähigen Politik", gegen etablierte Freund-Feind-Schemata und Ausschlüsse (vgl. Beck 1993, 260ff).

Die Antworten Becks wie Baumans auf die Frage, wie diese andere Politik aussehen soll, weisen in die gleiche Richtung. Wo Beck gegen das „entweder/oder" der einfachen Moderne mit dem reflexiven „und" und einer Kultur des Zweifels antwortet, spricht Bauman vom Leben mit der Ambivalenz und, im Anschluß an Agnes Heller, von der Kontingenz: „Wir könnten versuchen, unsere Kontingenz in unser Geschick zu verwandeln" (Bauman 1992a, 321). „Politik der Politik" (Beck) wäre also eine Politik, die sich ihrer eigenen Kontingenz bewußt ist und diese nicht zum Verschwinden bringt, und die in ihren Konstruktionen von Wirklichkeit auch für die Konstruktionen anderer Wirklichkeiten einen Spielraum hätte.

2. Hannah Arendt und die Identitätspolitik

Hannah Arendt scheint eine deplazierte Stimme im Kontext einer Studie, deren Thema die Dekonstruktion lesbischer bzw. lesbisch-feministischer Identitätspolitik ist, hat sie sich doch weder zu Feminismus noch zu Lesbianismus je explizit geäußert. Im Gegenteil, Arendt stand der Frauenbewegung eher skeptisch gegenüber und betrachtete die sogenannte „Frauenfrage" als eine Frage sozialer Gerechtigkeit, die in die Privatsphäre gehöre und nicht *sui generis* politisch sei bzw. politisiert werden könne. Geschuldet ist diese Position ihrer zumindest verwirrend zu nennenden Sicht auf die Position der Frauen sowie die ihnen zugeschriebenen Tätigkeiten im „Reich der Notwendigkeit"; präziser: die vor dem Hintergrund ihrer rigiden Trennung von privat/öffentlich von Arendt unkritisiert übernommene Zuweisung reproduktiver Arbeiten an die Frauen. Da es, so Seyla Benhabib, Arendts Überzeugung war, daß „jeder Typ von menschlicher Tätigkeit den ihm zugehörigen Ort in der Welt hat und daß dieser Ort der einzig angemessene Ort ist, in dem sich diese Art von Tätigkeit wahrhaft entfalten kann" (Benhabib 1994, 284), könne man sich nur schwerlich des Eindrucks erwehren, daß Arendt „die Arbeitsteilung zwischen den Geschlechtern und jene biologischen Voraussetzungen ontologisiert, die im bisherigen Verlauf der Geschichte Frauen allein auf den Haushalt und die Reproduktionssphäre beschränkt haben" (ebda., 272).[3]

Auch für ihre Konzeption des öffentlichen Raumes als Raum der Erscheinung und für den von ihr favorisierten *agonistischen* Typus politischen Handelns wurde Arendt von verschiedenen feministischen Theoretikerinnen kritisiert.[4] Warum dann Hannah Arendt? Ihre Archäologie der politischen Begriffe, mit der sie weniger eine regulative Idee, eine neue Grundlegung von Politik intendierte als vielmehr eine – in ihren eigenen Worten – „Vergegenwärtigung", ein Sich-Wenden gegen das herrschende Verständnis von Politik, bietet m.E. eine Folie, um eine Konzeption politischer Identität zu entfalten,

---

[3] Benhabib rekurriert in ihrer Kritik an Arendt auf einen Aufsatz Mary Dietz', in dem diese den geschlechtsspezifischen Bedeutungshintergrund von Arendts scheinbar geschlechtsneutraler Analyse der menschlichen Tätigkeiten der Arbeit, des Herstellens und des Handelns zeigt. Obwohl diese Tätigkeiten von Arendt selbst nicht mit geschlechtlicher Arbeitsteilung in Verbindung gebracht würden, weise Dietz überzeugend nach, daß es die Frauen sind, die jene Tätigkeiten ausführen, die am wesentlichsten für Arendts Verständnis von Arbeit seien: Jene Tätigkeiten, die notwendig sind für die tagtägliche Fortsetzung des Lebens und die Regenerierung des Körpers; und jene reproduktiven Tätigkeiten wie Schwangerschaft, Versorgung der Kinder, Alten, Kranken und Bedürftigen. Vgl. Benhabib 1994, 272, Fußnote 1 sowie Dietz 1990. Entsprechende Textstellen bei Arendt: VA, 88ff.
[4] Vgl. hierzu etwa Pitkin 1981; Brown 1987; kritisch zu diesen Positionen Honig 1992.

die Identitätspolitik aus der Verklammerung mit 'Wahrheit' und dem Anspruch der Authentizität löst. Denn in Arendts Denken ist politische Identität das Ergebnis der performativen Produktion politischen Handelns und nicht Ausdruck einer ihr vorgängigen Essenz: Wir sind nur das, was wir handelnd zeigen, und nur solange wir es zeigen, nicht umgekehrt. Damit ist der Boden bereitet für einen Bruch mit der Hegemonie eines bestimmten Identitätsbegriffs und dessen impliziten Prämissen – namentlich Authentizität – im politischen Feld.

Was Hannah Arendt zeitlebens antrieb war die Frage „Was ist Politik?" sowie der Versuch, den Sinn des Politischen – Freiheit – theoretisch wiederzugewinnen. Grundbedingung des Politischen war für Arendt die Pluralität der Menschen, die absolute Verschiedenheit aller untereinander: „die Tatsache, daß nicht ein Mensch, sondern viele Menschen auf der Erde leben und die Welt bevölkern." Pluralität, schreibt sie, ist deshalb nicht nur die conditio sine qua non, sondern die conditio per quam des Politischen (vgl. VA, 14/5). Denn nur die Pluralität der Menschen ermöglicht überhaupt Handeln und damit Freiheit – die Freiheit, etwas anzufangen, etwas zu beginnen –, da „Menschen nur in bezug aufeinander" frei sein können (FP, 201). Die Aufhebung der Pluralität bedeutet deshalb notwendigerweise die Zerstörung des Politischen und den Verlust von Freiheit:

„Politisch organisieren sich die Menschen nach bestimmten wesentlichen Gemeinsamkeiten in einem absoluten Chaos, oder aus einem absoluten Chaos der Differenzen. Solange man politische Körper auf der Familie aufbaut und im Bild der Familie versteht, gilt Verwandtschaft in ihren Graden als das, einerseits, was die Verschiedensten verbinden kann, und als das, andererseits, wodurch wieder individuen-ähnliche Gebilde sich von- und gegeneinander absetzen. In dieser Organisationsform ist die ursprüngliche Verschiedenheit ebenso wirksam ausgelöscht, wie die essentielle Gleichheit aller Menschen, sofern es sich um *den* Menschen handelt, zerstört ist. Der Ruin der Politik nach beiden Seiten entsteht aus der Entwicklung politischer Körper aus der Familie. [...] Praktisch-politisch gesprochen aber gewinnt die Familie ihre eingefleischte Bedeutung dadurch, daß die Welt so organisiert ist, daß in ihr für den Einzelnen, und das heißt für den Verschiedensten, kein Unterkommen ist. Familien werden gegründet als Unterkünfte und feste Burgen in einer unwirtlichen und fremdartigen Welt, in die man Verwandtschaft tragen möchte. Dies Begehren führt zu der grundsätzlichen Perversion des Politischen, weil es die Grundqualität der Pluralität aufhebt oder vielmehr verwirkt durch die Einführung des Begriffes Verwandtschaft" (WP, 9ff).

Kritik der Identitätspolitik

Arendt war deshalb skeptisch gegenüber politischen Bewegungen bzw. Gemeinschaften, die sich auf eine 'gemeinsame' Identität ihrer Mitglieder beriefen. Die Subsumierung der Einzelnen unter totalisierend gedachte Identitäten, wie Geschlecht oder Kultur, Ethnie, Sexualität, Volk, Nation, sowie die Konstitution politischer Gemeinschaften auf der Basis dieser Identitäten galt Arendt als Indiz der Zerstörung des politischen Raums, dessen unabdingbare Prämisse ja gerade die Pluralität und individuelle Verschiedenheit der Menschen, die „gleichzeitige Anwesenheit zahlloser Aspekte und Perspektiven" ist (VA, 56).

Denjenigen Richtungen der feministischen Politik, die annehmen, sie wüßten, wer die Frauen sind und „eine inklusive Beschreibung von Frauen [geben], um dann in der öffentlichen Debatte ihre Forderungen auf der Grundlage dieser Subjekt-Position oder dieses Standpunktes zu stellen" (Butler 1993b, 10), hätte Arendt wohl entgegengehalten, daß im Politischen nicht entscheidend sei, 'was wir sind', sondern 'was wir tun': „Wir müssen erscheinen, sehen und gesehen werden, hören und gehört werden; *was wir zeigen, sind wir, nicht umgekehrt*. Wir können nicht einfach umhergehen und uns zeigen, wie wir sind. Was wir sind, ist nicht wichtig, es ist privat."[5] Authentizität ist nach Arendt im Politischen ohne Belang, da das, „was wir sind", in der Öffentlichkeit sowieso nicht erscheinen kann, einmal abgesehen davon, ließe sich kritisch über Arendt hinausgehend ergänzen, daß die Frage, in welcher Form dieses 'etwas', das wir jenseits der „Erscheinungen" sein sollen, existiert, prinzipiell nicht zu beantworten ist.

Arendt beharrte dagegen auf der performativen Dimension des Handelns. Erst dadurch, daß „einer vor der Allgemeinheit erscheint", für alle sicht- und hörbar wird, kommt ihr oder ihm Wirklichkeit zu. „Handelnd und sprechend offenbaren die Menschen jeweils, wer sie sind, zeigen aktiv die personale Einzigartigkeit ihres Wesens, treten gleichsam auf die Bühne der Welt" (VA, 169). In Arendts Vorstellung ist politische Identität also das Ergebnis performativer Akte und geht vollständig in diesen Akten auf. Das politische Selbst ist Effekt politischer Handlung und nicht Ausdruck einer Essenz, die dem Politischen selbst vorgängig ist und unabhängig von seiner performativen Hervorbringung existiert (vgl. VA, 164ff, 179).

---

5   Unveröffentlichte Schriften Arendts, zitiert nach Breier 1992, 89.

Archäologie der politischen Begriffe

Im Zentrum von Arendts Rekonstruktion des Begriffs „Politik" steht die Tätigkeit des Handelns als der „politischen Tätigkeit par excellence" (VA, 16). Im Unterschied zu den anderen Tätigkeiten der *vita activa* – Arbeiten und Herstellen – ist allein das Handeln die spezifisch *freie* Tätigkeit, denn im Handeln überschreiten die Menschen nicht nur die schiere Notwendigkeit der materiellen Reproduktion (Arbeit), sondern auch den instrumentellen Charakter des Herstellens. Handeln – *práxis* – ist für Arendt wesentlich Selbstzweck. Allein aus dem Handeln entsteht politische Öffentlichkeit, die Arendt als relatives „Bezugsgewebe menschlicher Angelegenheiten" beschreibt (VA, 173); zugleich aber bedarf das Handeln der Möglichkeit öffentlicher Darstellung, des politischen Raums. Gleichwohl Arendt als Modell politischer Öffentlichkeit einen topographischen Raum, die *agorá*, den Marktplatz der griechischen *pólis*, vor Augen hat (vgl. WP, 40f), stellt der öffentlich-politische Raum in Arendts Darstellung keine verdinglichte Institution – etwa das Parlament, eine Stadtverordnetenversammlung o.ä. – dar. Politische Öffentlichkeit entsteht, so Arendt, vielmehr immer dort, wo Menschen im Einverständnis miteinander handeln und deshalb Freiheit in Erscheinung treten kann. Der Sinn des Handelns liegt mithin allein darin, daß Menschen im freien Miteinander ihre Persönlichkeit entfalten.

Vom Begriff des Handelns als *práxis* ausgehend kann Arendts Archäologie des Politischen nun folgendermaßen rekonstruiert werden:
1. Arendt betont den *anti-essentialistischen* Charakter des Politischen. Ebensowenig wie 'das' Politische eine Substanz ist, die es vor, hinter oder neben der politischen Sphäre zu finden gilt, oder die das Wesen von Einzelnen oder Gruppen darstellt, dient Politik außerhalb ihrer selbst liegenden Zwecken, wie die Befreiung des Menschen zu seinem 'eigentlichen' Wesen; einmal abgesehen davon, daß Arendt die Vorstellung eines 'wahren Seins' jenseits der Erscheinungen ohnehin für einen der „metaphysischen Irrtümer" schlechthin hielt (LG, 32). Die „Suche nach dem Grund", so Arendt, verkennt dagegen womöglich, daß das „Bedeutsame und Sinnvolle gerade an der Oberfläche zu finden sein" könnte (LG, 37; s.a. WP, 11).

Arendt war überzeugt davon, daß 'Fundamente', gleich ob axiomatische Wahrheiten, Ideologien oder eine auf ein authentisches Selbst gegründete Identität, im Politischen nichts verloren haben. Denn Politik auf axiomatische Wahrheiten zu gründen, würde in ihren Augen gerade dem prinzipiell offenen und dynamischen, prozeßhaften und am Widerstreit der vielfältigen Meinungen orientierten Charakter des öffentlichen Raums widersprechen (vgl. WL, 61). Jeder Versuch, ein Absolutes in dieser Sphäre geltend zu machen, wirkt sich dagegen zerstörerisch auf das *nur in seiner Relativität stabile Bezugsgewebe* aus. Die Verabsolutierung von „in Wahrheit [...]

keineswegs zwingend evidenten Sätzen [würde nur] ... wieder eine Art despotischer Gewalt in den politischen Raum" einführen (ÜR, 248).

Mit dieser *nicht-wesentlichen* 'Ontologie' des Politischen überwindet Arendt zwei Positionen zugleich: Eine funktionale Position, die Politik lediglich als Funktion gesellschaftlicher Interessen bzw. des Staates begreift, Politik damit auf besseres oder schlechtes *management*, auf „regelgeleitete Politik" (Beck 1993, 206) reduziert und eine 'transzendente' Position, die den 'Grund' der Politik außerhalb der öffentlich-politischen Sphäre verortet. Das Politische wäre dann der Ort, an dem dieser transzendente 'Grund' (etwa die 'wahre' Identität eines politischen Subjekts) zum Ausdruck gebracht wird. Arendt war es dagegen zentral um die Autonomie des Politischen zu tun. Politik dient gerade nicht der Ökonomie, der Kultur, der Organisation von Gesellschaft – dies alles kann, so Arendt, auch ohne Politik eingerichtet und reguliert werden. Die Tendenz, den Raum politischen Handelns für andere Zwecke zu instrumentalisieren, führt dagegen geradewegs zur Zerstörung dieses Raumes.

Arendt definiert also, im Unterschied zu allen Konzeptionen politischen Denkens, die das Politische nicht aus sich selbst, sondern von einem anderen Ort her definieren, den politischen Raum gänzlich aus sich selbst. Sie löst das Politische aus seiner funktionalen Verklammerung mit dem Sozialen und legt dadurch die radikal instituierende Dimension des Politischen frei.

2. In Arendts Darstellung entstehen deshalb auch politische Gemeinschaften niemals durch solche axiomatischen Wahrheiten, eine gemeinsame Ideologie oder Identität, sondern allein durch Übereinkunft, „wechselseitiges Vertrauen" und die im gemeinsamen Handeln erzeugte *Macht* (vgl. ÜR, 236, 250; VA, 193ff): „Wo immer es Menschen gelingt, die Macht, die sich zwischen ihnen im Verlauf einer bestimmten Unternehmung gebildet hat, intakt zu halten, sind sie bereits im Prozeß des Gründens begriffen; die Verfassungen, Gesetze und Institutionen, die sie dann errichten, sind genau so lange lebensfähig, als die einmal erzeugte Macht lebendigen Handelns in ihnen überdauert" (VA, 227). Macht ist demnach ein konstitutiver Aspekt des Politischen. Macht stiftet politische Gemeinschaften; sie ist ein politisches Phänomen und korrespondiert insofern dem Handeln.

Anstatt Macht also als Herrschaft zu betrachten, denkt Arendt Macht als Form des Handelns, als eine Potenz, die im Handeln realisiert wird: „Macht entspricht der menschlichen Fähigkeit, nicht nur zu handeln oder etwas zu tun, sondern sich mit anderen zusammenzuschließen und im Einvernehmen mit ihnen zu handeln. Über Macht verfügt niemals ein Einzelner, sie ist im Besitz einer Gruppe und bleibt nur so lange existent, als die Gruppe zusammenhält" (MG, 45). Ausdrücklich betont Arendt den *politischen* Charakter der Macht: „Und so wie es zur Grammatik des Handelns gehört, daß sie die einzige Fähigkeit ist, die menschliche Pluralität voraussetzt, so gehört es zur Syntax der Macht, daß sie das einzige menschliche Attribut ist, das nicht dem Menschen selbst anhaftet, sondern dem weltlichen Zwischenraum eignet, durch den Menschen miteinander verbunden sind" (ÜR, 227). Damit bestreitet Arendt, daß *Souveränität* eine primäre Bestimmung der Macht ist. Macht ist kein Willensphänomen. Da sie durch gemeinsames Handeln entsteht, gehört sie dem Raum *zwischen* den Menschen an und ist keine Bestimmung von Subjekten. Die Subjektivierung von Macht führt dagegen zur Identifizierung von Macht und Gewalt. Ähnlich der Unterscheidung, die Foucault zwischen Macht und Gewalt trifft, unterscheidet Arendt dagegen strikt zwischen Macht und Gewalt. Im Unterschied zu Gewalt, die alle Möglichkeiten des Gegenübers ausschließt, wirkt Macht im Arendtschen Sinne auf das Handeln, sie eröffnet und strukturiert das Feld von Möglichkeiten. Und ebenfalls ähnlich wie bei Foucault ist auch bei Arendt Macht weder Substanz noch Form, sondern ein Verhältnis zwischen Handlungsweisen, was die Bedingung für Freiheit – verstanden als die 'Freiheit, sich von sich aus zu verhalten' – ist: „Ursprünglich erfahre ich Freiheit und Unfreiheit im Verkehr mit anderen und nicht im Verkehr mit mir selbst. Frei sein können Menschen nur in bezug aufeinander, also nur im Bereich des Politischen und des Handelns; nur dort erfahren sie, was Freiheit positiv ist und daß sie mehr ist als ein Nichtgezwungenwerden" (FP, 201).

3. Diese Konzeption des Handelns hat auch Konsequenzen dafür, wie Arendt den *öffentlichen Raum* begreift. Öffentlichkeit im Sinne Arendts entsteht spontan und immer dort, wo „im Verein gehandelt wird", d.h. mit der Etablierung der Beziehungen, des „Bezugsgewebes" oder auch – mit dem Arendtschen Wort „Welt" – im gemeinsamen politischen Handeln. Mit der Auflösung dieser Beziehungen verschwindet er wieder. Die Existenz der durch gemeinsames Handeln erzeugten Beziehungen ist an die Aktualität der Vorgänge, in denen sie entstanden, gebunden: „Welt, mit anderen Worten, entsteht nur dadurch, daß es Perspektiven gibt, sie ist nur jeweils als die so oder anders gesichtete Ordnung von Weltdingen."[6] Der öffentliche Raum kann diese Beziehungen und Tätigkeiten nicht überdauern, er verschwindet, löst sich in nichts auf, wenn die Tätigkeiten, durch die Öffentlichkeit entstand, verschwunden oder zum Stillstand gekommen sind (vgl. VA, 193).

Öffentlichkeit ist bei Arendt also doppelt bestimmt: Ein *Gemeinsames* ist nötig, das die Vielen in ihrer Pluralität versammelt, d.h. verbindet und trennt (vgl. VA, 52). Dieses „Bezugsgewebe" bzw. „Bezugssystem" besteht nicht aus Dinghaftem und läßt sich in keiner Weise verdinglichen oder objektivieren, da „Handeln und Sprechen Vorgänge sind, die von sich aus keine greifbaren Resultate und Endprodukte hinterlassen" (VA, 173). Die Wirklichkeit des öffentlichen Raums bzw. der gemeinsamen Welt erwächst jedoch nur aus der *Pluralität*. „Denn wiewohl die gemeinsame Welt den allen

---

6 Arendt zitiert nach Nordmann 1994, 58.

gemeinsamen Versammlungsort bereitstellt, so nehmen doch alle, die hier zusammenkommen, jeweils verschiedene Plätze in ihr ein [...]. Eine gemeinsame Welt verschwindet, wenn sie nur unter einem Aspekt gesehen wird; sie existiert überhaupt nur in der Vielfalt ihrer Perspektiven" (VA, 56/57).

Seyla Benhabib resümiert Arendts Überlegungen zum öffentlichen Raum mit dem Begriff der *Assoziation*. Entscheidend am Assoziations-Modell ist die *prozedurale* Konzeption des öffentlichen Raums (vgl. Benhabib 1994, 285). Wichtig ist daher nicht so sehr, *was* verhandelt wird, als vielmehr die *Art und Weise*, wie der Diskurs stattfindet. D.h. entscheidend ist, daß die doppelte Bestimmung von Öffentlichkeit – Gemeinsamkeit und Pluralität – als unhintergehbare Bedingung der Existenz von Öffentlichkeit gewahrt bleibt.

4. Politisches Handeln bestimmt Arendt als *performatives* Handeln.[7] Handeln ist reine Aktualität. Es weist nicht über sich hinaus, es ist nicht referentiell.[8] Da Sprechen und Handeln Tätigkeiten sind, deren volle Bedeutung sich im Vollzug selbst erschöpft (vgl. VA, 201), kann daher der Sinn des Politischen nur im Handeln selbst erfragt werden. Im Handeln bringen die AkteurInnen nicht ein 'wahres', in Raum und Zeit identisches Selbst zur Darstellung, vielmehr wird etwas hervorgebracht, was vorher nicht existierte, und „dem Zeigenden selbst gerade und immer verborgen bleibt" (VA, 169).

Es ist diese performative Dimension des Handelns, die gleichzeitig dramatisch und nicht referentiell ist, die eine neue politische Gemeinschaft ins Leben ruft, ein *wir* konstituiert. Arendt wendet sich damit gegen eine Vorstellung von Politik als Politik der Repräsentation; die politischen Identitäten sind der Politik nicht vorgelagert und die politische Arena ist nicht vorrangig der Ort, an dem präformulierte Ientitäten vertreten werden. Wenn Identitäten aber auf dem Terrain des Politischen selbst konstituiert sind, bedeutet das, daß ihre Fundamente und Grenzen kontingent, deshalb verhandel- und revidierbar sind. Ist Identität demnach ein *aktiver Modus*, anders gesagt, wird Identität gerade performativ durch diejenigen Äußerungen konstituiert, die angeblich ihr Resultat sind, sind darüber hinaus politische Handlungsmöglichkeiten genau in dieser performativen Qualität des Handelns begründet.

Weil Handeln performatives Handeln ist, denkt Arendt das Politische *kontingent*. Da die Folgen des Handelns, so ihre Argumentation, unabsehbar sind und jede Handlung dem menschlichen „Bezugsgewebe" eine radikal andere

---

[7] Arendt beschreibt den politischen Raum der griechischen *pólis* denn auch in Bühnenmetaphern als *agonistischen* bzw. dramaturgischen Raum (vgl. VA, 179f). Sie selbst verwendet den Begriff der *Performativität* allerdings nicht.

[8] Derrida beschreibt das *performative* als eine „'Mitteilung', die sich nicht wesentlich darauf beschränkt, einen semantischen Inhalt zu befördern, der bereits durch die Absicht auf Wahrheit konstituiert und überwacht wurde" (Derrida 1988, 305).

Richtung geben kann, lassen sich theoretisch keine Aussagen über den Fort- oder gar Ausgang des Handelns machen: „... der Prozeß, der durch das Handeln entsteht, hat eigentlich überhaupt kein Ende. Denn der Handelnde handelt in eine Menschenwelt hinein, in welcher ihm, da sich sein Handeln ja notwendigerweise auf andere Menschen bezieht, alles was er tut, immer schon aus der Hand geschlagen wird, bevor er 'fertig' ist" (FT, 72). Ebensowenig wie es ein Prinzip (Weltgeist, Natur, Patriarchat, Produktionsverhältnisse) gibt, das durch „die Menschen hindurch handelt" (VA, 176), hat Geschichte ein Subjekt, einen „Drahtzieher" hinter den Kulissen (VA, 175). Arendt betont dagegen die Diskontinuität und Grundlosigkeit des Politischen bzw. der Geschichte. Als kohärente, womöglich kausale, Erzählungen existieren sie nur in den Rekonstruktionen der Geschichtsschreibung, die „aus dem Stoff der Geschichte eine Fabel konfiguriert" (Ingeborg Nordmann).

5. Arendts Rekonstruktion der Bedeutungen des Politischen enthält schließlich auch eine *subjektkritische* Position. Ihre Konzeption der Tätigkeit des Handelns verweist nicht auf ein souveränes Subjekt, das außerhalb der Handlung situiert ist. In Anlehnung an Nietzsche[9] formuliert Arendt einen Handlungsbegriff, der nicht an das abendländische Subjektmodell, ein Subjekt, das rational, reflektiert und intentional über sein Handeln verfügt, gebunden ist. Weil Handeln, argumentiert Arendt, stets auf ein anderes Handeln trifft, die Rede auf andere Rede antwortet und wieder Rede auslöst, sei das 'von der Tradition so hochbewertete souveräne Subjekt, das von Anfang bis Ende 'Herr' seines Handelns ist', nur um den Preis der freiheitsverbürgenden menschlichen Pluralität zu haben (vgl. VA, 229). Im Handeln, faßt Ingeborg Nordmann Arendts Überlegungen zusammen, ist der Mensch frei, aber nicht souverän. Er ist niemals Autor des Prozesses, den er durch sein Handeln in Gang gesetzt hat (vgl. Nordmann 1994, 101).

Mit dieser Destruierung des souveränen Subjekts wendet Arendt sich auch gegen die Identifizierung von Souveränität und Freiheit:

„Politisch hat sich vermutlich kein anderer Bestandteil des traditionellen philosophischen Freiheitsbegriffs als so verderblich erwiesen wie die ihm inhärente Identifizierung von Freiheit und Souveränität. [...] Was innerhalb dieses Problemzusammenhangs so außerordentlich schwer zu verstehen ist, ist die einfache Tatsache, daß es menschlicher Existenz eigentümlich ist, daß ihr Freiheit nur unter der Bedingung der Nicht-Souveränität geschenkt ist; und daß es ebenso unrealistisch ist, um dieser Nicht-Souveränität willen die Freiheit zu leugnen, wie es

---

[9] Für Nietzsche, argumentiert Terry Eagleton, „ist jede Handlung eine Art Fiktion: Sie unterstellt ein kohärentes, autonomes, menschliches Subjekt (etwas, das Nietzsche als Illusion betrachtet), sie impliziert, daß die Überzeugungen und Annahmen, aufgrund derer wir handeln, eine feste Grundlage haben (was für Nietzsche nicht der Fall ist), und sie nimmt an, daß die Folgen unserer Handlungen rational kalkuliert werden können (in Nietzsches Augen eine weitere traurige Wahnvorstellung" (Eagleton 1993, 165).

verderblich ist zu glauben, daß man nur dann frei sei – als Einzelner oder als Gruppe – wenn man souverän ist" (FP, 213f).

Zusammengefaßt: Arendts AkteurInnen handeln nicht aufgrund dessen, was sie sind, ihre Handlungen drücken nicht ein vorgängiges, stabiles Selbst aus; sie setzen vielmehr ein unstabiles, prekäres Selbst voraus, das im Handeln seine episodische Selbst-Realisierung und die aus dem Handeln resultierende Identität sucht. Die im öffentlichen Raum hervorgebrachte Identität ist den AkteurInnen vorher gerade nicht bekannt und durch nichts anderes verbürgt als durch ihr Handeln und Sprechen, weswegen nach Arendt Individuen das „Wagnis der Öffentlichkeit" überhaupt eingehen. In den Kontext dieser Studie übersetzt folgt daraus, daß die politischen Identitäten einzelner ebenso wie kollektiver politischer Akteure gänzlich politischen „Ursprungs" sind, konstituiert im politischen Raum, in dem allein sie Geltung haben, und mit keinerlei Referenz auf eine jenseits dieses politischen Raumes liegende Totalität (Volk, Nation, Geschlecht) ausgestattet, weshalb sie permanent Macht- und Hegemonieeffekten im politischen Raum ausgesetzt sind.

Das Risiko des Essentialismus

Aus Arendts Archäologie des Politischen entsteht ein Bild des politischen Raumes, der in höchstem Maße fragil, prekär und zerbrechlich ist. Die Momente, die ihre Konzeption so akttraktiv machen – die Nicht-Fixiertheit politischer Identität, die Tatsächlichkeit der Pluralität, die Voraussetzung von Politik überhaupt ist, die Betonung der Kontingenz des Handelns sowie die Dissoziation von Freiheit und Souveränität –, ist allerdings gleichermaßen das Problematische daran. Arendt selbst erkannte die Gefahr der Zerstörung des politischen Raumes durch dessen Instrumentalisierung und die Ersetzung von Handeln durch Herstellen und hat diesen Prozeß immer wieder eindringlich beschrieben. Indem sie privat und öffentlich strikt voneinander scheidet und beiden Bereichen eine ontologische Funktion zuweist, versucht Arendt diese Gefahr zu bannen. Die Gefahr, der das Politische ausgesetzt ist, wird gerade dadurch jedoch zum Problem in der Arendtschen Theoriearchitektonik selbst. Die immer wieder neuen Oppositionen, die Arendt auf der Differenz privat/politisch auftürmt, riegeln den politischen Raum mehr und mehr ab und führen dazu, daß die Autonomie des Politischen letztlich nur noch in der Autarkie denkbar ist. Damit hätte Arendt paradoxerweise selbst, zumindest in der Theorie, zur Auflösung des Politischen beigetragen. Bevor daher Arendts Entwurf produktiv gemacht werden kann, muß er in einigen Punkten modifiziert werden.

Zunächst wollen wir uns ansehen, wie Arendt den öffentlich-politischen Bereich schützt. Auf die Zerstörung des Politischen durch sich selbst absolut setzende Gewißheiten – seien es Ideologien oder Identitäten – weiß Arendt mit einer letztlich nur formalen Abschließung des politischen Raumes zu antworten, indem sie all das, „was wir sind", aus dem politischen Feld weist. Trotzdem sie metaphysische Vorstellungen – von ihr „Zwei-Welten-Theorie" (LG, 33ff) genannte Vorstellungen – kritisierte, ging sie selbst davon aus, daß „jenseits der Erscheinungen" essentielle, *konstative*, gegebene und unwiderstehliche „Fakten der Existenz" existieren, denen man nicht entgehen kann und die deshalb im Politischen nichts verloren hätten.

Ein solcher Fakt war für Arendt der Körper. Der Körper ist für sie das Symbol „unwiderstehlicher Notwendigkeit" und Zwanghaftigkeit (ÜR, 73; VA, 69).[10] Er ist das, was man hat oder ist, und einem/einer „gerade nicht in Einmaligkeit zugehört" (VA, 171). Obwohl Arendt Geschlecht und Sexualität nicht explizit thematisiert – sie äußerte sich dazu ausschließlich im Kontext ihrer Aussagen zum Körper (vgl. ÜR, 73; VA, 69) – scheint die Schlußfolgerung berechtigt, Arendt hätte auch Geschlecht und Sexualität als essentielle „Fakten der Existenz" begriffen, die 'gegeben' und nicht 'gemacht', d.h. Produkt menschlichen Handelns sind.[11] Für Arendt sind diese privaten Fakten vollkommen uninteressant. Hier sind wir alle gleich, getrieben von den Zwängen, Erfordernissen und Notwendigkeiten des Körpers. Geschlecht und Sexualität entstehen aus Arendts Darstellung als rein „biologische Natur" (ÜR, 73); es sind statische, beschreibende Kategorien. Als Teil der körperlichen „Substanz" wären für Arendt auch Geschlecht und Sexualität unhintergehbar und unveränderbar, jenseits von Disput und Argumentation, deshalb wesentlich privat und nicht für die Öffentlichkeit bestimmt. Weil es *Fakten* sind, resultieren aus ihnen keine, schon gar keine *bestimmten* öffentlichen Effekte, Äußerungen, Handlungen oder Haltungen.[12]

Um nun den öffentlichen Raum als Ort des radikal unbestimmten Handelns vor dem Eindringen dieser zwingend evidenten „Fakten der Existenz" zu schützen, verweist Arendt diese einfach des politischen Feldes: „was wir sind, ist nicht wichtig, es ist privat." Die Essentialisierungspraktiken identitätspolitischer Bewegungen werden von Arendt hier gleichsam spiegelverkehrt schlicht reproduziert. Wo erstere gerade mit der Vorstellung essentieller Identitäten politisch operieren, übernimmt Arendt zwar genau die Idee, daß es so etwas wie konstative, essentielle Identitäten gibt, bestimmt sie aber als *prin-*

---

10 Vgl. hierzu auch Honig 1992, 217ff.
11 So beschreibt Arendt das Leben der Frauen als vollständig „von den Funktionen des Körpers bestimmt und genötigt" (VA, 69).
12 Vgl. Arendts Briefwechsel mit Gershom Scholem. Arendt spricht hier von ihrem Jüdischsein als Teil ihrer „Substanz". Wiederholt betont sie die „gegebene", „private" Faktizität ihrer Jüdischkeit, für die Arendt gar ihre Dankbarkeit ausdrückt: „Es gibt so etwas wie eine grundlegende Dankbarkeit für das, was ist, wie es ist; für das, was gegeben wurde und nicht gemacht sein konnte; für Dinge, die *physei* und nicht *nómoi* sind" (zitiert nach: Honig 1992, 229, Übersetzung S.H.).

zipiell nicht politisierbar. Statt vom produzierten, konstruierten Charakter *jeglicher* Identität auszugehen, was weder heißt, daß Identitäten beliebig wählbar noch restlos determiniert sind, klammert Arendt aus dem Bereich des Politischen all das aus, was ihr, mit der Evidenz des Selbstverständlichen, als unveränderbares, meist biologisches Faktum und deshalb als nicht politisierbar gilt. Nur durch die simultane Konstitution der naturalisierten, unpolitischen Sphäre des Privaten, in die Arendt all das verschiebt, was das Politische ihrer Ansicht nach gefährdet, kann sie die Spezifik ihres Begriffs des Politischen als eines Handlungstypus, der sich auf nichts anderes, außerhalb seiner selbst Gelegenes zurückführen läßt, retten.

Arendts Begriff des Politischen hängt mithin vollständig an der fundierenden Trennung privat versus öffentlich und der dieser Trennung korrespondierenden binären Opposition konstativer Fakten versus performativer Identitäten. Stehen diese Oppositionen jedoch selbst zur Disposition – und von einer eindeutig markierten Grenze zwischen öffentlich versus privat bzw. zwischen konstativ versus performativ kann in reflexiv organisierten Gesellschaften nicht länger die Rede sein – steht auch Arendts Begriff des Politischen selbst auf dem Spiel. Denn der Impuls, die Trennung zwischen öffentlich und privat fundamental zu sichern, wird zwar zum Schutze des Politischen artikuliert, ist selbst jedoch ein apolitischer Impuls, der im Kontrast zu Arendts Charakterisierung des Politischen als kontingent und performativ steht.[13]

---

13 Auch von anderen feministischen Theoretikerinnen ist Arendt für diese 'reine' Definition des Politischen und die daraus resultierende sehr formale Abschließung der politischen Sphäre gegenüber der Gesellschaft zu Recht kritisiert worden (vgl. Benhabib 1988, 1991). Die Unterscheidung zwischen dem Gesellschaftlichen und dem Politischen, argumentiert Benhabib, ist in der modernen Welt nicht sinnvoll, da weder der Zugang zur Öffentlichkeit noch die Gegenstände der öffentlichen Debatte im vorhinein festgelegt werden können. Schon der Kampf, etwas öffentlich zu machen, ein Anliegen auf die Tagesordnung der politischen Debatte zu setzen, ist ein politischer Kampf, in dem es nicht zuletzt um Freiheit und Gerechtigkeit geht (vgl. Benhabib 1991, 152).
Diese Aporie in Arendts Theorie versucht Benhabib durch einen 'Kunstgriff' aufzulösen. Sie differenziert Arendts Begriff des „öffentlichen Raums" in ein Modell des „agonistischen und dramaturgischen Raums" versus eines „diskursiven Raums". Ersterer repräsentiert den öffentlichen „Raum der Erscheinung", in dem moralische und politische Qualitäten offenbar, enthüllt und mit anderen geteilt werden. Es ist ein Raum der Selbst-Darstellung und des Wettstreits um Anerkennung und Zustimmung. Der „agonistische Raum" ist für Benhabib strikt der griechischen Erfahrung der Politik zugeordnet, die den Raum der *pólis* als eigenständigen und unabhängigen, zweckfreien (also auch nicht zwingend notwendigen) Bereich betrachtete. Im Gegensatz dazu ist der „diskursive Raum" metaphorisch zu verstehen. Es ist ein Raum, der immer dann und dort entsteht, wo „im Verein gehandelt wird" (1988, 172f). Es muß sich dabei nicht zwingend um einen Raum im institutionellen oder topographischen Sinn handeln. Was „die Handlung im Verein" zu einem öffentlich-politischen Raum werden läßt, ist die durch Sprache und Überredung koordinierte Präsenz der gemeinsamen Handlung (ebda.). An Habermas' Diskursmodell des öffentlichen Raums (1981) orientiert, verwirft Benhabib in der Folge das Modell des

Auch kann es weder ein theoretisches noch politisches Anliegen sein, mit Arendt Geschlecht und Sexualität als essentielle Fakten erneut zu „privatisieren" und des politischen Feldes zu verweisen. Feministische bzw. lesbische und schwule Bewegungen, die mit dem Slogan „Das Private ist politisch!" Fragen von Geschlecht und Sexualität zuerst auf die politische Tagesordnung gesetzt haben, haben ja nicht einfach den für politische Theorie und Praxis konstitutiven Unterschied zwischen privat/öffentlich nicht verstanden, sondern gerade diese strikte Dichotomie als konstitutives Moment moderner Herrschaftspraxen erkannt und in Frage gestellt. Denn Geschlecht und Sexualität sind zuallerletzt bloß „körperliche Funktionen", gegebene „Fakten der Existenz". Sie sind vor allem Orte und Stützpunkte der Macht; „regulative Normen" (Butler), die in ihrer „subjektkonstituierenden Funktion" zugleich als „materielle Instanz der Unterwerfung" (Foucault) fungieren.

Welche Bedeutung hat dann eine Kritik essentialistischer politischer Praktiken, wenn diese Kritik selbst mit einem essentialistischen Identitätsbegriff operiert? Wie kann eine Bezugnahme auf Arendts Modell politischer Praxis aussehen, ohne die zu statisch gedachte Trennung von öffentlich und privat zu wiederholen? Wie also kann die Arendtsche 'Werkzeugkiste' des Poli-

---

„agonistischen" Raums als der modernen Erfahrung der Politik, in der die öffentliche Sphäre prinzipiell aufgeschlossen ist, nicht angemessen.

Problematisch an Benhabibs Konzeption ist das, was implizit bleibt. Sie beschreibt die moderne Erfahrung der Politik als eine, in der es wesentlich um den kontinuierlichen Eintritt aller gesellschaftlichen Gruppen (Frauen, Arbeiter, ethnische Minoritäten) in diese prinzipiell aufgeschlossene Öffentlichkeit geht. Diese Gruppen sind als in sich homogen gedacht und vor allem außerhalb der politischen Repräsentation existent und real. Ihre Interessen sind vorab identifizierbar, dementsprechend im öffentlichen Raum repräsentier- und artikulierbar. Benhabib fragt nicht danach, wie Kollektive entstehen, wie sie überhaupt durch hegemoniale Praxen zu Gruppen im politischen Sinne werden; für sie ist lediglich relevant, daß sie prinzipiell am öffentlichen Diskurs beteiligt werden können. Die Erforschung der politischen Konstruktion und Regulierung der Identität selbst ist für Benhabib kein Thema, das auf der Tagesordnung der politischen Debatte erscheinen könnte. Die Metaphorisierung des von Arendt stark topographisch angelegten Begriffs von Öffentlichkeit (und Privatheit) läßt Benhabib nur für die „diskursive" Variante gelten. Da es ihr nicht möglich ist, die „agonistische" Variante aus dem Kontext der griechischen *pólis* zu lösen (sie ist für Benhabib nur denkbar als antidemokratisches, elitäres Projekt), verschwindet jedoch auch der darstellende (agonale) und hervorbringende (performative), ereignishafte Aspekt des Arendtschen Begriffs politischen Handelns aus ihren Überlegungen. Übrig bleibt lediglich ein gleichsam habermasianisiertes Modell öffentlichen Handelns als kommunikatives Handeln. Weil es Benhabib nicht gelingt, Politik nicht nur, im wörtlichen Sinne, *inter*subjektiv (als Interessenvertretung bzw. Repräsentation gruppenspezifischer Anliegen) zu denken (vgl. 1988, 173; 1991, 152), sondern auch gleichsam *intra*subjektiv – was hieße z.B. Geschlecht und Sexualität nicht nur zum Ausgangspunkt, sondern selbst zum *Gegenstand* politischen Handelns zu machen – muß sie die agonalen, performativen Momente des Arendtschen Denkens aus ihrem Begriff des Politischen ausblenden.

tischen genutzt werden, ohne erneut in die Falle des Essentialismus' zu laufen?

Die Hinweise dafür liefert Arendt selbst: In *Vita activa* beschreibt sie, wie der „Sieg des Sozialen" in der Moderne sowohl das Private wie das Politische radikal veränderte (vgl. VA, 38ff)[14]. Mit dem Sozialen assoziiert Arendt vor allem Normalisierung, die die Individuen degradiert zu bloß „sich verhaltenden" Produzentinnen und (zunehmend) Konsumenten. In der normalen Massengesellschaft, unter der „Herrschaft des Niemand", der Bürokratie hat, so Arendt weiter, die Gesellschaft an die Stelle des Handelns das Sich-Verhalten gesetzt (vgl. VA, 41ff, 115ff). Obwohl sie dies nur negativ als Verschwinden des Politischen, d.h. Verlust des Handelns, deuten kann, steht zu fragen, ob es nicht vielmehr bedeutet, daß die Grenze zwischen politisch und privat gerade nicht statisch, sondern immer schon flexibel und verhandelbar ist. Trifft dies zu, ist auch der Körper kein präpolitisches 'Ding'; er ist vielmehr selbst „Effekt" spezifisch historischer Bedingungen und Ereignisse.

Im Anschluß an Foucault kann die Diagnose des „Siegs des Sozialen" sowie Arendts Begriff des Körpers in diesem Sinne reformuliert werden, ohne ihre Konzeption des Politischen preiszugeben. In der Moderne, schreibt Foucault, zielten „die Mechanismen der Macht auf den Körper" (WW, 176). In, mit und durch den Körper entwickelt die moderne Macht ihre „politische Technologie". Die neuen Machtverfahren arbeiten „nicht mit dem Recht, sondern mit der Technik, nicht mit dem Gesetz, sondern mit der Normalisierung, nicht mit der Strafe, sondern mit der Kontrolle, und [vollziehen] sich auf Ebenen und in Formen, die über den Staat und seine Apparate hinausgehen" (WW, 110f). Weit davon entfernt, bloßes biologisches Faktum zu sein, ist der Leib unauflöslich mit der Geschichte verschränkt. „Die Ereignisse", so Foucault an anderer Stelle, „prägen sich dem Leib ein", finden am Leib „ihre Einheit und ihren Ausdruck" (NGH, 75). Es gilt also zu zeigen, „wie sich Machtdispositive direkt an den Körper schalten", wie „man das Materiellste und Lebendigste an ihnen eingesetzt und besetzt hat" (WW, 181). Denn gerade die Art und Weise, „wie sich Machtdispositive direkt an

---

14 In *Vita activa* bringt sie den Verlust des öffentlich-politischen Raums in Verbindung mit dem Entstehen der Gesellschaft (38ff). Der Raum des Gesellschaftlichen entstand als „das Innere des Haushalts mit den ihm zugehörigen Tätigkeiten, Sorgen und Organisationsformen aus dem Dunkel des Hauses in das volle Licht des öffentlich politischen Bereichs trat" (VA, 38ff). Das Soziale schiebt sich als eigene Sphäre gleichsam zwischen das Private und das Politische. Nicht nur die alte Scheidelinie zwischen privaten und öffentlichen Angelegenheiten ist dadurch verwischt worden, auch der Sinn dieser Begriffe wie die Bedeutung, die eine jede der beiden Sphären für das Leben des einzelnen als Privatmensch und als Bürger eines Gemeinwesens hatte, veränderte sich dadurch bis zur Unkenntlichkeit (ebda., 38). Arendts pessimistische Analyse des „Siegs des Sozialen" liefert einerseits die Begründung, warum sie die offensichtlich gefährdete Grenze zwischen öffentlich und privat so vehement verteidigt, hat aber andererseits die dichotome, statische Konzeption verschiedener Räume selbst zur Voraussetzung.

den Körper schalten", konstituiert das Verhältnis zum eigenen Selbst. „Auch wenn es", argumentiert Isabell Lorey, „keine natürlichen biologischen Geschlechtskörper gibt und die Bestimmung der Anatomie vom Kenntnisstand der Biologie abhängt, *wirken* die Konstruktionen von 'männlichen' und 'weiblichen' Körpern. Sie werden Teil der Körperwahrnehmung und erhalten durch 'Körperpraxen' eine Realität" (Lorey 1993, 20). Körper sind also ebensowenig einfach 'gegeben' wie neutrale Oberfläche; was wir als ihre Materialität erfahren und wahrnehmen ist Resultat hegemonialer Denk-, Gefühls und Körperpraxen sowie gesellschaftlicher Verhältnisse und Institutionen.[15]

Wirken die modernen Machttechnologien – mit dem Körper als ihrem Umschlagplatz – demnach gerade im Sozialen, funktionieren sie gleichsam als „Politik des Sozialen" (Schwengel), kann weder eine politische Theorie noch Praxis eine fixe Trennung von politisch versus sozial zum Ausgangspunkt nehmen. Diese längst durch die politischen Technologien der Macht erodierte Grenze ist nicht restaurationsfähig. Eine Theorie des Politischen muß sich daher daran messen lassen, ob sie auf die modernen Technologien der Identifizierung, des „jedes Individuum an seinen Platz und für jedes Individuum einen Platz" eine politische Antwort weiß. Arendts Prämissen müssen deshalb in zweifacher Hinsicht korrigiert werden: 1. Die konstitutive Grenze zwischen einem öffentlich-politischen und einem privat-sozialen Bereich als *a priori* gesetzte, normative und unverhandelbare Grenze muß in Frage gestellt werden. Das bedeutet gerade nicht, diese Grenze vollständig aufzugeben, sondern sie als Resultat politischer Auseinandersetzungen zu begreifen; d.h. als eine Grenze, die, in Arendts Worten, „künstlich" ist und deshalb permanent neu gezogen wird und werden muß. Begreift man den öffentlichen Raum, wie Benhabib vorgeschlagen hat, *prozedural*, so sind von diesem Standpunkt aus weder die Unterscheidung zwischen dem Gesellschaftlichen und dem Politischen noch die zwischen Herstellen, Arbeit und Handeln wirklich relevant (vgl. Benhabib 1994, 285). (Re-)naturalisierte Sphären des Privaten – wie Geschlecht und Sexualität – sind damit (re-)politisierbar. 2. Ist der Körper gerade nicht vorgeschichtliches, konstatives Faktum, sondern Effekt politischer – d.h. z.B. auch humanwissenschaftlicher und technologischer Strategien –, kann auch Arendts letztlich willkürliche Differenz zwischen konstativen „Fakten" und performativ generierten politischen Identitäten aufgegeben werden. Auch Geschlechtsidentität bzw. sexuelle Identität ist nicht einfach gegeben, konstativer Fakt. Die Art und Weise, wie es uns 'unter der Haut' sitzt, hat wenig mit „Natur" und viel mit „Geschichte" zu tun. Es gilt also zu begreifen, wie wir im dichten Netz kultureller Repräsentationen, diskursiver und sozialer Praktiken sowie Macht- und

---

15 Die Diskussion um die Materialität des Körpers bzw. von Geschlecht bestimmt seit einiger Zeit Teile der feministischen Theorie. Als neuere Veröffentlichung wäre insbesondere das Buch von Andrea Maihofer, *Geschlecht als Existenzweise*, Frankfurt 1995, zu nennen.

Selbst-Technologien die geschlechtlichen und sexuellen Subjekte geworden sind, die wir heute sind.

Statt demnach Möglichkeiten des Handelns in einer „kritischen Befragung der Gegenwart und unserer selbst" auszumachen (WA, 53), ist Arendt innerhalb ihrer Konzeption gezwungen, das Handeln mit dem „Wunder" des Anfangs, der Geburt zu begründen (vgl. VA, 165f). Die Geburt steht für die Fähigkeit des Menschen, etwas neues zu beginnen. Handeln ist für Arendt absoluter Neuanfang, kreativ, unstrukturiert; es ist eine Art zweite Geburt: Die „politische Geburt" des Individuums, mit der dieses in den öffentlichen Erscheinungsraum der Menschen eintritt: „Das Wunder, das den Lauf der Welt und den Gang der menschlichen Dinge immer wieder unterbricht ..., ist schließlich die Tatsache der Natalität, das Geborensein, welches die ontologische Voraussetzung dafür ist, daß es so etwas wie Handeln überhaupt geben kann" (VA, 243).

Obwohl Arendt Handeln ontologisch fundiert, läßt sich die performative Dimension ihres Begriffs von Handeln diskurstheoretisch und in genealogischer Absicht reformulieren: Handeln ist für Arendt ein *performativer* Akt, durch den etwas entsteht, das vorher noch nicht existierte. Die Macht des *performative*, etwas zu bewirken, darauf hat Derrida aufmerksam gemacht, beruht jedoch gerade nicht darauf, daß es „reines *performative*" ist (Derrida 1988, 308ff), also ein einmaliger, noch nicht dagewesener Akt ist, der *nicht* zitiert bzw. wiederholt werden kann. Performative Äußerungen gelängen vielmehr deshalb, weil sie einem iterierbaren Muster folgen. Die Zitathaftigkeit bzw. Iterierbarkeit ist deshalb weniger etwas, wodurch ein reines *performative*, wie Austin formulierte, unrein, „auf eine eigentümliche Weise hohl oder nichtig" wird, sondern die Bedingung der Möglichkeit, daß performative Akte überhaupt gelingen: „Könnte eine performative Äußerung gelingen, wenn ihre Formulierung nicht eine 'codierte' oder iterierbare Äußerung wiederholte, mit anderen Worten, wenn die Formel, die ich ausspreche, um eine Sitzung zu eröffnen, ein Schiff oder eine Ehe vom Stapel laufen zu lassen, nicht als einem iterierbaren Muster *konform,* wenn sie also nicht in gewisser Weise als 'Zitat' identifizierbar wäre" (ebda., 310)?

Sind mithin auch die Arendtschen „neuen Fäden", die jede/r in das Bezugsgewebe der menschlichen Angelegenheiten schlagen kann, so neu nicht, anders gesagt, wenn der Diskurs Bedingung der Möglichkeit gelungener *performatives* ist, ergeben sich Handlungsmöglichkeiten für das Subjekt gerade nicht, weil Handeln vollkommen unstrukturiert ist, sondern aufgrund dieser Iterierbarkeit, die niemals eine identische Wiederaufrufung etwa eines Identitätszeichens ist. Ja, die Iterierbarkeit unterstreicht gerade den nicht-identischen Status von Identität. Soziologisch gesprochen: Handlungsmöglichkeiten resultieren aus deren Strukturiertheit und historischen Gewordenheit. Denn Handeln ist nicht kreativer Akt, sondern *rekursive Praktik* (vgl. Giddens 1988, 55ff).

Statt also, wie Arendt es tut, die öffentliche Sphäre gegen die Gewalt sich selbst setzender Gewißheiten abzuschließen, können diese 'Gewißheiten' befragt und in ihrer historischen Gewordenheit destruiert werden. Dann würde sich zeigen, daß es keine wirklichen *Konstativa* gibt, sondern nur reifizierte, konkretistische Identitäten, die eben deshalb verhandelbar, politisch gestaltbar sind. Wenn die Machttechnologien der Normalisierung regelmäßig ihr Ziel perfekter Abschließung verfehlen, bedeutet das, daß es möglich ist, die naturalisierten Identitäten und Fundamente, die die Politik lähmen, subversiv zu unterlaufen, Handlungsräume zu erweitern und die Sedimentierung performativer Akte in konstatierende Wahrheiten zu verweigern.

3. Politik ohne Geländer

In der Nichtidentität, der Heterogenität und Diskontinuität politischer Gemeinschaften einerseits und dem Widerstand des Selbst gegen die normalisierenden Konstruktionen der (privaten) Subjektivität andererseits sah Arendt die einzige Chance, die Sphäre des Politischen als den Ort der Pluralität zu schützen. Eine solche performative Politik, die nicht repräsentiert, *was* wir sind, sondern agonistisch generiert, wer wir sind, d.h. die kontinuierlich neue episodische Identitäten generiert, indem der Diskurs (notwendig) zitiert *und* verschoben wird, könnte der Rahmen für die Dekonstruktion der Identitätslogik im Politischen sein.

Bedingung der Möglichkeit, daß Politik in Arendts Sinne überhaupt erscheinen kann, ist allerdings, wie wir gesehen haben, die vollständige Abriegelung – und damit Wirkungslosigkeit – des Politischen gegenüber dem Sozialen. Gibt man allerdings Arendts rigide und statischen Trennungen auf, ohne dabei die Differenz zwischen der politischen und der sozialen Sphäre zu verwischen, kann das Politische in ein produktives Verhältnis zum Sozialen gebracht werden, in dem die politische Sphäre nicht von der sozialen okkupiert wird. Das Politische könnte dann als das Moment der Instituierung des Sozialen und der Reaktivierung, der 'Wiederentdeckung' der kontingenten „Natur" sozialer Objektivität verstanden werden. Es wäre die Dimension, die das „konstitutive Außen" jeglicher Identitätskategorie gegen die naturalisierenden und reifizierenden Akte der Stillegung ins Spiel bringen würde.

Damit hätte das Politische zwar eine Funktion *für* das Soziale – dessen Instituierung *und* Infragestellung –, wäre jedoch keine Funktion *des* Sozialen, denn es wäre diesem vorgeordnet und würde sich nicht darin erschöpfen, soziales *management* zu sein. Die Grenzen sozialer Identitäten wären dann nicht ein für allemal fixiert, sie würden vielmehr auf der Basis hegemonialer

Verschiebungen und Verlagerungen immer wieder neu definiert, und genau das wäre Teil ihres demokratischen Versprechens.

Was folgt daraus nun für Identitätspolitik? Ich will abschließend skizzieren, in welcher Weise Identitätspolitik reformuliert werden müßte, um die versteinerten *Identitätsbrocken* zu dynamisieren.

Identitätspolitik neu denken

Bevor Identitätspolitik in der angedeuteten Weise reformuliert werden kann, sei zunächst noch einmal kurz an deren Prämissen erinnert: 1. Identitätspolitisch agierende Bewegungen unterstellen, daß eine prä-existierende kollektive Identität existiert, die prinzipiell dieselbe ist für alle, die sich mit dem gleichen Namen benennen und gehen 2. davon aus, daß diese Identität intrinsisch verbunden ist mit bestimmten politischen Interessen und Forderungen. Das politische Feld ist in dieser Perspektive nichts anderes als der Ort an dem die Rechte und Interessen der außerhalb des politischen Feldes konstituierten Identität vertreten und verteidigt werden. Identität selbst ist dem politischen Wettstreit entzogen. Wird Identitätspolitik so verstanden, funktioniert sie letztlich als Praxis des Sozialen: indem *für* eine Identität Politik gemacht wird, wird die als soziale Objektivität sedimentierte Version dieser Identität in repetitiven Praxen reproduziert und stabilisiert. Das aber impliziert genau die Eliminierung des Politischen als Moment der Instituierung des Sozialen.

Die Logik, nach der in dieser Sicht Identitätspolitik funktioniert, ist die Logik von Repräsentation. Nun beruht aber jedes Repräsentationsverhältnis auf der *Fiktion*, daß etwas vertreten wird, was unabhängig von seiner Darstellung existiert. Dagegen konnte jedoch gezeigt werden, daß die Zeichen der Identität retroaktiv und wirkungsvoll gerade diejenigen sozialen Bewegungen konstituieren, auf die sie vorgeblich referieren. Daraus folgt nicht die absolute Unmöglichkeit von Repräsentation als vielmehr deren Reformulierung als das Terrain, auf dem politische Identitäten überhaupt konstituiert, in Frage stellt und neu konstituiert werden. Gegen eine Vorstellung der politischen Signifikanten als *repräsentativen* Begriffen, d.h. Begriffen, die adäquat und begreifbar eine politische Realität beschreiben, die bereits existiert, müssen die politischen Identitätszeichen daher als *performative* Begriffe verstanden werden. Als performative Zeichen instituieren sie zwar nicht etwas radikal Neues, d.h. sie sind dem Referenten nicht ontologisch vorgeordnet – vielmehr rekurrieren sie auf die Macht des Diskurses, indem sie sich zitierend in diesen einschreiben und damit dessen symbolische Autorität ausbeuten –; sie haben aber die formative Fähigkeit, den Referenten als das Bezeichnete neu zuzuschneiden: „Erstens, symbolische Macht muß, wie jede Form von performativem Diskurs, auf dem Besitz von symbolischem Kapital begründet sein. Die Macht zur Durchsetzung einer alten oder neuen Sicht der sozialen

Trennungen und Gliederungen hängt ab von der in vorangegangenen Kämpfen erworbenen sozialen Autorität. [...] Zweitens, die symbolische Wirksamkeit hängt davon ab, wie weit die vorgeschlagene Sicht in der Wirklichkeit fundiert ist. Natürlich kann die Konstruktion von Gruppen kein Akt *ex nihilio* sein" (Bourdieu 1992a, 152). Ihre Wirksamkeit besteht daher paradoxerweise nicht allein in ihrer Kapazität, 'angemessen' zu repräsentieren, ja, wie die Analyse der Verschiebungen und Interventionen im Diskurs zu Lesbianismus im vorhergehenden Kapitel gezeigt hat, sind die Identitätszeichen letztlich umso wirksamer je weniger sie 'angemessen' darstellen. Wirksam werden die politischen Zeichen vielmehr dadurch, daß sie rhetorisch handeln, d.h. indem sie das Phänomen produzieren, das sie verkünden, wird ihre 'Gefolgschaft' zugleich kreiert und am Leben erhalten, wodurch das politische Feld definiert und Teilungen im Sozialen initiiert werden. Die Wirksamkeit der Zeichen wird bestätigt durch ihre Fähigkeit, das politische Feld zu strukturieren und neu zu konstituieren sowie neue Subjekt-Positionen und neue Interessen zu kreieren.

Politische Identitäten: Performative Zeichen

Wenn die Identitätszeichen keine referentielle Funktion haben, sondern performativ funktionieren, wie kann dann deren mobilisierende Wirkung erklärt werden? Mit Slavoj Zizek könnte man sagen, daß die performative Wirkung der Zeichen auf dem Mechanismus der *Verkennung* basiert. Das Verkennen, schreibt Zizek, hat in sich selbst eine positive ontologische Dimension, als Verkennen begründet bzw. ermöglicht es eine positive Gegebenheit (vgl. Zizek 1991, 13f). Die mobilisierende Wirkung der Identitätszeichen ist dann umso größer, je *leerer* sie gleichsam sind. Und gerade weil die politischen Zeichen leer sind, eignen sie sich für eine Vielzahl verschiedener phantasmatischer Besetzungen und zugleich für das phantasmatische Versprechen, das Kollektiv, das sie konstituieren, vollständig zu repräsentieren. Wenn aber *kein* Signifikant radikal repräsentativ sein kann, denn *jeder* Signifikant ist notwendig der Ort einer Verkennung, d.h. er produziert zwar die Erwartung einer Einheit, einer vollständigen und finalen Anerkennung, die jedoch niemals erreicht werden kann, ist es paradoxerweise genau das Versagen der Signifikanten, diejenigen vollständig zu beschreiben, die sie benennen, die sie als Schauplätze phantasmatischer Besetzungen und diskursiver Reartikulationen konstituieren. Um mobilisierend und identitätsstiftend zu wirken, müssen die Identitätszeichen deshalb kontinuierlich iterativ wiederaufgerufen, zitiert, neu konstituiert werden und sich darin zugleich auf die Macht vorher etablierter Deutungen berufen.¹⁶ Und genau in dieser iterierenden Praxis eröffnen sich Möglichkeiten der Resignifizierung von Identitäten, die auf die Technologie des „jedes Individuum an seinen Platz und für jedes Individuum einen Platz" politisch antworten.

Ein politisches Identitätszeichen anzunehmen heißt also, in eine Serie vorheriger Gebrauchsweisen aufgenommen zu werden, deren Urheberschaft nicht eindeutig feststell- und reklamierbar ist. Die Fähigkeit zu handeln, kann also weder verstanden werden als Autorenschaft über diese Kette von Gebrauchsweisen noch als die Macht, einmal installiert und konstituiert innerhalb dieser Kette, die zukünftigen Verwendungsweisen des Identitätszeichens zu kontrollieren. Denn welche Richtung die Iterationen nehmen werden, ist nicht vorherseh- und steuerbar. Die Praxis der bestimmten und beharrlichen Zitation des Zeichens – eine iterierende Praxis, durch die das politische Zeichen resignifiziert wird, ein 'Wiederholungszwang' auf der Ebene der Signifikation – zeigt, daß das, was als politisches Zeichen verstanden wird, selbst eine Ablagerung vorheriger Zeichen ist, der Effekt deren Umarbeitung. Und wie Derrida gezeigt hat, sind performative Handlungen gerade deshalb erfolgreich, weil sie sich einschreiben in die Bedeutungskette, gerade weil sie beharrlich zitieren. Politisch ist ein Zeichen somit in dem Maße, wie es implizit die vorherigen Instanzen seiner selbst zitiert und diese umarbeitet in das Versprechen des neuen. Ein Neues, das selbst nur etabliert werden konnte durch den Rekurs auf diese eingebetteten Konventionen.

Handlungsfähigkeit wäre dann die doppelte Bewegung von konstituiert sein in und durch ein Zeichen, wobei 'konstituiert sein' bedeuten würde, gezwungen zu sein, das Zeichen zu zitieren, zu wiederholen, sich seiner „Magie" bedienen zu müssen, um überhaupt hörbar sprechen zu können. Ermächtigt durch das Zeichen, wäre Handlungsfähigkeit paradoxerweise der Zwang, eine Identität durch Wiederholung zu installieren, die gerade die Kontingenz, die die Identität beharrlich zu verwerfen sucht, voraussetzt und benötigt (vgl. Butler 1995, 289). Die Handlungsfähigkeit politischer Subjekte leitet sich also nicht aus ihrer privilegierten epistemischen Position ab, aus ihrem Wesen 'an sich' – auch wenn dieses Wesen z.B. ökonomisch begründet ist –; Handlungsfähigkeit erlangt das Subjekt weil es ein historisches Subjekt ist, das innerhalb historisch situierter Diskurse konstituiert und nicht bloß determiniert ist, das zwar nicht souverän ist, aber dennoch die Diskurse gebraucht.

---

16 So setzten die feministischen Recodierungen „lesbischer Identität" sich zwar einerseits rhetorisch von vorherigen Deutungen ab, beuteten andererseits aber politisch machtvolle Diskurse – etwa die Begründung von Rechten auf das Eigentum am Körper – aus.

Die unvermeidliche Paradoxie der Identitätspolitik: Fixierung und Dezentrierung

Das Politische besteht in dieser Sicht gerade darin, Identitäten agonistisch, d.h. im ständigen Wettstreit um deren Grenzen immer wieder neu auf einem prekären und jederzeit anfechtbaren Terrain zu konstituieren. Damit ist eine paradoxe Bewegung angedeutet: Einerseits die Institutionalisierung von Knotenpunkten, d.h. *partielle Fixierungen*, die den Fluß der Bedeutungen begrenzen und vorübergehend anhalten und andererseits eine Bewegung der Dezentrierung, die die Fixierung eines Sets von Positionen um einen präkonstituierten Punkt herum vermeidet.

Wenn die Geschichte des Subjekts die Geschichte seiner Identifizierungen ist und es keine feststehende Identität jenseits dieser Identifizierungen gibt, erscheint deshalb der Sinn einer jeden sozialen Identität beständig aufgeschoben, verschoben: der Augenblick der „letzten Naht", wie Ernesto Laclau und Chantal Mouffe es formuliert haben, kommt nie. Somit kommt ein Niemandsland zum Vorschein, das die performative Praxis erst möglich macht. Denn es gibt keine gesellschaftliche Identität, die völlig geschützt ist vor ihrem diskursiven Äußeren, das sie umformt, und verhindert, daß sie völlig genäht wird. Identitäten verlieren dadurch ihren zwangsläufigen Charakter und jeder Diskurs der Fixierung wird metaphorisch: Die Buchstäblichkeit, schreiben Laclau/Mouffe, ist genaugenommen nur die erste der Metaphern (vgl. dies. 1991, 162), denn die sozialen Verhältnisse sind immer schon überdeterminiert und nicht auf zwangsläufige Momente eines immanenten Gesetzes reduzierbar (ebda. 144ff). Der Versuch der totalen Politisierung würde – wie etwa an Janice Raymonds Beispiel deutlich wurde – dagegen die Kontingenz dessen, was instituiert wurde, verschwinden lassen.

Im ersten Kapitel diese Buches habe ich verschiedene feministische Positionen referiert, die argumentierten, daß die Dekonstruktion essentieller Identitäten politisches Handeln unmöglich mache. Dagegen möchte ich argumentieren, daß für ein radikal demokratisches Projekt die Dekonstruktion jeglicher essentieller Identität als notwendige Bedingung verstanden werden muß. Nur wenn wir die Vorstellung rationaler und für sich selbst transparenter AkteurInnen aufgeben, sowie die angenommene Einheit und Homogenität ihrer Positionen in Frage stellen, sind wir in der Lage, die Multiplizität von Subordinationsverhältnissen zu theoretisieren. Wir können die sozialen AkteurInnen dann verstehen als von einem Ensemble von Subjektpositionen konstituiert, die niemals vollständig fixiert werden können und die selbst von einer Vielfalt von Diskursen konstruiert werden, zwischen denen es keine notwendige Beziehung gibt, sondern lediglich eine konstante Bewegung von Überdeterminierung und Versetzung. Die 'Identität' eines solchen multiplen und widersprüchlichen Subjekts ist deshalb immer kontingent und prekär, nur zeitweilig fixiert an den Überschneidungen dieser Subjektpositionen und abhängig von spezifischen Formen der Identifizierung. Es ist deshalb unmöglich, von sozialen AkteurInnen als homogenen Entitäten zu sprechen. Dagegen bedeutet Pluralität jedoch nicht die Koexistenz einer Vielzahl von Subjektpositionen in einem quasi additiven Sinne, die in sich jeweils selbst konsistent wären, sondern die konstante Bewegung der Subversion und Überdeterminierung von einer Subjektposition durch die anderen.

Resümee

Identitätspolitik legitimiert sich selbst mit dem Anspruch, die 'bessere' Wahrheit zu vertreten, für die 'richtige' Sache zu kämpfen. Eine bestimmte Position mag jedoch noch so 'wahr' sein, sie ist nicht, wenn sie sich nicht durchsetzt – aber sie kann sich letztlich nur durchsetzen unter essentieller Anerkennung noch des radikal Anderen. Die wichtigste Frage demokratischer Politik lautet deshalb nicht, wie Macht zu eliminieren ist, sondern wie Machtformen zu konstituieren sind, die mit demokratischen Werten vereinbar sind. Die Existenz von Machtverhältnissen und die dringende Notwendigkeit, sie zu transformieren, anzuerkennen, während man auf die Illusion verzichtet, daß wir uns vollständig von der Macht befreien könnten, genau dies macht die Spezifik des Typs einer radikalen pluralistischen Demokratieauffassung aus. Dies bedeutet, daß das Verhältnis zwischen sozialen AkteurInnen nur insofern demokratischer werden kann, als sie die Partikularität und die Begrenzung ihrer Ansprüche akzeptieren; daß heißt nur insofern, als sie ihre wechselseitigen Beziehungen als unabdingbar von Macht durchdrungen akzeptieren.

In dem Maße, wie die konstitutiven Ausschlüsse, die die diskursive Domäne des politischen Feldes stabilisieren – diejenigen Positionen also, die unrepräsentierbar gemacht wurden – in Beziehung gesetzt werden zur existierenden *pólis* als das, was zukünftig in die *pólis* aufgenommen werden muß, als Teil dessen also, was Chantal Mouffe den noch-nicht-einholbaren Horizont von Gesellschaft bezeichnet hat, wäre die hier formulierte Art und Weise der Politisierung von Identitäten Teil der Konzeption radikaler Demokratie. Zwar ist die Vorstellung radikaler Inklusivität nicht absolut einlösbar, aber diese Unmöglichkeit regiert dennoch das politische Feld, insofern sie die kontinuierliche Produktion politischer Subjektpositionen und Zeichen motiviert.

Was diese mobilisierende Unvollständigkeit garantiert, ist die Kontingenz, die konstitutiv bleibt durch jegliche und alle Bedeutungspraxen. In diesem

Sinne ist das Scheitern jeglicher diskursiven Formation – wie etwa feministischer Lesbianismus – sich selbst als notwendig zu etablieren, Teil des demokratischen Versprechens, der ungegründete 'Grund' der politischen Zeichen als Orten der Reartikulation.

V. deviante Subjekte. Disloyal und deplaziert

> „I have always known that I learn the most lasting lessons about difference by closely attending to the ways in which differences inside me lie down together."
>
> *Audre Lorde[1]*

1. Einleitung

Audre Lordes *'inside me'* ist ein Nicht-Ort. Umschrieben ist damit, was man nach Freud auch „den Riß, der das Ich ist" (Etgeton 1994, 296) nennen könnte. *'Inside'* markiert nicht den Ort zwar entfremdeter, aber authentischer Subjektivität; es verweist lediglich auf die Unmöglichkeit, daß Identität jemals erreicht werden könnte, daß es diesen *einen* Ort gesicherter Identität je gäbe, denn Differenz ist immer schon in Identität eingeschlossen: *'differences inside me lie down together'*. Versucht nun das „Ich", diesen Riß zu stopfen – und das versucht es permanent –, verkennt es den zum Stopfen verwandten Kitt – Ideologien, Ideale, Identitäten – als 'sein' Eigentliches. Im Moment der Fixierung von Identität aber ist sie schon flüchtig, schon untergraben von den Differenzen, die im „Ich" herumliegen, die das „Ich" ausmachen, und die verhindern, daß Identität sich je runden könnte.

Die Unmöglichkeit Identität zu runden, trifft jedoch nicht nur die Bildung von „Ich"-Identität. Soziale Konflikte und Antagonismen und wechselseitig sich konstituierende Unterwerfungsverhältnisse verhindern die Formierung einer sozialen Identität, die für alle, die eine bestimmte soziale Positionierung teilen, dieselbe ist: „Die antagonistischen Kräfte verhindern im strikten Sinne meine Identität", schreibt Ernesto Laclau. Weil 'das' Selbst in einer komplexen Struktur multipler Machtverhältnisse situiert ist, die nicht unabhängig voneinander existieren, sondern vielmehr auf vielfältige, nicht abschließend determinierbare Art und Weise miteinander verschränkt sind, kann auch jegliche soziale Identitätsbeschreibung letztlich nicht mehr als eine im Moment ihrer Beschreibung dann immer schon nur noch nachträgliche und womöglich bereits überholte analytische Rekonstruktion sein.

Sozialtheoretisch gedacht sind Identitäten insofern nichts anderes als Markierungen *sozialer Positionen*. Denn ebensosehr wie Sexualität, Geschlecht

---

1 Audre Lorde 1988: *A Burst of Light*. Ithaca, New York, 117f.

(oder Ethnizität, 'Rasse', Klasse) Orte der Selbst-Definition markieren, dienen diese Kategorien auch als soziale und politische Markierungen. Sie positionieren die Individuen an der sozialen Peripherie oder im Zentrum; plazieren sie in einer bestimmten und bestimmenden Relation zu institutionellen Ressourcen, zu sozialen Möglichkeiten, rechtlichem Schutz und sozialen Privilegien sowie in Relation zu einer Bandbreite von Formen sozialer Kontrolle, die vom Ausschluß aus Bürgerrechten bis zu physischer Gewalt oder verbaler Verhöhnung reichen. Identität in diesem Sinne als Markierung einer *sozialen Position* verstanden, die innerhalb eines mehrdimensionalen sozialen Raumes verortet ist, hebt folglich die makrosoziale Bedeutung von Identität hervor; Identitäten werden dadurch sichtbar als Schauplätze fortwährender sozialer Regulierung. Identität als soziale Positionierung zu begreifen, hieße darüber hinaus auch, sich von der Vorstellung zu verabschieden, daß alle Individuen, die eine bestimmte soziale Position teilen, auch eine gemeinsame oder gar identische Geschichte bzw. identische soziale Erfahrungen teilen.

Der Rekurs auf Identität, in dem Unterfangen, sich selbstmächtig zu definieren und zu benennen und 'im Namen' dieser Identität politisch zu agieren, ist deshalb eine höchst ambivalente Angelegenheit. Zwar ist einerseits klar, daß es nicht darum gehen kann, auf Identität zu verzichten, sie zu verwerfen. Denn der Verzicht auf Identität wäre auch der Verzicht auf Bedeutung, auf Differenz überhaupt, einmal abgesehen davon, daß das Verworfene als Möglichkeit der Kontingenz gleichsam immer wieder zurückkehren würde. Andererseits sind die Grenzen von Identitätspolitik, die von der Vorstellung herrühren, Identität sei ein einzigartiges Phänomen, gleich ob ihre Einheit natürlich oder sozial produziert ist, allzu deutlich geworden. *Eine* „lesbische Identität" zu postulieren, ganz gleich wie bemüht man darum ist, Differenzen zu berücksichtigen, produziert immer Ausschlüsse, verdrängt Differenz und normalisiert, was es heißt, „lesbisch" zu sein. Wie also kann im Licht des Verdachts, der auf die dominanten Formen von Identitätspolitik gefallen ist, eine „post-identitäre politische Strategie" (Cindy Patton) aussehen?

In diesem fünften Kapitel möchte ich mich abschließend meiner Leitfrage, wie im Namen der Legitimierung einer sozial aufgezwungenen Differenz gesprochen werden kann, ohne dadurch die Mechanismen disziplinierender Differenzierung erneut zu stabilisieren, noch einmal aus einer anderen Perspektive nähern. Im Mittelpunkt der folgenden – notwendig skizzenhaften – Ausführungen steht weniger eine sozial- als eine *subjektivitätstheoretische* Perspektive. Dabei soll Subjektivität so wenig emphatisch wie möglich, nämlich als das – und hier folge ich Michael Makropoulos – „je historische Selbstverständnis der Individuen im Sinne eines Ensembles ihrer Selbstthematisierungen" verstanden werden. Das meint einerseits „die Art und Weise, in der man sich selbst zum Gegenstand eines Diskurses macht, und andererseits der Typ von Problemen, die man sich als Individuum in einer gegebenen historischen Situation, in einer gegebenen Gesellschaft und nicht zuletzt in einer gegebenen politischen Konstellation stellt" (Makropoulos 1993, 2). Subjektivität ist also nicht Ausdruck einer „rohen" Individualität, sondern sozial hergestellt und vermittelt, gleichsam immer schon „gekocht"; es ist das Wissen, das zur Verfügung steht, Erfahrung zu deuten und anzueignen und insofern ist Subjektivität immer mit bestimmten Formen von Herrschaft verbunden, die den Bereich möglicher Selbstthematisierungen regulieren. Eine „postiidentitäre" politische Strategie müßte also in die Richtung einer Verweigerung bestimmter Formen der Selbstthematisierung und der Generierung neuer Selbstthematisierungen, die sich nicht an die Regel halten, daß „Definitionen nur denen zustehen, die definieren, nicht denen, die definiert werden"[2], liegen.

Lesbische" Identität soll daher weniger als statische Beschreibung – etwa "Lesbischsein ist eine sexuelle Präferenz" oder „Lesbischsein ist politisch" – denn als Bewegung des sich permanent neu Entwerfens und als ethische Haltung reformuliert werden. Mit einem gewissermaßen 'oberflächigen' Begriff von Subjektivität soll die Identitätsproblematik aus ihrem 'ontologischen Gefängnis' befreit und im Hinblick auf eine Technik der *Selbst-Führung* neu gedacht werden.

2. Die Politik des Selbst

Im Angesicht normalisierender (Identitäts-)Diskurse sah Foucault als die wichtigste politische Frage die nach *the politics of ourselves* an. Die Frage also nach dem, wie eine Person sich selbst definiert, und wie die Beziehung zu sich selbst organisiert ist. Und weiter: Wie die Technologien des Selbst, das Ensemble der Selbstthematisierungen in die komplexe Matrix der Beziehungen zwischen Macht und Wissen eingebunden sind. Foucault setzte sich damit sowohl von der Vorstellung eines universalen, sich souverän selbst konstituierenden Subjekts also auch von der Vorstellung der absoluten Determiniertheit durch die Macht ab. Subjekte konstituieren sich vielmehr über Praktiken der Unterwerfung bzw. über Praktiken der Befreiung und der Freiheit.

---

2 Toni Morrison 1989: *Menschenkind*. Reinbek, 261.

Damit eröffnet sich der Rahmen, innerhalb dessen über den Komplex Subjekt – Widerstand – Macht – Freiheit nachgedacht werden kann, noch einmal neu. Foucault hatte nicht die Idee einer widerständigen Identität mit einem klaren Verhaltenscode, wie man widerständig ist, im Sinn. Im Gegenteil: Seine Antwort auf die disziplinierenden Mechanismen identitärer Normalisierung war eine ethische Antwort. Gegen Normalisierung kann nicht ein neuer Verhaltenscode ins Feld geführt werden, der seinerseits ja Ergebnis einer Norm ist. Im Angesicht der Normalisierung, so Foucaults Antwort, müssen wir uns um unser Selbst sorgen, und die Anforderung, allgemein verbindliche Lösungen zu formulieren, vermeiden.

Im Anschluß an Foucaults Ausführungen zu einem *Ethos,* „in dem die Kritik dessen, was wir sind, zugleich die historische Analyse der uns gegebenen Grenzen ist und ein Experiment der Möglichkeit ihrer Überschreitung" (WA, 53), sowie im Rahmen seiner Überlegungen zum Begriff des *gouvernement* kann „lesbische" Subjektivität dann als eine solche ethische Haltung reformuliert werden.[3] Hier ginge es darum, Formen von Selbst-Führungen – *governmentalities* – zu generieren, die, im Wissen um ihre Herkunft im Nexus von Macht und Wissen, sich disloyal gegenüber der Verlockung gesicherter Identitäts-Orte zeigen.

Insofern das, „was die Macht macht", darin besteht, jedes Individuum an eine Identität zu ketten, indem Formen von Führungen, von *gouvernement,* produziert werden, Macht aber die Bedingung der Möglichkeit von Gesellschaft und Selbst darstellt, muß der Horizont politischer Emanzipation und Freiheit neu definiert werden.[4] Im Zentrum stünde nicht länger die „Befreiung von" der Macht (dem Staat, dem Kapital, dem Patriarchat), sondern die Verweigerung dessen, was wir geworden sind, und der Entwurf neuer Identitäten: „Wir müssen neue Formen der Subjektivität entwickeln, indem wir die Form der Individualität verweigern, die uns seit Jahrhunderten aufgezwungen wurde." (SM, 250)[5]. Angesprochen ist damit eine Dimension der Subjektivität, die sich von der Macht und dem Wissen herleitet, aber nicht von dort abhängig ist (vgl. Deleuze 1987, 142). Dies darf jedoch nicht im Sinne voluntaristischer Akte mißverstanden werden, in denen wir uns 'einfach' als etwas anderes neu entwerfen. Im Gegenteil: Es erfordert zunächst eine kritische Genealogie dessen, was wir geworden sind, sowie die (strategische) Affirmation dieser materiell gewordenen Konstruktionen: *„Not only we have to defend ourselves, but we have to affirm ourselves, not*

---

3 Der Gedanke, lesbische Subjektivität als Ethos zu reformulieren, wurde wesentlich durch die Arbeiten von Mark Blasius und Cindy Patton angeregt. Vgl. Blasius 1992, 642-671; Patton 1993, 143-177.
4 Für eine Dekonstruktion des Emanzipationsbegriffs vgl. Laclau 1992.
5 Übersetzung leicht modifiziert.

only affirm ourselves as an identity but as a creative force" (SPP, 27). Freiheit wäre also eine *Freiheit zu:* Die Fähigkeit, die historischen Verbindungen zwischen bestimmten Formen von Selbsterkenntnis und -benennung – also Identität – mit bestimmten Formen von Herrschaft zu erkennen und die hegemonialen ebenso wie die subkulturellen Diskurse anzuzweifeln, die Regeln neu aufzurufen, neue Geschichten zu erzählen und Subjektivität neu zu be/deuten.

Die Grammatik von Identität

Der 'Gebrauch' von Identitäten muß deshalb im Kontext des Kampfes um die *Grammatik* von Identitätskonstruktionen verstanden werden und nicht als der Prozeß der Stabilisierung partikularer, individuell anzueignender Identitäten. Es geht hier allein um die fortwährende Produktion eines Wissens, um damit der homophoben Verwerfung lesbischer (und schwuler) Lebensformen entgegen zu treten. Da aber immer nur ein begrenztes Repertoire an Identitätskonstruktionen zur Verfügung steht, sind die sozialen Akteure nicht frei darin, beliebig viele und verschiedene Konstruktionen zu fabrizieren. *Welche* Identitätskonstruktionen folglich sozial dominieren, wird im politischen Kampf ausgefochten und ist abhängig von der Verteilung von Macht.

Cindy Patton hat darüber hinaus auf folgendes hingewiesen: Konkurrierende Identitätsrhetoriken rufen Individuen in je bestimmte moralisch-politische Positionen, die spezifische Handlungsanforderungen enthalten. Identität müsse deshalb verstanden werden als Ergebnis der performativen Verbindung eines Zeichen sozialer Identität mit der Aufforderung, in einer spezifischen Art und Weise zu handeln. Als rhetorische Effekte sind Identitäten somit symptomatisch für die Verschiebungen, die in der Produktion von *governmentalities* auftreten. Identität, folgert Patton, ist daher eine Frage der *Deontologie*, nicht von Ontologie, es geht um die Aufforderung, in einer bestimmten Art und Weise zu handeln – um Ethik – und nicht um Sein (vgl. Patton 1993, 172ff). Die „metaphysische Gestalt" (Assmann) von Identität könnte insofern entzaubert und Identitätspolitik als die Politik des 'Was will ich?' statt als Politik des 'Ich bin' reformuliert werden. Was Patton allerdings unberücksichtigt läßt, ist die Dialektik des Begriffs der Führung: Wie kann verhindert werden, daß die Produktion von *governmentalities* vollkommen vermachtet, d.h. auf die Generierung von Fremd-Führungen verengt wird? Foucault setzte dafür auf die Elaborierung eines politischen *Ethos* der Freiheit – Freiheit nicht als Bestimmung von Subjekten, sondern als Praxis, die ausgeübt werden muß –, das es dem Individuum erlaubt, sich der Anforderung der Macht, zur Stelle zu sein, zu entziehen: *Die Sorge um sich.*

Ethos und Politik

Mark Blasius (1992) hat im Kontext der Forderung Foucaults „We must therefore insist on *becoming gay*, rather than persist in defining ourselves as such" „schwule" und „lesbische" Identität als ein solches politisches Ethos der *Sorge um sich* reformuliert. Im Mittelpunkt dieses Ethos steht der Begriff des *coming out* verstanden eben als *becoming out*. Es umfaßt die praktische Schaffung eines Selbst, worin eingeschlossen ist, daß man an einem konkreten Aspekt dieses Selbst arbeitet, indem man sowohl externe Quellen von Autorität als Leitlinie für diese Arbeit an sich selbst nutzt, als auch spezifische Techniken und objektive Praktiken, durch die man sich selbst formt und für andere sichtbar macht (vgl. 1992, 655). Indem man dem eigenen Leben durch die Beziehung zu sich selbst eine distinkte Form gibt, „erfindet" man sich gemäß des Ziels, das man anstrebt, immer wieder neu.

Dieses Ethos ist historisch im biographischen und kollektiven Sinn. Als Typ von Subjektivität, geformt durch ein *coming out* in ein Netz von Beziehungen, die die lesbische und schwule Kultur formen, hat die Formierung dieses Selbst keinen Endpunkt, es ist vielmehr ein andauernder Prozeß des *becoming out*. Zugleich wird durch die Selbst-Konstitution auch das Ethos gestaltet, indem Elemente desselben erhalten, neu bewertet und verschoben werden (vgl. ebda., 658). Durch die *Form*, die man dem eigenen Leben gibt, enthält diese ethisch-politische Haltung auch eine Beziehung zur Gegenwart. Blasius begreift *Ethos* deshalb als eine ethisch-politische Wahl, nicht um andere und sich selbst im Namen eines Verhaltenscodes zu disziplinieren, sondern um die eigene Existenz im Hinblick auf die Elaborierung eines Selbst als Lesbe oder schwuler Mann zu stilisieren sowie im Hinblick auf die Anerkennung anderer als andere, was zur Voraussetzung hat, sich selbst als andere/r anzuerkennen. Es ist damit angesiedelt im Rahmen der politischen Problemstellung des Verhältnisses des Einzelnen zu den Vielen im Rahmen der BürgerInnengesellschaft. Wenn Politik die Sphäre ist, in der neue Subjekt-Positionen generiert werden, wäre ein solches Ethos daher die Bedingung einer Politik, die Differenz, Partikularität und Pluralismus anerkennt.

3. deviante Subjektivität

deviante Subjekte wären folglich Subjekte, deren Identität niemals abgeschlossen ist, auch wenn ihre Bedeutung temporär geschlossen wird. *deviante Subjekte* sind nicht über Zeit und Raum identisch, und ihr Ausgangspunkt ist die Differenz innerhalb von Identität, der konstitutive Mangel an der Wurzel jeder Identität. Denn die Vorstellung eines kohärenten, einheitlichen Subjekts ist anti-demokratisch und wird immer begleitet sein vom fehlenden Respekt gegenüber allen Formen des Partikularismus. Es geht vielmehr um eine dekonstruktive Deplazierung des Subjekts. *deviante Subjekte* tragen somit den auch schmerzhaften Prozessen ihrer Konstitution sowie den damit verbundenen Auslöschungen und Verwerfungen Rechnung.

deviante Subjektivität schließt folglich die prekäre Arbeit ein, die Handlungsfähigkeit der Mächte, die uns konstituieren, zu übernehmen *und* gleichzeitig in Frage zu stellen. Dies ist eine genealogische Arbeit, ein Durcharbeiten der Geschichte des Signifikanten „Lesbe". Wenn jeder hegemoniale Diskurs auch seine eigenen Bruchstellen und Risse produziert, „soziale Räume, die, eingemeißelt in die Zwischenräume der Institutionen und institutionalisierten Identitäten und in die Risse und Spalten der Macht-Wissen-Apparate" (de Lauretis 1987, 25, Übersetzung S.H.), dann sind politische Handlungsmöglichkeiten genau hier lokalisiert: Der einzige Weg, sich 'außerhalb' der hegemonialen Diskurse zu plazieren, sei, so Teresa de Lauretis (1990, 140), sich 'innerhalb' zu versetzen. Die Frage also, 'wer bin ich', zu verweigern oder abweichend, *deviant* zu beantworten, ja sie sogar zu zitieren, aber *gegen den Strich*. Ausgehend von der Vieldeutigkeit aller Erfahrung, geht es hier um Möglichkeiten der differenten Rekonstruktion und Resignifizierung von Identität, im Wissen, daß die „Stelle des Wirklichen" immer nur temporär besetzt werden kann.

Im strategischen Bewußtsein ihrer komplexen Beziehung zu den hegemonialen Repräsentationen weiblicher und männlicher Homosexualität einerseits, sowie den sozialen Subjekten genannt „Lesben" und „Schwule" andererseits, wären *deviante* (lesbische) *Subjekte* immer zugleich „innerhalb wie außerhalb der Ideologie und Geschichte von Heterosexualität, engagiert in der Konstruktion einer Genealogie des Überlebens" (Terry 1991, 71). „Lesbische Subjektivität" wäre dann nicht 'das ganz Andere' der Heterosexualität, sondern eine Bewegung, in der hegemoniale Diskurse gegen den Strich gebürstet werden. Disloyal gegenüber den Regeln des Identitäts-Spiels wäre „Lesbe" der Name für eine bestimmte *Haltung*, die

„sich zwischen mindestens zwei bzw. vier Gesten bewegt: die der Bestätigung, daß 'Ich wie Du bin', während man gleichzeitig auf die Differenz verweist, und die der Erinnerung daran, daß 'Ich verschieden bin', während zugleich jede erreichte Definition von 'Andersheit' in Frage gestellt wird" (Trinh T. Min-ha 1986, 9, Übersetzung S.H.).

Die Kategorie der Identität würde in diesem Rahmen nicht verschwinden, sie würde ihren Platz haben, aber von diesem Platz aus wird sie nicht mehr den ganzen Schauplatz beherrschen können.

Literatur

Siglenverzeichnis der Werke Foucaults

AW	Archäologie des Wissens. 1973
DM	Dispositive der Macht. 1978
FS	Freiheit und Selbstsorge. 1985
GE	Zur Genealogie der Ethik. In: Dreyfus/Rabinow 1987
GL	Der Gebrauch der Lüste. Sexualität und Wahrheit. Bd. 2, 1986
MM	Mikrophysik der Macht. 1976
NGH	Nietzsche, die Genealogie, die Historie. In: SuW 1987
OdD	Die Ordnung der Dinge. 1969
ODis	Die Ordnung des Diskurses. 1991
PPC	Politics, Philosophy, Culture – Interviews and Other Writings 1977-1984. 1988
SE	Sexualität und Einsamkeit. Michel Foucault und Richard Sennett. In: VdF o.J.
SM	Das Subjekt und die Macht. In: Dreyfus/Rabinow 1987
SPP	Sex, Power and the Politics of Identity. Interview with Bob Gallagher and Alex Wilson. In: The Advocate 400, 7. August 1984
SuW	Von der Subversion des Wissens. 1987
TS	Technologien des Selbst. In: Luther/Gutman/Hutton 1993
ÜS	Überwachen und Strafen. 1976
VdF	Von der Freundschaft. o.J.
WA	Was ist Aufklärung. In: Erdmann/Forst/Honneth 1990
WK	Was ist Kritik? 1992
WM	Wahrheit und Macht. In: DM 1978
WW	Der Wille zum Wissen. Sexualität und Wahrheit Bd. 1, 1977

Siglenverzeichnis der Werke Arendts

FP	Freiheit und Politik. In: Zwischen Vergangenheit und Zukunft. 1994
FT	Fragwürdige Traditionsbestände im politischen Denken der Gegenwart. 1957
LG	Vom Leben des Geistes. Das Denken. 1979
MG	Macht und Gewalt. 1970
ÜR	Über die Revolution. 1994
VA	Vita Activa oder Vom tätigen Leben. 1981
VZ	Zwischen Vergangenheit und Zukunft. 1994
WL	Wahrheit und Lüge in der Politik. *Zwei Essays*. 1987
WP	Was ist Politik? Fragmente aus dem Nachlaß. 1993

1. Historische Quellen

Gock, Heinrich 1875: Beitrag zur Kenntnis der conträren Sexualempfindung. In: Archiv für Psychiatrie und Nervenkrankheiten Bd. V, S. 564-574
Hirschfeld, Magnus 1899: Die objektive Diagnose der Homosexualität. In: Jahrbuch für sexuelle Zwischenstufen I. Jg., S. 4-35
Westphal, Carl 1869: Die conträre Sexualempfindung. Symptom eines neuropathischen (psychopathischen) Zustandes, In: Archiv für Psychiatrie und Nervenkrankheiten Bd. II, S. 73-108

2. Primärliteratur

Abbot, Sidney/Love, Barbara 1972: Sappho Was a Right-on Woman: A Liberal View of Lesbianism. New York
Arbeitskollektiv der sozialistischen Frauen Ffm (Hg.) 1972: Frauen gemeinsam sind stark. Texte und Materialien der Women's Liberation Movement in den USA. Frankfurt
Atkinson, Ti-Grace 1978: Amazonen Odysee. München
Autorinnengruppe 1980: Zur Sexualitätsdebatte in der Frauenbewegung. Vom Zusammenhang von Politik, Unterdrückung der Frau und weiblicher Sexualität. In: Ästhetik und Kommunikation 40/41, S. 54-64
Büchner, Gitta 1990: Sprache, Realität und Wirklichkeit. Von Böcken, toten Hosen und anderen Monstrositäten. In: IHRSINN 1/1, S. 7-21
Frauenbeziehung - Frauenliebe 1978: eine informationsveranstaltung des frauenzentrums München, 15. 4. 78. (Hg.) Frauenzentrum München
Frauenjahrbuch 1 1975. Frankfurt
Frauenliebe. Texte aus der amerikanischen Lesbierinnenbewegung 1975. (Hg.) AG des LAZ Westberlin. Berlin
Frauenzeitung Nr. 3, 1974
Giese, Hans 1968: Die Sexualität der Frau. In: Giese, Hans u.a.: Die Sexualität der Frau. Reinbek
IHRSINN – eine radikalfeministische Lesbenzeitschrift 1/1: Was uns wichtig ist, S. 5-6
Janz, Ulrike/Steffens, Marion/Kosche, Andrea 1994: Macht und Gewalt in lesbischen Beziehungen/Bezügen. In: beiträge zur feministischen theorie und praxis 37, S. 77-92
Johnston, Jill 1976: Lesben Nation. Die feministische Lösung. Berlin
Koedt, Anne o.J.: Der Mythos vom vaginalen Orgasmus. hektographierte Fassung o.O., o.J.; Reprint in: Anders 1988, S. 76-88
Koedt, Anne 1971: Notes from the Third Year. New York
Koedt, Anne 1972: Lesbische Bewegung und Feminismus. In: ARbeitskollektiv der sozialistischen Frauen 1972, S. 13-126
Kuckuc, Ina, 1975: Der Kampf gegen Unterdrückung. Materialien aus der deutschen Lesbierinenbewegung. München

Laps, Lena 1990: Wir sind die Lesben, auf die wir gewartet haben. Gedankengänge zu einer radikalen Gegenwartsvision von Lesbenidentität. In: IHRSINN 1/1, S. 22-39

Laps, Lena 1994: Dissonanzen: Lesben – Geschlecht – Sexualität – Welche Freiheit? In: Querfeldein. Beiträge zur Lesbenforschung. (Hg.) Marti, Madeleine et.al. Bern, S. 238-252

Lesben in/und Bewegung 1989. Materialien zur Lesbenbewegung, Dokumentation zur Neuen Frauengeschichte Nr. 1 (Hg.) FFBIZ Berlin 1989, Bearbeiterin: Rena Schnettler

Linnhoff, Ursula 1976: Weibliche Homosexualität zwischen Anpassung und Emanzipation. Köln

Millett, Kate 1974: Sexus und Herrschaft. Die Tyrannei des Mannes in unserer Gesellschaft. München

not-wendige utopien. Kongreß zur lesbisch-feministischen Identität. Flugblatt Köln 1990

Positionspapier zur Gründung eines lesbisch-schwulen Kulturhauses Frankfurt. Zitiert nach Gutheil 1994

Radicalesbians 1974: Frauen, die sich mit Frauen identifizieren. In: Frauen-Offensive Journal Nr. 1. Zitiert nach: Frauenliebe. Texte aus der amerikanischen Lesbierinnenbewegung. 1975, S. 13-18

Ohms, Constanze 1993: Gewalt in lesbischen Beziehungen. In: Mehr als das Herz gebrochen. Gewalt in lesbischen Beziehungen. Ohms, Constanze (Hg.) 1993, S. 9-22

Raymond, Janice 1989: Zurück zur Politisierung des Lesbianismus. In: beiträge zur feministischen theorie und praxis 25/26, S. 75-85

Rich, Adrienne 1983: Zwangsheterosexualität und lesbische Existenz. In: Macht und Sinnlichkeit. Schultz, Dagmar (Hg.) Berlin 1983, S. 138-169

Schäfer, Sigrid 1971: sappho 70. Zur Situation der lesbischen Frauen heute. Henstedt-Ulzburg

Schäfer, Sigrid 1976: Sexuelle Probleme von Lesbierinnen in der BRD, In: Ergebnisse zur Sexualforschung, Schorsch, Eberhard/Schmidt, Gunter (Hg.), Frankfurt 1976, S. 299-326

Schäfer, Sigrid 1977: Keine ist weiblicher. In: Psychologie heute Nr. 7, S. 25-27

Schäfer, Sigrid 1979: Lesbierinnen Was sind das für Frauen? Antworten von S. S. In: Konkret Sonderheft „Sexualität", S. 71ff

So war's! Lesbenpfingsttreffen 1989 in Frankfurt. Herausgegeben von der AG Pfingsttreffen

Spiegel-Artikel vom 2. 9. 1974: „Lustbetonte, liebe Stimmung"

3. Sekundärliteratur

Adorno, Theodor. W. 1975: Negative Dialektik. Frankfurt

Alarcón, Norma 1990: The Theoretical Subject(s) of This Bridge Called My Back and Anglo-American Feminism. In: Making Face, Making Soul/Haciendo Caras: Creative and Critical Perspectives by Women of Color. Anzaldúa, Gloria (Hg.) San Francisco, S. 356-369

Althusser, Louis 1973: Marxismus und Ideologie. Berlin
Altman, Dennis et. al. (Hg.) 1989: which homosexuality? London
Anders, Ann 1988: Chronologie der gelaufenen Ereignisse. In: Autonome Frauen. Schlüsseltexte der Neuen Frauenbewegung seit 1968. Anders Ann (Hg.), Frankfurt 1988, S. 10-38
Anders, Ann 1988: Autonome Frauen. Schlüsseltexte der Neuen Frauenbewegung seit 1968. Frankfurt
Arendt, Hannah 1957: Fragwürdige Traditionsbestände im politischen Denken der Gegenwart. Frankfurt
Arendt, Hannah 1965: Über die Revolution. München
Arendt, Hannah 1970: Macht und Gewalt. München
Arendt, Hannah 1979: Vom Leben des Geistes. Das Denken. München
Arendt, Hannah 1981: Vita Activa oder Vom tätigen Leben. München
Arendt, Hannah 1987: Wahrheit und Lüge in der Politik. Zwei Essays. München
Arendt, Hannah 1993: Was ist Politik? Fragmente aus dem Nachlaß. (Hg.) Ursula Ludz, München
Arendt, Hannah 1994: Zwischen Vergangenheit und Zukunft. Übungen im politischen Denken Bd. I. München
Arendt, Hannah 1994: Freiheit und Politik. In: Zwischen Vergangenheit und Zukunft. a.a.O., S. 201-226
Aries, Philippe/Bejin André (Hg.) 1984: Die Masken des Begehrens und die Metamorphosen der Sinnlichkeit. Zur Geschichte der Sexualität im Abendland. Frankfurt
Assmann, Aleida 1993: Zum Problem der Identität aus kulturwissenschaftlicher Sicht. In: Leviathan 21/2, S. 238-253
Austin, John L. 1972: Zur Theorie der Sprechakte. Stuttgart
Bachmann, Ingeborg 1978: Das schreibende Ich. In: Werke Band IV. München, S. 217-237
Bader, Veit-Michael 1991: Kollektives Handeln: Protheorie sozialer Ungleichheit und kollektiven Handelns. Opladen
Barthes, Roland 1964: Mythen des Alltags. Frankfurt
Bauman, Zygmunt 1992a: Moderne und Ambivalenz. Das Ende der Eindeutigkeit. Hamburg
Bauman, Zygmunt 1992b: Soil, blood and identity. In: Sociological Review 40/4, S. 675-701
Beck, Ulrich 1993: Die Erfindung des Politischen. Frankfurt
Becker-Schmidt, Regina 1989: Identitätslogik und Gewalt – Zum Verhältnis Kritischer Theorie und Feminismus. In: beiträge zur feministischen theorie und praxis 24, S. 51-64
Benhabib, Seyla 1988: Hannah Arendt und die erlösende Kraft des Erzählens. In: Zivilisationsbruch. Denken nach Auschwitz. Diner, Dan (Hg.), Frankfurt 1988, S. 150-174
Benhabib, Seyla 1991: Modelle des öffentlichen Raums: Hannah Arendt, die liberale Tradition und Jürgen Habermas. In: Soziale Welt 42/2, S. 147-165
Benhabib, Seyla 1994: Feministische Theorie und Hannah Arendts Begriff des öffentlichen Raums. In: Die sichtbare Frau. Brückner, Margrit/Meyer, Birgit (Hg.), Freiburg 1991, S. 270-299

Bernauer, James W./Mahon, Michael 1994: Foucaults Ethik. In: Deutsche Zeitschrift für Philosophie 42/4, S. 593-608

Blasius, Mark 1992: An Ethos of Lesbian and Gay Existence. In: Political Theory 20/4, S. 642-671

Bourdieu, Pierre 1985: Sozialer Raum und „Klassen". Leçon sur la leçon. Zwei Vorlesungen. Frankfurt

Bourdieu, Pierre 1987: What Makes a Social Class? On the Theoretical and Practical Existence of Groups. In: Berkeley Journal of Sociology. Vol. XXXXII, S. 1-17

Bourdieu, Pierre 1991: Identity and Representation: Elements for a Critical Reflection on the Idea of Region. In: ders.: Language and Symbolic Power. Cambridge, S. 220-228

Bourdieu, Pierre 1992a: Sozialer Raum und symbolische Macht. In: Bourdieu, Pierre: Rede und Antwort. Frankfurt, S. 135-154

Bourdieu, Pierre 1992b: Delegation und politischer Fetischismus. In: ebda., S. 174-192

Bowie, Malcolm 1994: Lacan. Göttingen

Bowman, Glenn 1994: 'A country of Words': Conceiving the Palestinian Nation from the Position of Exile. In: Laclau (Hg.) 1994, S. 138-170

Breier, Karl-Heinz 1992: Hannah Arendt zur Einführung. Hamburg

Brown, Wendy 1987: Manhood and Politics. New York

Busch, Alexandra 1989: Ladies of Fashion, Djuna Barnes, Natalie Barney und das Paris der 20er Jahre. Bielefeld

Butler, Judith 1991: Das Unbehagen der Geschlechter. Frankfurt

Butler, Judith 1991a: Imitation and Gender Insubordination. In: inside/out. Lesbian Theories, Gay Theories. (Hg.) Fuss, Diana, New York/ London, S. 13-31

Butler, Judith 1993a: Bodies That Matter. On the discursive limits of „sex". New York/London; dt. 1995 Körper von Gewicht. Berlin

Butler, Judith 1993b: Ort der politischen Neuverhandlung. In: Frankfurter Rundschau Nr. 171, 27.7.93, S. 10

Butler, Judith 1993c: Kontingente Grundlagen. Der Feminismus und die Frage der „Postmoderne". In: Der Streit um Differenz. Feminismus und Postmoderne in der Gegenwart. Butler, Judith. u.a.: Frankfurt, S. 31-58

Butler, Judith 1993d: Für ein sorgfältiges Lesen. In: ebda., S. 122-132

Butler, Judith/Scott, Joan W. (Hg.) 1992: Feminists Theorize the Political. New York/London

Calhoun, C. 1991: The problem of identity in collective action. In: Macro-Micro Linkages in Sociology. Huber, J. (Hg.), Newbury Park 1991, S. 51-75

Canning, Kathleen 1994: Feminist History after the Linguistic Turn: Historicizing Discourse and Experience. In: Signs. Journal of Women in Culture and Society 19/2, S. 368-404

Cohen, Ed 1991: Who Are „We"? Gay „Identity" as Political EMotion. A Theoretical Rumination. In: Fuss (Hg.) 1991, S. 71-92

Cohen, Jean 1985: Strategy or Identity: New theoretical Paradigms and Contemporary Social Movements. In: Social Research 52/4, S. 693-716

Coward, Rosalind/Ellis, John 1977: Language and Materialism. London

De Lauretis, Teresa 1987: Technologies of Gender. Essays on Theory, Film and Fiction. Bloomington

De Lauretis, Teresa 1990a: Eccentric Subjects: Feminist Theory and Historical Consciousness. In: Feminist Studies 16/1, S. 115-147

De Lauretis, Teresa 1990b: Upping the Anti (sic) in Feminist Theory. In: Conflicts in Feminism. Hirsch, Marianne/Fox Keller, Evelyn (Hg.), New York/London 1990, S. 255-270

De Lauretis, Teresa 1991: Queer Theory: Lesbian and Gay Sexualities. An Introduction. In: differences: A Journal of Feminist Cultural Studies. 3/2, S. iii-xviii

De Lauretis, Teresa 1994: The Practice of Love: Lesbian Sexuality and Perverse Desire. Bloomington

Deleuze, Gilles 1987: Foucault. Frankfurt

Derrida, Jacques 1972: Die Schrift und die Differenz. Frankfurt

Derrida, Jacques 1974: Grammatologie. Frankfurt

Derrida, Jacques 1988: Signatur Ereignis Kontext. In: Derrida, Jacques: Randgänge der Philosophie. Wien, S. 291-314

Dietz, Mary 1990: Hannah Arendt and Feminist Politics. In: Feminist Interpretations and Political Theory. Shanley, Mary/Pateman, Carol (Hg.), London 1990, S. 232-253

Di Stefano, Christine 1990: Dilemmas of Difference: Feminism, Modernity, and Postmodernism. In: Feminism/Postmodernism. Nicholson, Linda (Hg.), New York/London 1990, S. 63-82

Dreyfus, Hubert L./Rabinow, Paul (Hg.) 1987: Michel Foucault. Jenseits von Strukturalismus und Hermeneutik. Frankfurt

Duberman, Martin et.al. (Hg.) 1989: Hidden from History: Reclaiming the Gay and Lesbian Past. New York

Duden, Barbara 1987: Geschichte unter der Haut. Stuttgart

Duggan, Lisa 1992: Making it perfectly queer. In: Socialist Review 22/1, S. 11-32

Eagleton, Terry 1993: Ideologie. Eine Einführung. Stuttgart/Weimar

Echols, Alice 1989: Daring to Be Bad. Radical Feminism in America 1967-1975. Minneapolis

Edschmid, Ulrike 1979: Was heißt Feminismus in der Schule? In: beiträge zur feministischen theorie und praxis 2, S. 81-86

Eldorado. Homosexuelle Frauen und Männer in Berlin 1850-190. Geschichte, Alltag, Kultur. Ausstellungskatalog, Berlin

Epstein, Steven 1987: Gay Politics, Ethnic Identity: The limits of Social Constructionism. In: Socialist Review 93-94, S. 9-56

Erdmann, Eva/Forst, Rainer/Honneth, Axel (Hg.) 1990: Ethos der Moderne. Foucaults Kritik der Aufklärung. Frankfurt/New York

Etgeton, Stefan 1994: Trieb als Engramm. In: Zeitschrift für Sexualforschung 7/4, S. 287-312

Ewald, François 1991: Eine Macht ohne Draußen. In: Spiele der Wahrheit. Michel Foucaults Denken. Ewald, François/Waldenfels, Bernhard (Hg.), Frankfurt 1991, S. 163-170

Ferguson, Kathy E. 1992: Politischer Feminismus und Dekonstruktionstheorien. In: Das Argument Nr. 196, S. 873-885

Ferguson, Kathy E. 1993: The Man Question. Visions of Subjectivity in Feminist Theory. Berkeley

Flax, Jane 1990: Thinking Fragments. Psychoanalysis, Feminism, & Postmodernism in the Contemporary West. Berkeley
Flax, Jane 1993: disputed subjects. essays on psychoanalysis, politics and philosophy. New York/London
Foucault, Michel 1969: Die Ordnung der Dinge. Frankfurt
Foucault, Michel 1973: Archäologie des Wissens. Frankfurt
Foucault, Michel 1976a: Überwachen und Strafen. Die Geburt des Gefängnisses. Frankfurt
Foucault, Michel 1976b: Mikrophysik der Macht. Berlin
Foucault, Michel 1977: Sexualität und Wahrheit. Bd. 1: Der Wille zum Wissen. Frankfurt
Foucault, Michel 1978: Dispositive der Macht. Über Sexualität, Wissen und Wahrheit. Berlin
Foucault, Michel 1984: Sex, Power and the Politics of Identity. Interview with Bob Gallagher and Alex Wilson. In: The Advocate 400, 7. August, S. 26-30
Foucault, Michel 1985: Freiheit und Selbstsorge. Frankfurt
Foucault, Michel 1986a: Sexualität und Wahrheit. Bd. 2: Der Gebrauch der Lüste. Frankfurt
Foucault, Michel 1986b: Sexualität und Wahrheit Bd. 3: Die Sorge um sich. Frankfurt
Foucault, Michel 1987a:Von der Subversion des Wissens. Frankfurt
Foucault, Michel 1987a: Das Subjekt und die Macht. In: Dreyfus/Rabinow (Hg.) 1987: S. 243-261
Foucault, Michel 1987b: Zur Genealogie der Ethik. In: ebda., S. 265-292.
Foucault, Michel 1988: Critical Theory/Intellectual History. In: Michel Foucault: Politics, Philosophy, Culture – Interviews and Other Writings 1977-1984. New York, S. 17-46
Foucault, Michel 1990: Was ist Aufklärung? In: Erdmann/Forst/Honneth, (Hg.) 1990: S. 35-55
Foucault, Michel 1991: Die Ordnung des Diskurses. Frankfurt
Foucault, Michel 1992: Was ist Kritik? Berlin
Freud, Sigmund 1951: Die Traumdeutung, Traumarbeit, In: Gesammelte Werke Bd. II/III, Frankfurt, S. 283-512
Freud, Sigmund 1951: Der Traum. (II. Vorlesung der Vorlesungen zur Einführung in die Psychoanalyse), In: Gesammelte Werke Bd. XI, Frankfurt, S. 79-248
Fuss, Diana (Hg.) 1991: inside/out. Lesbian Theories, Gay Theories. New York/London
Gast, Lili 1992: Libido und Narzißmus. Vom Verlust des Sexuellen im psychoanalytischen Diskurs. Tübingen
Gast, Lili 1994: Der Körper auf den Spuren des Subjekts. Psychoanalytische Gedanken zu einer Schicksalsgemeinschaft in dekonstruktiven Turbulenzen. In: Die Philosophin 5/10, S. 27-49
Giddens, Anthony 1988: Die Konstitution der Gesellschaft. Frankfurt/New York
Giddens, Anthony 1991: Modernity and Self-Identity. Stanford
Giddens, Anthony 1992: Transformations of Intimacy. Stanford
Gilligan, Carol 1984: Die andere Stimme. Lebenskonflikte und Moral der Frau. München

Gleason, Philip 1983: Identifying Identity: A Semantic History. In: Journal of American History 69/4

Göttert, Margit 1989: Über die „Wuth, Frauen zu lieben". Die Entdeckung der lesbischen Frau. In: Feministische Studien 7/2, S. 23-38

Goldsby, Jackie 1990: What It Means To Be Colored Me. In: outlook. National Lesbian and Gay Quarterly 3/1, S. 8-17

Goldstein, Jonah/Rayner, Jeremy 1994: The politics of identity in late modern society. In: Theory and Society 23, S. 367-384

Greenberg, David 1988: The Construction of Homosexuality. Chicago

Gutheil, Monika 1994: „daß es die eine Wahrheit nicht gibt." Zur Kategorie „Lesbe" im feministischen Diskurs. In: Zur Krise der Kategorien. Frau – Lesbe – Geschlecht. Materialienband Nr. 14, Frankfurter Frauenschule, S. 71-88

Habermas, Jürgen 1981: Theorie des kommunikativen Handelns. Frankfurt

Habermas, Jürgen [2]1990: Strukturwandel der Öffentlichkeit. Frankfurt

Hacker, Hanna 1987: Frauen und Freundinnen. Studien zur weiblichen Homosexualität am Beispiel Österreich 1870-1930. Weinheim

Hall, Stuart 1988a: Minimal selves. In: ICA Documents No. 6 Identity: The Real me. London: Institut of the Contemporay Arts

Hall, Stuart 1988b: New ethnicities. In: ICA Documents No. 7 Black Film, British Cinema. London: Institut of the Contemporay Arts

Hall, Stuart 1989: Cultural Identity and Cinematic Representation. In: Framework Nr. 36, S. 68-81

Hall, Stuart 1991: Ethnicity: Identity and Difference. In: Radical America 23/4, S. 9-20

Hall, Stuart/du Gay, Paul 1996: Questions of Cultural Identity. London/Thousand Oaks/New Delhi

Hark, Sabine 1987: Eine Frau ist eine Frau, ist eine Frau ... Lesbische Fragen und Perspektiven für eine feministische Gesellschaftsanalyse und -theorie. In: beiträge zur feministischen theorie und praxis 20, S. 85-94

Hark, Sabine 1989: „Welches Interesse hat die Frauenbewegung an der Lösung des homosexuellen Problems?" – Zur Sexualpolitik der bürgerlichen Frauenbewegung im Deutschland des Kaiserreichs. In: beiträge zur feministischen theorie und praxis 25-26, S. 19-28

Hark, Sabine 1992a: Aura moralischer Reinheit und Grandiosität. Zur Geschichte und Konstruktion lesbischer Identität. In: WoZ (Zürich) Nr. 3, 17.1.92, S. 7

Hark, Sabine 1992b: Vom Subjekt zur Subjektivität. Feminismus und die Zerstreuung des Subjekts. In: Mitteilungen aus der kulturwissenschaftlichen Forschung. 15/31, S. 16-39

Hark, Sabine 1992c: „Mit Normalitätslack überzogen". Anmerkungen zur Lesbenforschung in den Siebzigern. In: ebda., S. 200-214

Hark, Sabine 1993a: Einsätze im Feld der Macht. Lesbische Identitäten in der Matrix der Heterosexualität. In: L'Homme. Zeitschrift für feministische Geschichtswissenschaft 4/1, S. 9-17

Hark, Sabine 1993b: Queer Interventionen. In: Feministische Studien 11/2, S. 104-110

Hark, Sabine 1994: 'Jenseits' der Lesben Nation? Die Dezentrierung lesbisch-feministischer Identität. In: Zur Krise der Kategorien. Frau – Lesbe – Geschlecht. Materialienband Nr. 14, Frankfurter Frauenschule, S. 89-112

Hartsock, Nancy 1987: Rethinking Modernism: Minority vs. Majority Theories. In: Cultural Critique 7, S. 187-206
Hausen, Karin 1976: Die Polarisierung der Geschlechtscharaktere. Eine Spiegelung der Dissoziation von Erwerbs- und Familienleben. In: Sozialgeschichte der Familie in der Neuzeit Europas. Conze, Werner (Hg.), Stuttgart 1976, S. 363-393
Heller, Agnes 1989: From hermeneutics in social science toward a hermeneutics of social science. In: Theory and Society 18, S. 291-322
Hegener, Wolfgang 1992: Das Mannequin. Vom sexuellen Subjekt zum geschlechtslosen Selbst. Tübingen
Hegener, Wolfgang 1994: Der gestrauchelte Souverän. Zur Frage nach dem Subjekt in den Post-Theorien der Moderne. In: Journal für Psychologie 2/2, S. 8-18
Hirschauer, Stefan 1992: Konstruktivismus und Essentialismus. Zur Soziologie des Geschlechtsunterschieds und der Homosexualität. In: Zeitschrift für Sexualforschung 5/4, S. 331-345
Hirschauer, Stefan 1993: Die soziale Konstruktion der Transsexualität. Frankfurt
Honegger, Claudia (Hg.) 1978: Die Hexen der Neuzeit. Studien zur Sozialgeschichte eines kulturellen Deutungsmusters. Frankfurt
Honegger, Claudia 1979: Überlegungen zu Michel Foucaults Entwurf einer Geschichte der Sexualität. unveröffentlichtes Manuskript
Honegger, Claudia 1991: Die Ordnung der Geschlechter. Die Wissenschaften vom Menschen und das Weib. Frankfurt
Honig, Bonnie 1992: Toward an Agonistic Feminism: Hannah Arendt and the Politics of Identity. In: Butler/Scott (Hg.) 1992, S. 215-238
Jenson, Jane 1993: Naming nations: Making nationalist claims in Canadian public discourse. In: Canadian Review of Sociology and Anthropology 30/3, S. 337-358
Kellner, Douglas 1992: Popular culture and the construction of postmodern identities. In: Lash/Friedman (Hg.) 1992, S. 141-177
King, Katie 1986: The Situation of Lesbianism as Feminism's Magical Sign: Contests for Meaning and the U.S. Women's Movement, 1968-1972. In: Communication 9, S. 65-91
King, Katie 1990: Producing Sex, theory and Culture: Gay/Straight Remappings in Contemporary Feminism. In: Conflicts in Feminism. Hirsch, Marianne/Fox Keller (Hg.) 1990, Evelyn, New York, S. 82-101
Kitzinger, Celia 1987: The Social Construction of Lesbianism, London
Klandermans, P.B./Tarrow, S. (Hg.) 1988: From Structure to Action: Comparing Social Movement Research Across Cultures. International Social Movement Research 1. Greenwich
Kokula, Ilse 1983: Formen lesbischer Subkultur. Berlin
Kögler, Hans Herbert 1990: Fröhliche Subjektivität. Historische Ethik und dreifache Ontologie beim späten Foucault. In: Erdmann/Forst/Honneth 1990, S. 202-228
Kögler, Hans Herbert 1994: Michel Foucault. Stuttgart
Kramer, Helgard 1994: Zum Stand der Frauenbewegung: Mythenbildung trübt den Blick. Einige Anmerkungen zu Ute Gerhard: Westdeutsche Frauenbewegung. In: Modelmog/Gräßel (Hg.) 1994, S. 51-70

Krieger, Susan 1983: The Mirror Dance. Identity in a Women's Community. Philadelphia
Lacan, Jacques 1973 [1949]: Das Spiegelstadium als Bildner der Ichfunktion, wie sie uns in der psychoanalytischen Erfahrung erscheint. In: Lacan, Jacques 1973: Schriften I. Olten und Freiburg, S. 61-70
Laclau, Ernesto (Hg.) 1994: The Making of Political Identities. London: Verso
Laclau, Ernesto 1992: Beyond Emancipation. In: Pieterse Nederveen (Hg.) 1992, S. 121-137
Laclau, Ernesto/Lilian Zac 1994: Minding the Gap: The Subject of Politics. In: Laclau (Hg.) 1994, London, S. 11-39
Laclau, Ernesto/Chantal Mouffe 1991: Hegemonie und radikale Demokratie. Zur Dekonstruktion des Marxismus. Wien
Landweer, Hilge 1990: Das Märtyrerinnenmodell. Zur diskursiven Erzeugung weiblicher Identität. Pfaffenweiler
Landweer, Hilge 1990b: Sexualität als Ort der Wahrheit? Heterosexuelle Normalität und Identitätszwang, in: Liebes- und Lebensverhältnisse. Sexualität in der feministischen Diskussion, (Hg.) IFF. Frankfurt
Landweer, Hilge 1993: Herausforderung Foucault. In: Die Philosophin Nr. 7, S. 8-18
Laqueur, Thomas 1992: Auf den Leib geschrieben. Die Inszenierung der Geschlechter von der Antike bis Freud. Frankfurt/New York
Lash, Scott/Friedman, Jonathan (Hg.) 1992: Modernity and Identity. Oxford/Cambridge
Lautmann, Rüdiger 1993: Homosexualität. Handbuch der Theorie- und Forschungsgeschichte. Frankfurt
Lenz, Ilse 1994: Zum Umgang mit den Unterschieden zwischen Frauenforscherinnen. In: Modelmog/Gräßel (Hg.) 1994, S. 27-50
Libreria delle donne die Milano 1988: Wie weibliche Freiheit entsteht. Eine neue politische Praxis. Berlin
Lorde, Audre 1988: A Burst of Light. Ithaca, New York
Lorey, Isabell 1993: Der Körper als Text und das aktuelle Selbst: Butler und Foucault. In: Feministische Studien 11/2, S. 10-23
Lyotard, Jean-François 1977: Ein Einsatz in den Kämpfen der Frauen, In: Lyotard, Jean-François 1977: Das Patchwork der Minderheiten. Berlin, S. 52-72
Macpherson, Charles B. 1962: The Political Theory of Possessive Individualism. Oxford
Maffesoli, Michel 1988: Jeux de masques. In: Design Issues 4/1 & 2, S. 141-153
Maihofer, Andrea 1995: Geschlecht als Existenzweise. Macht, Moral und Geschlechterdifferenz. Frankfurt
Makropoulos, Michael 1993: Moderne Selbstbezüge. unveröff. Manuskript, Berlin, S. 1-15
Martin, Biddy 1992: Sexual Practice and Changing Lesbian Identities. In: Destabilizing Theory. Contemporary Feminist Debates. Barrett, Michèle/Philips, Anne (Hg.) 1992, Stanford, S. 93-119
Martin, Luther/Gutman, Huck/Hutton, Patrick (Hg.) 1993: Technologien des Selbst. Frankfurt
McClure, Christie 1992: On the Subject of Rights: Pluralism, Plurality and Political Identity. In: Mouffe (Hg.) 1992, S. 108-127

McIntosh, Mary 1968: The Homosexual Role. In: Social Problems 16
Melucci, Alberto 1989: Nomads of the Present. Social Movements and Individual Needs in Contemporary Society. London
Mercer, Kobena 1992: „1968": Periodizing Postmodern Politics and Identity. In: Cultural Studies. Grossberg, Lawrence et. al. (Hg.), New York/London 1992, S. 438-449
Meyer, Adele (Hg.) 1981: Lila Nächte. Die Damenklubs der Zwanziger Jahre. Köln
Minh-Ha, Trinh T. 1989: Woman, Native, Other. Bloomington.
Modelmog, Ilse/Gräßel, Ulrike (Hg.) 1994: Konkurrenz & Kooperation. Frauen im Zwiespalt? Münster
Mouffe, Chantal 1993: The Return of the Political. London
Mouffe, Chantal (Hg.) 1992: Dimensions of Radical Democracy. London
Münch, Richard 1994: Von der Moderne zur Postmoderne? Soziale Bewegungen im Prozeß der Modernisierung. In: Forschungsjournal NSB 2/94, S. 27-52
Nicholson, Linda 1994: Was heißt „gender"? In: Geschlechterverhältnisse und Politik. Institut für Sozialforschung (Hg.), Frankfurt 1994, S. 188-220
Nietzsche, Friedrich 1963: Zur Genealogie der Moral. In: Werke in 3 Bänden, K. Schlechta (Hg.), München 1963, Bd. II
Nordmann, Ingeborg 1994: Hannah Arendt. Frankfurt/New York
Pagel, Gerda 1989: Lacan zur Einführung. Hamburg
Pateman, Carole 1983: Feminist Critiques of the Public/Private Dichotomy. In: Public and Private in Social Life. Benn, S.I./Gaus, G.F. (Hg.), New York 1983, S. 281-303
Patton, Cindy 1993: Tremble, Hetero Swine! In: Warner (Hg.) 1993, S. 143-177
Paczensky von, Susanne 1981: Verschwiegene Liebe. Lesbische Frauen in unserer Gesellschaft. München
Pêcheux, Michel 1975: Language, Semiotics, Ideology. London
Pieterse Nederveen, Jan 1992: Emancipations, Modern and Postmodern. In: Emancipations, Modern and Postmodern. Pieterse Nederveen, Jan (Hg.) London, S. 5-42
Phelan, Shane 1989: Identity Politics. Lesbian Feminism and the Limits of Community. Philadelphia
Phelan, Shane 1993: (Be)Coming Out: Lesbian Identity and Politics. In: Signs: A Journal of Women in Culture and Society 18/4, S. 765-790
Pitkin, Hanna 1981: Justice. On Relating Public and Private. In: Political Theory 9, S. 303-326
Plummer, Kenneth (Hg.) 1981: The Making of the Modern Homosexual. London
Plummer, Kenneth (Hg.) 1992: Modern Homosexualities. Fragments of Lesbian and Gay Experience. London/New York
Pollak, Michael 1982: Männliche Homosexualität – oder das Glück im Ghettto? In: Aries/Bejin (Hg.) 1982, S. 55-77
Ponse, Barbara 1978: Identities in the Lesbian World: The Construction of Self. Westport
Probyn, Elspeth 1992: Technologizing the Self: A Future Anterior for Cultural Studies. In: Cultural Studies. Grossberg, Lawrence et. al. (Hg.) 1992, New York/London, S. 501-511
Probyn, Elspeth 1993: Sexing the Self. Gendered Positions in Cultural Studies. New York/London

Riggs, Marlon 1991: Ruminations of a Snap Queen. Race, sexuality, and growing up in America. In: outlook. National Lesbian and Gay Quarterly 3/3 Spring, S. 12-19
Sawicki, Jana 1994: Foucault, Feminismus und Identitätsfragen. In: Deutsche Zeitschrift für Philosophie 42/4, S. 609-631
Schoppmann, Claudia 1985: „Der Skorpion". Frauenliebe in der Weimarer Republik. Hamburg/Kiel
Schorsch, Eberhard/Schmidt, Gunter 1976: Sexuelle Liberalisierung und Emanzipation. In: Ergebnisse zur Sexualforschung. Schorsch, Eberhard/Schmidt, Gunter (Hg.) 1976, S. 15-29
Schwarz, Gudrun 1983: „Mannweiber" in Männertheorien. In: Frauen suchen ihre Geschichte. Historische Studien zum 19. und 20. Jahrhundert. Hausen, Karin (Hg.) 1983, München, S. 62-80
Schwarzer, Alice 1981: 10 Jahre Frauenbewegung. So fing es an. Köln
Schwengel, Herrmann 1988: Nach dem Subjekt oder nach der Politik fragen? Politisch-soziologische Randgänge. In: Die Frage nach dem Subjekt. Frank, Manfred/Raulet, Gérard/van Reijen, Willem (Hg.) 1988, Frankfurt, S. 317-345
Scott, Joan W. 1988: Gender and the Politics of History. New York
Scott, Joan W. 1992: „Experience". In: Butler/Scott (Hg.) 1992, S. 22-40
Sedgwick, Eve Kosofsky 1990: Epistemology of the Closet. Berkeley
Sigusch, Volkmar 1988: Was heißt kritische Sexualwissenschaft? In: Zeitschrift für Sexualforschung 1, S. 1-29
Sigusch, Volkmar 1989: Homosexuelle und Sexualforscher. In: Zeitschrift für Sexualforschung 2, S. 55-74
Simon, William 1990: Die Postmodernisierung der Sexualität. In: Zeitschrift für Sexualforschung 3, S. 99-114
Smith, Anna Marie 1994: Rastafari as Resistance and the Ambiguities of Essentialism in the 'New Social Movements'. In: Laclau (Hg.) 1994, S. 171-204
Social Text 9/4, 1991: Fear of a Queer Planet
Socialist Review 22/1, 1992: Queer Innovation
Somers, Margaret R. 1994: The narrative constitution of identity: A relational and network approach. In: Theory and Society 23, S. 605-650
Spivak, Gayatri Chakravorty 1988: In Other Worlds: Essays in Cultural Politics. New York
Spivak, Gayatri Chakravorty 1988a: Subaltern Studies: Deconstructing Historiography. In: ebda., S. 197-221
Spivak, Gayatri Chakravorty 1988b: Feminism and Critical Theory. In: ebda., S. 77-94
Spivak, Gayatri Chakravorty 1988c: French Feminism in an International Frame. In: ebda., S. 134-153
Spivak, Gayatri Chakravorty 1989: In a Word. In: differences: A Journal of Feminist Cultural Studies. 1/2, S. 124-156
Spivak, Gayatri Chakravorty 1990: The Post-Colonial Critic: Interviews, Strategies, Dialogues. New York/London
Stein, Arlene 1989: All Dressed Up, But No Place To Go: Style Wars and the New Lesbianism. In: outLook. National Lesbian and Gay Quarterly. 1/4, S. 34-42

Stein, Arlene 1992a: Sisters and Queers. The Decentering of Lesbian Feminism, In: Socialist Review 22/1, S. 33-55

Stein, Arlene 1992b: Sexuality, Generation and the Self. Constructions of Lesbian Identity in the „Decisive" Generation. unveröffentliche Dissertation, UC Berkeley

Stein, Arlene/Plummer, Ken 1994: „I Can't Even Think Straight". „Queer" Theory and the Missing Sexual Revolution in Sociology. In: Sociological Theory 12/2, S. 178-187

Stoehr, Irene 1994: Gründerinnen – Macherinnen – Konsumentinnen? Generationenprobleme in der Frauenbewegung der 1990er Jahre. In: Modelmog/Gräßel (Hg.) 1994, S. 91-116

Tanner, Donna 1978: The Lesbian Couple. Lexington, Mass.

Tapken, Jutta 1983: Elemente einer Theorie weiblicher Subjektivität. Giessen

Taylor, Verta/Whittier, Nancy 1992: Collective Identity in Social Movement Communities: Lesbian Feminist Mobilization. In: Frontiers of Social Movement Theory. Morris, Aldon/Mueller, Carol (Hg.) 1992, New Haven, S. 104-129

Terry, Jennifer 1991: Theorizing Deviant Historiography. In: differences: A Journal of Feminist Cultural Studies 3/2, S. 55-74

Thompson, John B. 1984: Studies in the Theory of Ideology. Cambridge

Touraine, Alain 1993: Was heißt links? Was heißt rechts? In: taz vom 23. 7. 1993, S. 10

Treusch-Dieter, Gerburg 1990a: Befreiung als Entblößung. Sex – die Seele der Revolte. In: Treusch-Dieter, Gerburg 1990: Von der sexuellen Rebellion zur Gen- und Reproduktionstechnologie. Tübingen, S. 129-139

Treusch-Dieter, Gerburg 1990b: Von der Antinorm zur Norm. Neuere Perspektiven weiblicher Sexualität. In: ebda., S. 140-167

Treusch-Dieter, Gerburg 1993: Das Schweigen der Frauenbewegung zur lesbischen Frage. In: Lautmann (Hg.) 1993, S. 55-59

Vance, Carol 1989: Social Construction Theory: Problems in the History of Sexuality. In: which homosexuality? a.a.O., S. 13-34

Vester 1986: Verwischte Spuren des Subjekts – Die zwei Kulturen des Selbst in der Postmoderne. In: Moderne oder Postmderne? Zur Signatur des gegenwärtigen Zeitalters. Koslowski, Peter (Hg.) 1986, Weinheim, S. 189-204

Visker, Rudi 1991: Michel Foucault. Genealogie als Kritik. München

Volosinov, Valentin 1975: Marxismus und Sprachphilosophie. Frankfurt [Leningrad 1930]

Warner, Michael 1993: Introduction. In: fear of a queer planet. Queer Politics and Social Theory. Warner, Michael (Hg.) 1993, University of Minnesota Press, S. vii-xxxi

Weeks, Jeffrey 1977: Coming Out: Homosexual Politics in Britain from the 19th Century to the Present. London

Weeks, Jeffrey 1981a: Sex, Politics & Society. London/New York

Weeks, Jeffrey 1981b: Discourse, desire and sexual deviance: some problems in a history of homosexuality. In: The Making of the Modern Homosexual. a.a.O.

Weiland, Martina 1994: „Und wir nehmen uns unser Recht!" Kurzgefaßte Lesbenbewegungsgeschichte(n). In: IHRSINN 5/10, S. 8-16

Wetherell, Margaret/Potter, Jonathan 1992: Mapping the Language of Racism. Discourse and the legitimation of exploitation. New York et.al.
Williams, Raymond 1976: Keywords. London
Wittig, Monique 1992: The Straight Mind. Boston
Wolf, Deborah 1979: The Lesbian Community. Berkeley
Wunderle, Michaela (Hg.) 1977: Politik der Subjektivität. Texte der italienischen Frauenbewegung. Frankfurt
Young, Iris Marion 1994: Unparteilichkeit und bürgerliche Öffentlichkeit: Einige Implikationen feministischer Analysen der politischen Theorie und Moralphilosophie. In: Selbst Bewußt. Frauen in den USA. Kaiser, Nancy (Hg.) 1994, Leipzig, S. 201-242
Zizek, Slavoj 1989: The Sublime Object of Ideology. London
Zizek, Slavoj 1991: Liebe Dein Symptom wie Dich selbst! Jacques Lacans Psychoanalyse und die Medien. Berlin
Zizek, Slavoj 1993: Grimassen des Realen. Jacques Lacan oder die Monstrosität des Aktes. Köln

Personenindex

Alarcón, N. 37
Arendt, H. 11-12, 90, 142, 145-162
Aristoteles 145
Assmann, A. 14
Atkinson, T. 107-112, 116, 118
Austin, J. Fn143, 161
Barthes, R. 53
Bauman, Z. 15, Fn61, 82, 100, 144, 145
Beck, U. 145-146, 151
Becker-Schmidt, R. 29
Benhabib, S. 147, 153, Fn157-158, 160
Bernauer, J./Mahon, M. 43
Blasius, M. 173-174
Bourdieu, P. 10, 17, 23, 49-52, 164
Bowie, M. 58
Butler, J. 10, 17-18, 20, 25, 31, 38, 51-52, 90, 94, 96, 143, 149, 158, 165
Coward, R./Ellis, J. 17
de Lauretis, T. Fn 74, 175
Deleuze, G. 172
Derrida, J. 94, 144, Fn153, 161, 165
Di Stefano, C. 53
Eagleton, T. Fn17, 90
Etgeton, S. 169
Ferguson, K. 33
Flax, J. 53
Foucault, M. 10, 12, 16, 24-25, 33, 36-37, 39-47, 63, 65, 67-68, 70-74, 78, 84, 92-95, 152, 158-159, 171, 173
Fraisse, G. Fn74
Freud, S. 37
Gast, L. Fn59

Giddens, A. 82, 161
Gilligan, C. 27
Gleason, P. 82
Goldsby, J. 54
Gramsci, A. 24
Hacker, H. 67, 69, 75-78
Hall, S. 22, Fn22, 24, 62, 94-95
Hartsock, N. 53
Hausen, K. 78
Hegener, W. 69
Heller, A. 146
Hirschauer, S. 63, 66
Honegger, C. 66, 74, 79-81
Jenson, J. 49-50
King, K. 103-104, 106
Koedt, A. 111-112, 115-116
Kramer, H. 115
Lacan, J. 57-58
Laclau, E. 60, 168
Laclau, E./Mouffe, C. 10, 12, 22-24, 56, 166
Landweer, H. Fn33
Laqueur, T. 79
Lorde, A. 169
Lorey, I. 160
Lyotard, J.F. Fn76
Macpherson, C. 83, 101
Maffesoli, M. 14
Makropoulos, M. 170
Marx, K. 37
Melucci, A. Fn51
Millett. K. 128
Min-ha T., 175
Mouffe, C. 56, 167
Nicholson, L. 85, 95
Nietzsche, F. 16
Nordmann, I. 154
Pagel, G. 58
Patton, C. 170, 173
Pêcheux, M. 22, 95, Fn106
Pollak, M. 74
Raymond, J. 88-93, 103, 130-132, 134, 139

Rich, A. Fn107
Riggs, M. 19
Sander, H. 27
Schäfer, S. Fn97
Schwengel, H. 160
Sedgwick, E. Fn67-68
Sigusch, V. 63
Simon, W. Fn64
Smith, A.-M. 140
Spivak, G. 19, 35-36
Stein, A./Plummer, K. 10
Tapken, J. 27
Terry, J. 175
Touraine, A. 146
Treusch-Dieter, G. Fn93, 101, 128
Visker, R. 74
Volosinov, V. 96-97
Williams, R. Fn27
Wunderle, M. 27
Zizek, S. 133, 164

Gender Studies, Queer Theory

Die Vision einer LesbenNation ist in weite Ferne gerückt. Die erste Welle lesbisch-feministischen Selbstbewußtseins führte nicht zu einer einheitlichen Gemeinschaft, sie ebnete vielmehr den Weg für eine weit komplexere Vorstellung dessen, was lesbische Identität und Kultur ist.

Mit Vehemenz wird nach der „eigenen" Identität gesucht, die das Eigene vom Fremden scheidet und darüber Fragen der Zugehörigkeit regelt. Ungeklärt bleibt meist, was mit Identität gemeint ist.

Identitätspolitische Strategien bergen oft die Gefahr, daß „lesbisch" aufhört, eine Frage zu sein, und Identität als normatives Ideal fungiert. Identitätspolitik kann dazu dienen, diejenigen auszuschließen, die die Identitätsanforderungen und -bedingungen nicht erfüllen. So wird sie Teil des Problems, das sie angetreten war zu lösen.

Sabine Hark (Hrsg.)
Grenzen lesbischer Identitäten
Aufsätze
br., 200 S., DM 29,80